京师史学文库

历史学科素养与教法研究

李 凯 著

中国社会科学出版社

图书在版编目（CIP）数据

历史学科素养与教法研究／李凯著 . —北京：中国社会科学出版社，2023.8
（2023.11 重印）
（京师史学文库）
ISBN 978 – 7 – 5227 – 2112 – 5

Ⅰ . ①历… Ⅱ . ①李… Ⅲ . ①中学历史课—教学研究 Ⅳ . ①G633.512

中国国家版本馆 CIP 数据核字（2023）第 112741 号

出 版 人	赵剑英
责任编辑	刘 芳
责任校对	王佳玉
责任印制	李寡寡

出 版	中国社会科学出版社
社 址	北京鼓楼西大街甲 158 号
邮 编	100720
网 址	http://www.csspw.cn
发 行 部	010 – 84083685
门 市 部	010 – 84029450
经 销	新华书店及其他书店

印刷装订	北京盛通印刷股份有限公司
版 次	2023 年 8 月第 1 版
印 次	2023 年 11 月第 2 次印刷

开 本	710 × 1000 1/16
印 张	21.25
字 数	301 千字
定 价	98.00 元

凡购买中国社会科学出版社图书，如有质量问题请与本社营销中心联系调换
电话：010 – 84083683

总　序

　　北京师范大学历史学科是北京师范大学最早形成的系科之一，由 1902 年创立的京师大学堂"第二类"分科演变而来。1912 年称北京高师史地部，1928 年单独设系，1952 年院系调整，辅仁大学历史系并入，1980 年成立史学研究所，2006 年历史系与史学研究所合并，组建北京师范大学历史学院，2018 年古籍与传统文化研究院等部分师资并入历史学院。

　　北京师范大学历史学院是国内历史学人才培养和科学研究的重镇，学科门类齐全，体系完备，积淀厚重，特色显著，名家辈出，师资雄厚。现有考古学、中国史和世界史三个一级学科，是国内同类学科中最早获得一级学科博士学位授予权及博士后流动站资格的单位之一；其中中国史为"双一流"建设学科，在全国第四轮、第五轮学科评估中位居 A＋学科前列；拥有中国古代史、史学理论与史学史两个国家重点学科，教育部人文社科重点研究基地"史学理论与史学史研究中心"、教育部与国家文物局"国家革命文物协同研究中心"、教育部等四部委"铸牢中华民族共同体意识研究培育基地"等研究平台；中国古代史、史学理论与史学史、中国近代文化史、中西历史及文明比较等研究享誉学界。

　　在北京师范大学百廿年的历程中，经过以陈垣、白寿彝和刘家和等为代表的多代学人辛勤耕耘，历史学科在学术研究方面取得了突出成就。《中国通史》《何兹全文集》《古代中国与世界》《南明史》《清代理学史》《1927—1950 年中英两国关于西藏问题的较量与争论》等一大批优秀成果获得国家级或省部级等奖励，产生了极大学术和社会反响。

为推动文化繁荣，推进文化自信自强，推动中华优秀传统文化创造性转化、创新性发展，繁荣历史学研究，提升学科建设和研究水平，历史学院特组织"京师史学文库"学术文丛，集中展示北京师范大学历史学科的最新学术研究成果，以飨学林。"京师史学文库"分为考古学、中国史和世界史三个子系列。

本文丛取名"京师史学文库"。按：《尔雅》中注："京：大也"；"师，众也"。在先秦典籍中，"京师"又用来指周天子居住的都城。《春秋·桓公九年》："纪季姜归于京师。"《春秋公羊传》的解释是："京师者何？天子之居也……天子之居，必以众大之辞言之。"北京师范大学源于京师大学堂，位于中华人民共和国的首都，肩负着国家教育事业和学术研究之重任。取名京师，既是简称，也希望学科同仁齐心协力，弘学术之大道，惠社会之大众，成京师之大者。

北京师范大学历史学院"京师史学文库"编委会
2023 年 8 月 8 日

序　一

　　中学历史教育研究的主要目的是解决历史教学实践中存在的问题，为提高历史教育质量服务。要做好历史教育研究，研究者需要具备历史学、教育学、教学实践等多方面的学识与经验。对于历史课程与教学论教师来说，历史学专业素养在历史教育研究中显得尤其重要。历史教育依托的是历史，只有把历史本身说清楚，其教育功能才能彰显。如果只谈教育教学的方法，没有历史内容做支撑，只能是空谈，对提高历史教育质量的帮助不大。李凯做中学历史教育研究的最大特点是立足历史谈教育，他的研究既有丰厚的历史学专业知识做支撑，又紧密联系中学历史教学实践，具体、实用，对中学历史教师的教学有实实在在的帮助。

　　中学历史教育体现国家意志，在立德树人中发挥着重要作用。要做好中学历史教育研究，研究者还要及时、准确地把握党和国家的教育方针，指明历史教育的正确方向。李凯在深入学习历史的同时关注时政，能够结合新时代党和国家对历史教育的要求进行相关研究，提出的一些见解发人深思。

　　《历史学科素养与教法研究》是李凯到我们历史教学论教研室任教后所做历史教育研究成果的总结，相信读者们阅读之后会感受到上述研究特色。当然，作为历史教学论教研室的青年才俊，需要学习和完善的地方还很多，希望历史教育界同仁多给他提宝贵意见。希望李凯继续努力，虚心学习、踏实研究，产出更多更好的成果。

郑　林

2023 年 3 月 25 日

写于北京师范大学

序　二

我识得李凯是先闻其名，后见其人。十多年前，我不止一次听人说起海淀新来了一位博士，课讲得非常好。当时我想，一位新入职的年轻教师，短短的时间里就能有这样的名声和影响力，定然是非同一般的人物。此后，在海淀区的教学和教研活动中见到了李凯，并且有几年的共事，印证了我的猜想。得知李凯要回到北京师范大学历史学院任教，还真有几分惋惜，觉得在中学历史教学的圈子里面，以李凯学问和能力，假以时日，必定会成大器。但更主要的想法是"得其所也"，觉得李凯在更有高度和广度的平台上，能更好地运用他的才学，为历史研究和历史教学事业做更多的事情，使更多的历史教师和学习历史的学生受益。

正是因为有几年中学一线教学的经历，使李凯在历史教学的研究上更具优势。能够在历史学专业的学术研究方面、历史教学的实践方面、教育教学理论方面融会贯通起来。李凯的这本著作，就是一个很好的成果和例证。历史教学的后盾是学术基础。即便课堂的表演性弱一些、设计得简单一些，只要老师能真正弄懂教材的知识，把知识讲正确、讲清楚，就是好课。

在中学教师中，大家都会说要转变学生的学习方式；要倡导学生的主动学习；要给学生提供多样化和开放式的学习环境中；发挥学生学习的主体性、积极性与参与性；要培养学生探究历史问题的能力，提高学生的创新意识和实践能力。但是在教学实践中，认真有效地践行上述理念和原则的人并不是很多，取得的实际成果就更少了。多数情况是在课堂上让学生回答一些重复教材内容的肤浅问题；很随意地让前后桌的学生组成所谓的"小组"，不知所云地进行一些所谓的"讨论"和"合作学习"，以为这样就改变了学生的学习方式，就实现了学生的学习的主体性和参与性，就能够培养出学生探究历史问题的能力。在我看来，上述的流行做法徒然虚耗了大量宝贵的教学时间，作用十分有限。问题的症结在于教师们对于转变学生的学习方式的途径缺乏认真的思考和投身于实践的毅力。转变学生的学习方式，关键在于老师能不能有学术基础，自己是不是真懂，能不能引领学生思考问题。不少层面的教学改革，过于重视课堂花样，忽视了老师的历史学术基础，对历史教学而言是不当的。花哨难以掩饰空洞，如此转变和真知就渐行渐远了。

　　思考是形成素养的关键环节。老师应该是思考者，思考自己是不是把教科书真弄懂，思考如何把学术资源转化成教学资源。历史老师不讲怎么能行呢？老师不仅要讲，而且要讲明白、讲到位。这一过程中启发讲授就不可替代，它是探究的铺垫、是学生的表率、是课堂的魅力，本书作者对此有深入的讨论。学生们真的在老师引领下看了书，思考了问题，并且将自己的阅读和思考表达出来；不论深浅，孩子们都实际践行了探究历史问题的过程；这才是真正的学习方式的转变，这样的主体性和参与性是有深度的，是肤浅的课堂提问和流于形式的"合作学习"不可同日而语的。在这一过程中，孩子们的心智和能力得到了启迪和开发。历史教学成果的达成，都和老师的讲授分不开。

　　本书作者是研究中国古代史的学者，也参与教科书的编写，对历史教育有着自己的研究和思考，有新意，能言之有物。近些年来，我间或看过一些刊物上发表的历史教学研究的论文，教师提交的评奖论文每年也要看几十篇到上百篇不等，平心而论，我不太喜欢看这些论文，明显地感到这些文章的内容大量的重复和跟风，缺乏新意和对于教学的实际作用；而且很少有对于历史学学科专业问题的探讨。我特别希望中学教师能够多写一些探讨历史学问题的论文，相信这样的论文对于提高历史教师的学科专业水平、教学水平都会有重要作用的。中学教师不必像大学教师那样局限于一个相对狭小的范围进行很深、很专的研究，可以比较宽泛的思考各种历史问题。作者提倡万变不离其宗，不落窠臼，呼吁历史教育建立中国话语权，这都会对历史教学水平的提升和教师自身的发展产生积极的作用。

李晓风

2023 年 4 月 16 日

目　　录

前　言 ……………………………………………………………（1）

第一编　教材内容与教法研究

第一章　关于夏商西周政治制度 ………………………………（3）

第二章　周武王大规模分封了吗？ ……………………………（16）

第三章　商鞅变法是否承认土地私有允许买卖 ………………（24）

第四章　先秦历史若干问题分析 ………………………………（34）

第五章　郡国并行制与历史连续性 ……………………………（47）

第六章　"宋明理学"教学分析 …………………………………（54）

第七章　统编教科书《经济与社会生活》的删繁就简 ………（64）

第二编　学科素养与教法研究

第八章　新高中历史教学应重视大概念 ………………………（81）

第九章　再论历史教学中的大概念：以《"事为之防，
　　　　曲为之制"——两宋的政治和军事》为例 …………（91）

第十章　漫谈唯物史观：以历史真实性与时势造英雄
　　　　问题为例 ………………………………………………（104）

第十一章　实证与存疑：历史教学的张力 ……………………（115）

第十二章　史料遴选应是中学史料实证的重点 ……………（134）

第十三章　史料研读与历史感的建立 ………………………（145）

第十四章　例谈史料实证的限度 ……………………………（157）

第十五章　历史学师范生设问技能的培养策略 ……………（171）

第三编　课程思政与教法研究

第十六章　历史教育需要中国话语权 ………………………（189）

第十七章　历史教育的时代逻辑 ……………………………（205）

第十八章　历史教育中的中国话语

　　　　　——探研究诘与问题教学 …………………（220）

第十九章　历史学专业课落实中华优秀传统文化的经验与

　　　　　策略 ………………………………………（236）

第二十章　中华民族认同与历史学科课程思政建设 ………（247）

第二十一章　三代"损益"说与华夏认同 …………………（257）

余论　何兹全先生的教材观 …………………………………（276）

附　录 …………………………………………………………（289）

后　记 …………………………………………………………（313）

前　言

党的十八大以来，党中央高度重视历史教育工作。习近平总书记指出："泱泱中华，历史悠久，文明博大。中华民族在几千年历史中创造和延续的中华优秀传统文化，是中华民族的根和魂。要把我国历史文化和国情摆在青少年教育的突出位置，让青少年更多领略中华文明的博大精深，更多感悟近代中国以来中华民族救亡图存、发奋图强的光辉历程，更多认识新中国走过的不平凡道路和取得的巨大成就，更多理解'一国两制'与坚持和发展中国特色社会主义、实现中华民族伟大复兴中国梦的内在联系。"[①] 随着全社会对历史学科的重视，学术研究也愈发深入，新《历史课程标准》（《义务教育历史课程标准》2011 年颁布，《普通高中历史课程标准》2018 年颁布）、部编初中历史教科书（2016 年颁布）与统编高中历史教科书（2019 年颁布）逐步在中学一线使用，历史学的价值凸显出来，历史教育遇到了前所未有的大好时机。把历史教科书与学科素养相结合，不断总结教法规律，使历史学科发挥立德树人的应有作用，是当代历史学者与教育工作者义不容辞的责任。

一线教学实践中，如何用好历史教科书是重要的课题。编写统编历史教材是国家在党的十八大以后的重大任务。为落实习近平总书记

[①] 习近平：《推进澳门"一国两制"成功实践走稳走实走远》，《习近平谈治国理政》第2卷，外文出版社有限责任公司 2017 年版，第 426 页。

有关教材建设的讲话精神，中共中央办公厅于 2016 年印发《关于加强和改进新形势下大中小学教材建设的意见》，对我国学校教材建设进行顶层设计，决定对中小学道德与法治（思想政治）、语文、历史三门教材实行统一编写、统一审查、统一使用。这明确了编写中学历史教材是国家事权，体现国家意志，事关党对教育工作的领导，事关中国特色社会主义事业兴旺发达、后继有人，事关党和国家长治久安、实现中华民族伟大复兴的中国梦，具有非常深刻的历史意义和战略意义。这将使国家未来各方面事业的接班人在基础教育阶段接受良好的历史教育，是一项神圣的事业。我校历史学科多名专家学者主编或参与编写《中外历史纲要》《国家制度与社会治理》《经济与社会生活》等册的统编高中教科书，如何把统编教科书精神好好地贯彻到基层，是当下需要解决的重大问题。如何基于历史，形成国家和民族认同、构筑各民族共有精神家园、铸牢中华民族共同体意识，是历史教育的重大落脚点；而落实统编历史教科书的教学任务，无疑是历史教育的主要任务。

我们经过针对北京、山东、河南、河北、山西、福建、广东、辽宁等地区不少中学的调研发现，围绕统编历史教科书的教学工作，虽然出现不少优秀的案例，但是也存在一些问题；它们并不是个案，在很大程度上制约着历史教育的开展。

第一，教科书信息量非常大，但老师的课时与精力非常有限；尤其是在如今给学生减负的要求之下，如何能保质保量完成教学任务，还不能增加额外的负担，是历史教育面临的第一难题。我们通过谈话走访了相当数量的老师，不少老师感觉负担很重。有老师指出，即便是初中，"初中历史课本每一册看起来是薄薄的一本书，其实涵盖的学习内容非常多，特别是对初一学生来说知识量很大"。"我觉得新教材内容太丰富了，把握不好该怎样给新生做到精讲，更困惑的是如何在每周两节历史课，课后不能留太多作业的有限的课堂教学时间内，做到兴趣培养和保证高分两者兼顾呢？""学生对古人类以及传说故事等特别感兴趣，上课总是有很多的问题，比如古人类生不生病呀？如果都去回答就会耽误上课，如果不回答又怕挫伤他们的积极性，所以一节课的内容很难完成。"而高中这样的问题更为严峻，高中"第一年第一学期需要从元谋人讲到当代中国，第二学期需要从外国古代说到当代，这么大的跨度的历史书我没见过，老师们课时量极其紧缺，历史老师要一周两节，至多三节，一学期36课时或者54课时，一学年不过是70多课时，如果三学时也不过100多课时，完成这么大的工作量，老师们谈何容易"。"高中第二年每课都是一个专题领域，都是在赶进度，完不成教学任务是重大事故；所谓素养只是挂在嘴边，很多环节谈不上。"这样紧张的教学状态，制约了教学效果。

第二，历史学科的教学知识多，难度大，不少内容老师的知识结构也难以应对；学生的差异性大，有不少学生的理解力差，听不懂，跟不上，文史基础薄弱。有老师强调："一些孩子很多字都不会写，经常用拼音，连考试都要用拼音代替。语文学得不好，也会影响历史的学习。""学生没有历史基础，讲史料很难进行，学生难理解，如果解释太多时间就不够，所以我认为还是以兴趣为主，古文的史料尽量少涉及。""学生在课堂学习中要兼顾多方面。读图、读史料读不懂，很多冷僻的字和地名就是障碍，学科语言更艰涩，学生谈不上总结学习方法，所以每一课时推进的速度很慢。""有的学生一点就透，有的学生需要掰开揉碎，漏一点都听不懂，差异性很大。""教材中出现的大量专业名词，不好解释，不要说学生，老师也搞大不清楚。比如早期国家、社会治理、法律制度、户籍管理、医药卫生、人口迁移等，超出平常中学历史教学的范围，我们上大学也没学过，亟需专家指导。"我们的观察同样表明，初中的情况好一些，但高中生普遍对教学内容望而生畏，不敢选考历史；选考历史的学生很多是理化几科根本学不下去的，这些也是不容忽视的事实。

第三，历史学科受考试牵引，老师怕自己教的考试不考，考的又没教；难以站在学生的立场上，让历史学科入脑入心。有老师说："中高考对阅读能力（表格、文本等）和阅读速度的要求特别大，当前学生缺乏阅读能力，阅读习惯不好，课堂上学生不会看书，读不进去，爱听你讲，一让看书就垂头搭脑了。形象生动的方法，学生喜欢，但真的很难应对中高考。""学生喜欢听古时候的故事，从故事里也颇受启发，从眼神和注意力角度能看出来，但最怕考试，爱听不等于记住，真正的记忆需要反复练习。""我们知道不能面面俱到，可删掉哪个内容，都怕考到，心里非常不安。"这些意见都可以理解，教研员与一线教师们习惯于从应考的角度出发，以《课程标准》和教材为基础探讨历史学科教学的策略；而基于中学生接受力的探索并不突出，哪些形式学生钟爱，哪种反感，哪些内容学生能接受，哪些难以接受，这些问题很大程度上因为完成教学任务的需要，并没有得到很好的处理。历史教育在很多人眼中，往往停留在死记硬背的层次，因为老师未能深入诠释历史现象的合理性；呈现的方式方法也较为单一枯燥，未能以生动、具体、有过程的历史情境吸引学生；历史教育围绕考试开展，难以调动学生的兴趣、探究性和内驱力，文化育人的过程性容易被忽视。往往老师们完成教学任务都不容易，围绕学科素养开展综合实践课或者探究活动课更难。这大不利于历史教育的开展。

第四，在当下历史教学中，许多内容的阐释并不正确。不少问题没有跳出西方中心论，不少人仍是以他人之长量自己之短，把中国古代文化制度等同于封建枷锁，认识不到中国古代文化制度与中国特色社会主义道路的关系，不能有效地涵育学生的文化自信。习近平同志指出："我多次强调，'文化自信，是更基础、更广泛、更深厚的自信，是更基本、更深沉、更持久的力量'，'中国有坚定的道路自信、理论自信、制度自信，其本质是建立在5000多年的文明传承基础上的文化自信'……历史文化领域的斗争会长期存在，我们必须高度重视考古工作，用事实回击对中华民族历史的各种歪曲污蔑，为弘扬中华优秀传统文化、增强文化自信提供坚强支撑。"① 习近平总书记的指示，精当地揭示出中华文明史与当今现实之间的紧密联系，以及党中央对待我国历史文化的正确态度。但是很多内容我们的阐释工作并不十分到位，没有让历史活起来，在很多环节上亟待建立起中国的历史教育话语。更有甚者，借助西方某些偏激思想散播历史虚无主义的事也屡有发生，其社会危害性就更大。

第五，历史教育和历史教学的关系没有厘清，误以为机械的套路、应试的技巧就是历史学科素养，不少教学活动停留在形式上，对提升学生精神境界益处不大；为素养而素养，就有很大"作秀"痕迹，导致学生不感兴趣。历史教育是让社会主义新人明白做人的道理，而历史研究和历史教学都是途径，我们这样认识才能让历史文化成为学生的精神财富。习近平总书记指出："人民有信仰，民族有希望，国家有力量。实现中华民族伟大复兴的中国梦，物质财富要极大丰富，精神财富也要极大丰富。""特别是要让中华民族文化基因在广大青少年心中生根发芽。"② 精神财富和文化基因，绝不是贴标签喊口号就可以发挥作用，也不是几个简单活动就可以立竿见影。这些问题不解决，历史学科落实历史教育的工作就不会到位。

以上问题比较复杂，其中有的是知识结构问题，比如陈旧的知识结构不能应对今天的教学状态，一堆学术内容讲不清楚，需要补课。有的是教法实施问题，比如拘泥于老套路，抓不住重点，句句当作重点。有的是理解偏差，不能把握历史的价值，被动完成教学任务，不能发挥历史学科课程思政的作用，流于形式主义，比如把考试和日常教学对立化，不能以考促学，难以实现教育部要求的教学评一体化。还有的是价值观偏差，对中华优秀传统文化、革命文化和社会主义先

---

① 习近平：《为弘扬中华优秀传统文化、增强文化自信提供坚强支撑》，《习近平谈治国理政》第 4 卷，外文出版社有限责任公司 2022 年版，第 312 页。

② 习近平：《人民有信仰，民族有希望，国家有力量》，《习近平谈治国理政》第 2 卷，外文出版社有限责任公司 2017 年版，第 323、324 页。

进文化的认同不够到位，没有依据中国国情树立中国话语，陷入西方中心论甚至流于历史虚无主义，难以生成文化自信与文化自觉。历史教育实践突出教法，而教法的基础在于思想。这样，我们认为如下问题应当是研究的焦点。

第一，如何使用好历史教科书。2003 年版《普通高中历史课程标准》推行了必修三册与选修六册的专题模块教学，2017 年版《普通高中历史课程标准》变专题模块为必修的通史教学、选择性必修的专题教学。我们应研讨如何能够抓大放小，教科书中哪些问题需要精讲，哪些问题需要梳理以及阐释等具体问题。比如中国古代经济史，不管是农业、手工业还是商业，距离现代社会都较远，学生和教师都存在知识盲区，怎么能让它们活起来？中国古代思想史博大精深，不管是孔孟思想还是宋明理学，它们年代久远，哪一部分都是无底洞，如果一味大纲式地轻描淡写，学生能否明白？如果展开，到哪个分寸算是理想？再如中国古代科技史，专业性非常强，古代天文、数学、中医药、农学任何一部分都很晦涩，怎么能突出学术知识的同时，学生喜闻乐见？这些经验需要仔细总结。

第二，如何形成学生的学科素养。这不只是理论问题，更是实践问题。历史学科素养不能靠灌输，更不能以贴标签的形式达成，需要在老师潜移默化的引领之下，形成比较完善的知识结构；能够厘清历史现象，并举一反三，会用知识来解决问题；能够发现问题，不断打破桎梏。素养的形成可能经年累月，也可能顿悟，许多貌似缜密的套路可能在实践过程中收效甚微，甚至无效。事非经过不知难，学生不是天才，精力和能力都有限，甚至对历史学科天生不感兴趣、对学术内容予以排斥的也大有人在；历史老师也不是圣人，面对大量的新信息、新理论感觉惶恐不安，短时间内难以借助某个仙丹妙药起死回生，也找不到点石成金、一针就灵、一招鲜吃遍天的办法。这就需要研究大量具体个案，丰富我们的教法；在不断反思的过程中打破窠臼，解放思想，实事求是。

　　第三，如何发挥历史教育的功用。考试技巧不等于历史教学，历史教学也不等于历史教育。学史明理是历史教育的落脚点，发挥历史学科立德树人功用是我们工作的最终目的；而考试和教学都是途径。学生涉世不深，可能对历史存在种种价值偏差，不管是西方中心论、历史虚无主义还是文化自负心理，都是有害的。这些错误的观点不是个案，需要进行深入研究，总结教训。在思想多元的当下，学生能否正确地认识历史的特色、并对中国文化公允地作出评价，他们的理解能否符合唯物史观与党中央立德树人的精神，是我们研究的另一重点。这不仅是中学教学的任务，也是当下时代呼唤的历史学科课程思政的重要内容，即通过历史知识与历史观，引领学生的人生方向。如此认识，历史学才可能触动学生心灵，成为他们成长过程中的精神财富。

　　本书围绕以上三个问题形成了"教材内容与教法研究""学科素养与教法研究"和"课程思政与教法研究"三章。第一章针对历史教科书的知识背景、内容逻辑、编写思路与教法进行解读；第二章针对历史学科素养厘清一些概念，给出一定的教学建议；第三章针对历史学科的教育功能，总结中学乃至高校历史学科课程思政的经验，希冀发挥历史学科特征与中国学术话语权。我们进行了一定的理论分析，也提出一些可操作性的解决方案。

　　第一，历史教育需要抓住工作的主要矛盾。没有一门学科像历史学这样需要如此依赖知识，而把年代久远的中国古代历史文化讲清楚、起到教育作用，也必须用相当量的史实进行诠释，但没有必要句句是重点。历史老师一般来说受考试的牵引，不是不会讲，而是爱把教科书上每一句话都展开来讲，怕考试考到而自己没讲到。为了学生记得住、会考试，老师们费很大力气去找论文和学术著作，并不辞辛劳地澄清教材上每个内容，可谓事无巨细。我们主张删繁就简，挑选主要矛盾讲，是完成教学任务的重要方式，这一观点有较大合理性。从教法来说，不遗余力地展开每一个问题是不可取的，因为把所有内容都当成重点，就意味着没有重点。有无相生、难易相成，只有删繁就简、有所侧重，才能真正意义上突出重点。但如果删繁就简的结果，是若干散乱的知识块，或者与这一课的主题不吻合，即便能够完成教学任务，课堂效果也不会好。因此教学的最佳策略是，既要遴选重点内容，更要把重点内容串联起来，从而使学生头脑中拥有上位观念。《普通高中历史课程标准》（2017 年版）指出："重视以学科大概念为核心，使课程内容结构化，以主题为引领，使课程内容情境化，促进学科核心素养的落实。"这里的大概念，也折射出对教学内容进行删繁就简的过程。而以白寿彝先生为代表的老一辈历史教育家主张政治史是整个历史教育的主干，同样抓住了主要矛盾。这样不仅让历史教育的逻辑清晰明朗，也能给师生双方减负增效。

第二，历史教育工作者需要充分考虑学生的接受力和理解力。教科书出于编纂的需要，以及国家和社会的要求，不得不罗列知识点并采用大量概括性语言，从而提供宏大叙事。但相当的内容并不是一定要讲，许多内容从常理来讲也不一定是考察重点。这样基于学生接受力、理解力淡化枝杈，既是当下迫切需要解决的问题，也是一张一弛的教育智慧。老师应该改变一口吃成胖子的急于求成心理，不能把三年乃至一生的学习任务，放置在一年、一学期乃至一节课。尤其是学生的差异性很大，面对文史基础薄弱的学生一刀切，效果就非常不好。就此而言，老师讲授统编教科书的中国古代历史文化内容，不是故作深刻，而是把学生引领到一个中华文明的大博物馆，同学们泛观博览已然目不暇接，如能对史学方法掌握一二更是难能可贵。我们不能忽视，初中只是扫盲式的常识介绍，不应该忘记学生只是涉世不深的初中生；高中教学也不过是在初中基础上的深化。不管教育教学理论有多么宏大，学生也只是学生，不是专家学者。重视学生的接受力、理解力，才能抓大放小。

第三，历史教育要发挥历史学科特色，学生要在耳濡目染中形成历史感。如果一味求全，追求大纲式的网罗无遗，就很容易脱离了历史情境感，课堂教学成了大理论的堆砌，难免空对空，这样就大大降低了历史教育的魅力。历史教育要建立历史感，应让学生融入历史环境中，体会到"人事有代谢，往来成古今"的穿梭变迁，从而启迪他们对历史与现实进行较为深入的反思。不管是老师呈现材料、口述材料，还是师生探究材料，都不该违背历史感。如果教学材料能够传达清晰的历史感，历史课的气氛应是另外一个样子。历史学科历史有自身的路数，历史老师不应该取代其他学科的工作，否则越俎代庖，劳苦多而收效少。

第四，历史教育应重视古老的启发式讲授。启发式讲授把启发和讲授结合起来，讲授是启发的铺垫与引领，启发是讲授的补充与延伸，兼顾老师的主导作用和学生的主体性。它不仅在人类教育史上地位突出，而且在当代历史教学中也作用巨大，绝不应该被人们污名化，或将之等同于填鸭式灌输。我们必须从实际出发，尊重历史学科规律与教学规律，不能跟风，把偶然现象当成必然规律，把小概率事件当成大概率事件，把某地区某时间段出现的某个特殊教育现象放之四海而皆准。我们不能以不切实际的理论压制老师的教学能动性，不让老师张嘴讲课；不能把发挥学生主体性机械化、庸俗化，不能搞形式主义。中国古代历史文化的教育效果，很大程度上不在于外在的花拳绣腿，而在于思想性的内功；试图通过被机械化理解、夸大诠释的某些程式或套路提高历史教学水准，基本上是缘木求鱼。

第五，历史教育与历史教育，植根于几千年的中华文明，本该拥有自己的一套话语系统。但至今这一系统尚未有效建立，相当内容受西方话语的影响。习近平同志在全国哲社工作会议指出："绵延几千年的中华文化，是中国特色哲学社会科学成长发展的深厚基础。"[①] 我国的历史教育应当拥有自己的话语体系，相当层面我们应当淡化乃至跳出洋理论的窠臼。我国几千年历史教育实践，提供了中国特色历史

---

① 习近平：《加快构建中国特色哲学社会科学》，《习近平谈治国理政》第 2 卷，外文出版社有限责任公司 2017 年版，第 339 页。

教育的话语土壤。"记功司过"的伦理教化功能、"寓论断于叙事"的表达方式、起承转合完备的历史教学技能、"无征不信"的治学原则、古代史家强调的"史识""经世致用"的使命感，以及探研究诘的问题意识等史学遗产，是我们当代历史教育的宝贵源泉。中国古圣先贤的历史教育理论与经验、近现代一大批马列史家的研究成果与教育思想，以及广大优秀教师的实践，为我们提供了解决问题的思考维度。构建体现中国特色、中国风格、中国气派的历史教育话语体系，推动马列主义普遍真理、历史与中国历史教育实际有效地结合，是我们不懈努力的方向。

历史是古老的，而历史学是西方现代学科，如何把两者结合，在理论上自圆其说，在教学实践上行之有效，是研究难点之一。我们的思路在于两点：一方面对一切文化现象我们应该采取拿来主义的态度，批判地继承；另一方面，把学术内容与学生的接受力进行协调，一切都要接受实践的检验。

第一编　教材内容与教法研究

　　历史教育实践重在教法，而教法的基础在于思想。如何使用好历史教科书是教法研究的重点。2003 年版《普通高中历史课程标准》推行了必修三册与选修六册的专题模块教学，2017 年版《普通高中历史课程标准》（下简称《课标》）变专题模块为必修的通史教学、选择性必修的专题教学。我们应研讨如何能够抓大放小，教科书中哪些问题需要精讲，哪些问题需要梳理以及阐释等具体问题。教材出于编纂的需要，采用了许多概括性语言陈述知识，且知识点密集；但这不意味着教师就得千篇一律重复教材，更不意味着学生必须死记硬背。教材的体系不等于教学的体系，教师应该研究好教材的知识背景、内容逻辑、编写思路，把知识梳理清楚；依据《课标》要求把学术资源转化为教学资源；对重点内容和非重点内容作区分，抓住重点，挖掘历史学科深度；通过讲述和探究拉近历史与学生之间的距离，使得学生知其然，也知其所以然；也可以提纲挈领，呈现出高远的教学立意，形成脉络，启迪学生思考。

第一章　关于夏商西周政治制度

高中教材中，中国古代政治制度的发展历程是政治制度史的重要构成，其中"夏商西周政治制度"的部分在高中教学中较难于处理。个中原因不外乎两点：一是这一部分过于晦涩，距离现代社会太远；二是这些早期国家内容与秦汉以后的政治面貌差别很大，王位世袭制、分封制、宗法制、礼乐制的内容如何用主线驾驭。几套高中教材都会把这一部分放在第一课，学生接受的难度可想而知。所以结合夏商西周的具体历史背景去理解这些概念，抽绎主线成为这一课的关键。

一　抽绎主线

夏商西周的政治制度，被学者们称为早期国家的政治制度，因为它们与秦汉以后的成熟国家相比，具有原始性。夏商西周古称"三代"，其制度之间的发展连续性很强，其脉络事实上比较清晰。

这里老师可以利用孔子的话展开教学活动。《论语·为政》中孔子很确信地说："殷因于夏礼，所损益可知也。周因于殷礼，所损益可知也。"也就是说，夏商西周"三代"的制度是存在着"因"和"损益"关系。夏商周的政治制度是如何因循损益的？这个问题已经构成本课主线。

　　首先老师可以给出材料，铺陈出三代的社会背景，并设问：夏商西周政治制度要在怎样的背景下展开？

　　摆在当时的形势是，"三代"早期国家并不是后代的地域广阔的领土国家，而是一个个星罗棋布的族邦，即大大小小的氏族部落，其规模很小（学者依据《逸周书·世俘》中武王伐纣时灭国数字与杀戮俘获的人口数，统计出一个邦的人口数约为4900人，远不能和一度达到数十万以上人口的古代雅典、科林斯、伊埃纳达相比;[①] 考古资料反映的商代方国的人口数，在2000人到4000人之间[②]）。这无疑成为"三代"社会面貌中最明显的特点。在上古时代的中国，这些"族"并不是像马列经典中叙述的古代希腊、罗马、德意志那样，进入文明时代以后就被阶级所炸毁，而是在很长的历史时期里，"族"都保存着顽强的生命力。[③]

　　老师诱导学生总结出，族邦林立是夏商西周最典型的社会背景。从而老师进一步深化，早期国家政治制度的发展完善，势必与族邦产生着密切的联系。"三代"制度的损益，就是一步步从血缘纽带中走出，从血缘族邦向地域国家迈进的过程。

　　固然文明的标准众多，但人们一致认为国家的出现无疑标志着文明时代的来临。国家建立，两个问题就不容回避。一是最高统治权力如何传承才能确保统治秩序的稳定；二是采取怎样的方式才能有效维系中央对地方的控制。这两个问题贯穿于夏商西周政治制度的始终。

（一）夏代政治制度

　　学者们认为夏代已经进入了文明时代，大禹通过治水建立了王者

---

　　① 沈长云：《古代中国政治组织的产生及其模式》，《上古史探研》，中华书局2002年版，第83—110页。

　　② 宋镇豪：《夏商人口初探》，《历史研究》1991年第4期。

　　③ 晁福林：《先秦社会形态研究》，北京师范大学出版社2003年版，第92页。

的权威。以上的问题在迈入文明门槛的人物——大禹那里都有体现。老师在这里可以设问：就第一个问题而言，大禹采取怎样的方式确保王位传承的稳定？无疑是传子家天下。还可以设问：禅让过渡到家天下意味着什么社会背景呢？通过治水这样大规模公共工程的建设，夏部族获得了威信，原来禅让时代部落联盟首领的位置可在联盟范围内由众多族邦首领共同物色推举，而家天下后固定到某个氏族乃至某个家族之内，将掌控天下的权力作为一家之私。老师可补充材料，"禹爱益，而任天下于益，已而以启人为吏"（《韩非子·外储说右下》），则夏代统治者已经把本家族的势力引入各级权力机构。①

老师继续设问：就第二个问题而言，夏代统治者采取怎样的方式维系中央对地方的支配？这里老师给出材料：夏代的统治区域同样能够分为"服"内与"服"外两个部分，"服"内是夏的直接控制区（夏族自己的城邦国家），而"服"外是其他异姓方国。大禹时期已经形成了中央王朝的威信，来执玉帛的诸侯有万国之多（《左传》哀公七年），而且诛杀了迟至的防风氏（《国语·鲁语下》）。比如学者们重视的二里头文化中，青铜器、玉器、漆器等礼器就是作为王权的象征和颁给诸侯的信物。这些信物，往往成为联系宗主和诸侯的纽带，这些礼器制作水平的高低，也可以说是王国强大与否的标志。② 通过阅读资料，学生能够得出夏朝采取了内外"服"的制度，以武力征服与拉拢的方式来巩固统治。老师深化，夏王朝无疑建立了凌驾于众多族邦之上的早期国家，其基于族邦的原始性也非常强。

（二）商代政治制度

这样的情况在商代也大体如是。老师在这里可以铺陈这些资料：

---

① 沈长云：《古代中国政治组织的产生及其模式》，《上古史探研》，中华书局2002年版，第83—110页。

② 张鸣：《中国政治制度史导论》，中国人民大学出版社2004年版，第19页。

王国维先生《殷周制度论》指出，"夏、商皆居东土，周独起于西方，故夏、商二代文化略同"，商代的制度与夏代相比一致性较多，也源于夏商二代同样建立在族邦林立的格局之上。相传商汤时有三千余国（《吕氏春秋·用民》），专家依据甲骨卜辞统计，商代确指的氏族至少有二百个。[①] 老师设问：这样的背景，仍是要解决上述两个问题，商统治者是怎么做的？

第一，商代因循了王位世袭制。依据教材，商代前一段以兄终弟及为主，无弟然后传子；后一段实行父死子继。老师诱导学生，为什么会有这样的转变？王国维说："特如传弟既尽之后，则嗣立者当为兄之子欤？弟之子欤？"兄弟这一辈死尽了王位给谁，以情理言，自当立兄之子；以事实言，则所立者往往为弟之子。文献中商王仲丁以后"九世之乱"，应与此密切相关[②]。为了避免这样的惨剧，商人也做出种种调整。其趋势是，从兄终弟及向父死子继过渡，并且从继承权在商族内部众多家族之间传承，向继承权固定在一个直系家族内过渡。这与周代宗法制的发生距离越来越近。

第二，商代沿袭了内外"服"的制度。老师给出材料，《尚书·酒诰》中，周人追述商朝制度说："越在外服：侯、甸、男、卫邦伯；越在内服：百僚、庶尹、惟亚、惟服、宗工，越百姓里居（君）。"西周早期的《大盂鼎》铭文说："我闻殷坠命，佳殷边侯甸，越殷正百辟，率肆于酒，故丧师。"从这些西周人对商代制度的表述，能够看出，商代统治者分成了内外"服"。内"服"即王畿，为商王直接统治的地区（包括各种中央官员）；外"服"则是附属方国管辖的地区（包括各种方国首领）。老师设问，这些外"服"方国有什么特点？结合上述商代的社会背景，各个方国实是当地部落的族邦，仅被商王朝在名义上予以认可。他们与商人不存在血缘亲属关系，只是慑

---

① 丁山：《甲骨文所见氏族及其制度》，科学出版社1956年版，第33页。
② 王国维：《殷周制度论》，《观堂集林》，中华书局2002年版，第451—480页。

于商王的政治军事威力而臣服，又因为商族势力的衰落而叛变。[1] 王国维先生《殷周制度论》指出"殷之诸侯皆异姓"，故不推行分封，可谓切中肯綮。商为众邦之中最强者，凌驾于众邦之上，为了巩固统治秩序不得不采取这种方国联盟的策略。

第三，商代重鬼神的色彩非常明显。老师展示材料，司马迁在《史记·高祖本纪》中指出"夏之政"的特点是"忠"（忠厚质朴），但"忠"的弊端是"小人以野（粗野少礼）"，故"殷人承之以敬（敬祀天地祖先）"；《礼记·表记》也说"殷人尊神，率民以事神，先鬼而后礼"。考古资料表明，甲骨占卜可以上溯到龙山时期，夏时期不乏甲骨的整治情况，但与商代甲骨上的整治处理以及凿钻灼相比，显得原始得多。[2] 卜辞之事项无大小，皆决断于神意；尊神重鬼的殷商文化，是人类尚不能把握自己命运、对自身能力缺乏信心的表现。[3] 在此基础上老师设问：从政治背景的角度说，为什么商统治者如此重视鬼神？老师引导学生思考，在严峻的异族林立的政治压力下，为了使本族的势力更有渗透性，本族的文化更有辐射力，神意是不得不采取的便捷的方式。老师给出材料：《尚书·西伯戡黎》载商末周文王灭黎国之后，纣王回答祖伊"我生不有命在天"，说明宗教观念是商人执政合理性的最大支撑。

老师总结：随着夏商数百年来各部族之间的文化交流与融合，商代沿袭了夏代王位世袭法则以及内外"服"制度，应属于孔子所说的"因"；商人神本文化，是商王朝迥异于历史上其他王朝的不同之处，应属于孔子所说的"益"。

（三）西周政治制度

老师铺陈，周朝立国之初也沿袭了商代族邦林立的格局。但是三

---

[1] 沈长云：《论殷周之际的社会变革》，《上古史探研》，中华书局 2002 年版，第 83—110 页。

[2] 王宇信、杨升南主编：《甲骨学一百年版》，社会科学文献出版社 1999 年版。

[3] 张岱年版主编：《中国文化概论》，北京师范大学出版社 1994 年版。

监之乱过后，周公、成王等最高统治者痛定思痛，决心蠲除族邦林立、盘根错节的隐患，对商代旧有的制度进行了大刀阔斧的整饬革新。老师设问，针对前文所述的两个问题，周统治者采取了怎样的措施呢？

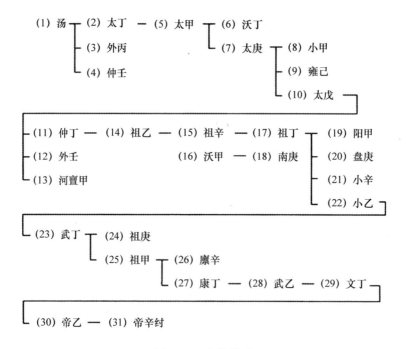

图 1－1　商代世系

资料来源：晁福林主编：《中国古代史》，北京师范大学出版社 2016 年版，第 114—115 页。

首先，西周初年推行了严格的宗法制度，确立了以嫡长子继承为核心的严格继承法则。这里老师给出商、西周两代的世系表，并设问：两代的世系表有怎样的区别？为什么？基于此推行宗法的目的何在？学生不难发现，商代世系表曲折而西周世系表平直。之所以如此是因为商代兄终弟及并父死子继，西周不仅是父死子继而且推行的是严格的嫡长子继承（周孝王除外，史书缺如）。推行宗法制度，既是吸取了商代社会兄终弟及带来的"九世之乱"的历史教训，也是经历

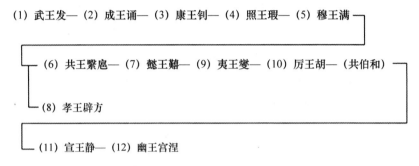

图 1-2　西周世系

资料来源：晁福林主编：《中国古代史》，北京师范大学出版社 2016 年版，第 114—115 页。

了管叔、蔡叔觊觎王位、勾结商族残余势力反叛作乱的深刻反思，宗法的目的，是解决贵族继承权的纷争。老师补充，《尚书》《逸周书》《史记·周本纪》等文献记载周武王临终前曾经鉴于严峻的政治形势，意欲让周公兄终弟及；但周公并未即位而是成王登基，自己辅政，最后归政成王。这一系列事件说明周人顺应了父死子继取代兄终弟及的趋势，翦除了王位游离于众多家族所带来的隐患。这不能不说是对后代潜在的权力争夺的清晰认识。

其次，与宗法相辅相成的是封邦建土的分封制。老师设问，西周人为什么改变内外"服"而推行分封制？老师请学生结合背景：周初社稷不稳，不仅殷顽民蠢蠢欲动，而且周代从殷代那里接过来的，是数量众多的与周人不同血统的族邦。老师补充：周人坚信"异姓则异德，异德则异类"（《国语·晋语四》）、"非我族类，其心必异"（《左传·成公四年》），异姓的部族无疑就是异己分子。周武王去世，发生了周人与殷民勾结的大叛变"三监之乱"，故周公、成王不得不进行大规模的封邦建土，以防止殷民的叛乱再生。老师给出材料：商代的征伐，只不过迫使叛逆者屈服，尚未有把被征服地区的土地人口授予自己的亲戚子弟统治的史实；而周人的各封国却造成了前所未有的不同族人混居在一起的现象。① 于是老师追问：分封的实质到底何在？学生不难意识到，就是在辽阔的空间中，周人用自己的血缘与政治纽带，代替原有的异族血缘纽带，使得殷人与其他部族不能盘根错节。老师设问：分封制度起到怎样的作用？周人封国的姬姓、姜姓等族类，是高踞在当地部落之上的新成分，居于封建结构的上层。老师给出材料：据日本学者伊藤道治的研究，西周的封国分布在渭水，汾水，洛阳、开封、南阳三角区，成周近畿，鲁南苏北，豫南鄂北，鄂南湘赣七个地带。② "封建亲戚"的主要国家，大体就在黄河中下游的农耕文明区；其中鲁、卫、晋、燕这些姬姓封国势力最为强大，地处要冲，足以决定大局。所以教材说，分封形成了对周王室众星捧月的格局，无疑也是空前的现象。老师追问：请结合初中历史的知识与教材，既然这里说众星捧月，与秦汉时代的大帝国有什么不同？因为诸侯手中拥有独立性（再分封、征派赋役、任免官吏、控制军队等），集权程度不能和秦以后的帝国同日而语。但老师指出，这是跨出族邦的重要一步，在新的封国内部不同血缘的人群相互交融，消除了旧有的血缘壁垒，导致新的地缘因素诞生。所以专家把分封看作春秋战国以后出现的领土国家，以及这些国家出现的郡县制划分的先声，是完全有理由的。③ 老师再设问：分封制与宗法制关系何在？教材说"家国同构""互为表里"。如何理解这样的表述呢？老师引导学生从国家结构与社会组织两方面思考：分封制就国而言（国家结构），宗法

① 沈长云：《论殷周之际的社会变革》，《上古史探研》，中华书局 2002 年版，第 83—110 页。

② ［日］伊藤道治：《中国古代王朝的形成——以出土资料为主的殷周史研究》，江蓝生译，中华书局 2002 年版，第 147 页。

③ 沈长云：《论殷周之际的社会变革》，《上古史探研》，中华书局 2002 年版，第 83—110 页。

制就家而言（社会组织），两者水乳交融。

另外，周人采取了礼乐制度来强化社会秩序，迥异于商代浓重的宗教氛围。老师设问：周人为什么重礼乐而非鬼神？周人目睹商代神权政治重鬼神、轻人事的弊端，指出天命和民情民意应保持一致，所以统治者必须重德保民。这一切行为制度化之后就是礼。礼远远不只是仪节，而且是各种事物规律与社会规范的集合。老师补允："夫礼，所以整民也。"（《左传·庄公二十三年》）"夫礼，天之经也。地之义也，民之行也。"（《左传·昭公二十五年》）万物有差等，故此礼有差等，乐亦如之，"乐由中出，礼自外作"（《史记·乐书》）。老师设问：比较商代的鬼神世界，周代礼乐制度的意义何在？王国维说："其旨则在纳上下于道德，而合天子、诸侯、卿、大夫、士、庶民以成一道德之团体。"学生不难意识到，这样的上层建筑是对神权政治的否定，直面社会人生，维护等级与道德秩序。这也成为后代制度与学术思想的渊源。

老师在此基础上进行总结：周代这些措施，一方面因循了夏商以来的王位世袭制（"因"），在此基础上摒弃了兄终弟及，即王位在商族内部非直系家族传承的可能（"损"），规定嫡长子继承，形成宗法（"益"）；另一方面摒弃了夏商时期的内外"服"制度（"损"），广泛推行封建亲戚的分封制（"益"）。此外，摒弃了商代浓厚的鬼神迷信（"损"），推行等级森严、重德保民的礼乐制度（"益"）。

孔子感叹"周监于二代，郁郁乎文哉"（《论语·八佾》），"文"即是在夏商二代基础上因循损益的制度成果。王国维《殷周制度论》一针见血阐明："由是（周）天子之尊，非复诸侯之长而为诸侯之君"，"诸侯之长"为夏商之王，"诸侯之君"为周王。应该说"诸侯之君"的地位与"三代"制度的因循损益密不可分。"三代"制度的演变，见表1-1。

表 1-1　　　　　　　　　夏商周文化的因循损益

夏	商	周
王位世袭制	王位世袭制（"因"）	王位世袭制（"因"）兄终弟及（"损"）宗法制（"益"）
内外"服"制	内外"服"制（"因"）	内外"服"（"损"）分封制（"益"）
	商人尚鬼（"益"）	商人尚鬼（"损"）礼乐制（"益"）

二　难点剖析

这一课生涩的若干概念，围绕着以上的主线，需要作以分析。这些知识是深入理解以上内容的钥匙，无疑只有老师针对历史现象用大量的史实进行解读才可能有正确的认识。然而学生毕竟不是学者，其接受能力是很有限的，就需要老师采用概述法，言简意赅地把问题讲明白；必要时还应予以一些的具体例子。

（一）早期国家

夏商西周"三代"被学者们囊括在文明社会的范畴，但是这一时期的历史面貌与秦汉时代大一统帝国迥异，所以被专家命名为早期国家，区别于战国以后建立在郡县制基础上的成熟国家。早期国家经常在教学中被总结为有若干特点：王位世袭，以血缘纽带为主，王权与神权结合，没有明显的君主专制与中央集权，君主与贵族联合执政等。这些内容的核心，是血缘纽带——族邦的林立。人们生活在以血缘关系为纽带的各种"族"的网络中；血缘组织与政治组织的架构相互支持，并融为一体；中国早期国家并没有取代族邦，而是建立在族邦的基础上；成熟国家标志的地域组织并没有建立，或者仅是在早期国家的后期有些萌芽。[①] 族邦是人们在险恶的自然环境与社会环境下

---

① 沈长云：《论殷周之际的社会变革》，《上古史探研》，中华书局 2002 年版，第 83—110 页。

不约而同走到一起的方式，族邦手中掌握着武装力量、行政机器、物质资源以及宗教思想。在这个基础上，自然不可能有垂直管理地方的中央集权，因为血缘渗透在社会的每个角落；贵族当然能够与君主分庭抗礼，因为其独立性很大；于是也就不可能有独树一尊的专制君主存在。三代制度的演变，就是其从族邦这一母体身上诞生，并逐渐脱离这一母体的过程。

（二）内外"服"制度

内"服"是中原王朝直接控制区，外"服"是其他异姓方国，不赘述。夏商两代就是建立在众多外"服"方国基础上的中原王朝，即使这两代对这些方国族邦给予"侯""伯"的分封任命，也不过是名义上的认可，故这两代君王不过是"诸侯之长"而已。周人最初采取的办法，也是沿袭周王朝与众多族邦并存的内外"服"制度，柳宗元《封建论》说"归周者八百（诸侯）焉，资以胜殷，武王不得而易。徇之以为安，仍之以为俗"，这都是不得已为之。但是由于周初殷民的大叛乱周人才改变这一因循的策略，采取封建制度。

（三）封建制度

这里的封建，是封建二字的本义，即封邦建土（而封建社会的封建指的是一种社会形态）。古文字的"封""邦"为一字，即土田之间的树木界标。封建的本质，即用周人自己的血缘与政治纽带，取代旧有的异族血缘纽带，使得封国内异族势力不能盘根错节。西周的国家是城邦式国家，而不是地域式国家，通过控制若干"点"实现对"面"的有效控制。这样的制度，并不是西周代代皆进行。西周除了早期的成、康、昭王时代以外，晚期的宣王时代也有少量的新封国（比如郑国）出现，但是数量不能与周初所封的封国等量齐观，周初稳定政局的目的一旦达到，就没有必要再大规模分封（在不分封的情况下，周王的庶子留在王朝当卿大夫，这在《春秋》经传等文献中不乏记载)，因而有的学者索性称"周初大封建"。专家认为："周室封建事业大成于成康，则说明所谓封建亲戚，以藩屏周室，属于周初建国工作的一部分，并不是在后世仍推广进行的常制。周人与姜族的封君中，大部分在成康之世已经建国了。"①

（四）宗法制度

宗法制度的核心是嫡长子继承。在商后期已经出现父死子继，明确的嫡长子继承出现应是西周开国以后。这一套制度形成了大小宗的嫡庶之别，不仅稳定了统治集团内部的秩序，也同样以同姓血缘保证了嫡庶之间、周王与诸侯之间相当一个时期内的紧密联系。这种同宗的联系在后代虽然疏远，但在当时却是无法替代的。宗法制度非常复杂，学生有上述认识已属不易，不宜再复杂化。

（五）殷周社会变革

王国维先生《殷周制度论》认为，中国政治文化的变革莫大于殷周之际。此论基于文献记载，周人推行宗法分封和礼乐制度，周天子不再是"诸侯之长"，而是"诸侯之君"，使得中国社会发生了前所未有的变化。此文一出引发了学术界的巨大争论。不少学者认为商代甲骨文中已然有宗法分封以及殷礼的痕迹，但持否定意见的学者认为商代的分封更大程度是认同异姓族邦，宗法也不似西周那样有明确的嫡长子继承法的证据。也有学者认为商周社会变革是异大于同或同大于异，是针对不同角度而言，即"自其变者而观之，则天地曾不能以一瞬；自其不变者而观之，则物与我皆无尽也"。也有意见认为三代并没有生产力的飞跃，但这次变革是春秋战国社会变革的前奏。这个问题在教学中渗透，能起到深化主线的作用。

---

① 许倬云：《西周史》增补本，生活·读书·新知三联书店 2001 年版，第 148 页。

三 教学建议

这一部分的脉络很清晰，需要老师做到几点。第一，设问的过程中把握好历史背景，制度的创生、扬弃与因袭都是因为社会需求，早期国家的环境引发了三代制度的演化。第二，若干复杂的历史概念应厘清，把握住概念的来龙去脉和前后联系。第三，以历史比较的方式设计问题，比如分封制与内外服的比较，兄终弟及与嫡长子继承的比较，易于突出背景与问题特点。

第二章　周武王大规模分封了吗？

讲到中国先秦时代的分封制，有的老师喜欢用《史记·周本纪》中的一段著名文字：

> 武王追思先圣王，乃褒封神农之后于焦，黄帝之后于祝，帝尧之后于蓟，帝舜之后于陈，大禹之后于杞。于是封功臣谋士，而师尚父为首封。封尚父于营丘，曰齐。封弟周公旦于曲阜，曰鲁。封召公奭于燕。封弟叔鲜于管，弟叔度于蔡。余各以次受封。

这一段话涉及实行分封的过程、如何进行分封、分封给什么人、分封的作用等问题，非常符合教学的需要，是"典型的、有价值的、有说服力的史料"。于是老师通过史料研习，而不是直接讲授这些内容，就能完成教学任务。也有教材以此为基础，认为武王克商之后就进行了大规模分封。但是，20世纪以来的先秦史研究成果已经证明，司马迁的这一段话并不可靠。

司马迁所说周武王大规模分封的内容，是经不住推敲的。如果此说当真，则齐、鲁、燕、晋等兄弟之国与甥舅之国已矗立于黄河流域的要冲区域，镇守东国、南国、北国，足以决定大局，那么成王即位之初、周公辅政期间，又何来殷民和东夷的大叛乱？所以20世纪以来，有一大批学者对司马迁的记载提出疑问，认为齐、鲁、燕、晋等周人的藩屏，应是在周王室平息殷民和夷族的叛乱之后，才分封于各地；此之前并未如此。① 司马迁的话里包含着一定的史影，势必要仔细斟酌。综合各家的认识，要之如下。

其一，司马迁说周武王"追思先圣王"，于是"褒封神农之后于焦，黄帝之后于祝，帝尧之后于蓟，帝舜之后于陈，大禹之后于杞"。"褒封"当是史实，但旨在于兴灭国、继绝世，招徕一切反商的力量，这如同在孟津时大会八百诸侯、在牧野之战前团结八国反商同盟一样，并没有后世"封建亲戚，以藩屏周"的构想。这一时期不仅在国家结构上，而且在祀典、历法、青铜器制造方方面面都沿袭殷商旧制。《逸周书·度邑》以及《史记·周本纪》记载，周武王与周公旦夜不能寐，言尚未"定天保"，思虑对中原殷商遗留势力采取何种政策，也说明当时体制除以沿袭殷制为主，尚无周人自己的创建。再则，武王在位时间甚短，《尚书·金縢》记载克商二年即得病，不久病终，也无暇展开大规模分封事业。

其二，傅斯年先生的名文《大东小东说》，已推测武王之世鲁、燕、齐是存在的，但和后代的位置不同，封于成周南部，位于今河南鲁山、郾城与南阳一带。这也是一种合理的论断。有学者进一步指出，周武王本想把东都选址于"有夏之居"的阳翟，并非洛邑，进而齐、鲁、燕、许等国均为拱卫阳翟而被封于今河南中南部，齐在南阳盆地，鲁在鲁山县境内，燕靠近郾城，许位于许昌、鄢陵之间。② 此说在傅说基础上进一步为相关文献及考古所见史事提供了较合理的解

---

① 王国维：《观堂集林》，中华书局 2002 年版，第 451—480 页；傅斯年：《大东小东说——试论鲁、燕、齐初封在成周东南后乃东迁》，《民族与古代中国史》，河北教育出版社 2002 年版，第 79—86 页；金景芳：《中国奴隶社会史》，上海人民出版社 1983 年版，第 114—115 页；陈恩林：《齐鲁燕的始封及燕与邶的关系》，《历史研究》1996 年第 4 期；王玉哲：《中华远古史》，上海人民出版社 2000 年版，第 529—538 页；晁福林：《先秦社会形态研究》，北京师范大学出版社 2003 年版，第 397—403 页；等等。

② 王晖：《周武王东都选址考辨》，《中国史研究》1998 年第 1 期；顾颉刚：《三监人物及其疆地》，《文史》第 22 辑，中华书局 1984 年版。

释途径，可信性较大。① 准此，则武王分封亦是拱卫东都阳翟而设，集中一隅，且军事戍卫的色彩重，并非大规模实践。王国维《殷周制度论》说"武王克纣之后，立武庚、置三监而去，未能抚有东土也"②，当大体不误。

其三，司马迁说周武王"封弟叔鲜于管，弟叔度于蔡"，这是"三监"的重要构成，也不当看作分封。《史记·管蔡世家》言武王"封叔鲜于管，封叔度于蔡，二人相纣子武庚禄父，治殷遗民"。这是立"三监"，"监"本义是观察，引申为监督。徐中舒先生依据金文《仲几父簋》，指出卫为诸监之一，地位尊崇，但要受周王节制，实际上反不如诸侯能自擅一国；《仲几父簋》中"事于诸侯、诸监"就说明"诸监"和"诸侯"有别。"三监"只是在殷畿地区镇守，并非建国，管叔、蔡叔也不称公、侯、伯。③ 这应是在特殊历史时期的一种策略。

其四，司马迁说周武王大封功臣谋士，"而师尚父为首封"，"封尚父于营丘，曰齐"；"封弟周公旦于曲阜，曰鲁"；"封召公奭于燕"；"余各以次受封"，这大不符合史实。不用说远在北国的燕、东国的齐鲁，就是殷商故地的卫国，其始封君是周武王的少弟康叔封，《左传》定公四年也认为是在周公时代分封。康侯簋铭文明确记载，王来伐商邑，让康侯从康地迁徙到卫地，其背景也和成王东征的史实相吻合。鲁国本为奄，《说文》作夁，言为"周公所诛"之国，《逸周书·作雒》言其国君为周公辅政成王时三监之乱的元凶之一，《尚书大传》等文献有周公"践奄"的说法，《诗经·鲁颂·閟宫》为成王令周公侯于鲁的史诗，《左传》定公四年认为鲁在周公时代分封，

---

① 如《左传》隐公八年载郑伯以泰山之祊田易鲁之许田。如果鲁本在今河南南部，这一事件较易理解。《诗经·鲁颂·閟宫》载鲁侯先"俾侯于鲁"，再"俾侯于东"等。成王时期康侯簋铭文直接说"康侯鄙于卫"，是让康侯迁徙到卫的明证。参见朱继平《从淮夷族群到编户齐民——周代淮水流域族群冲突的地理学观察》，人民出版社 2011 年版，第 45 页。

② 王国维：《殷周制度论》，《观堂集林》，中华书局 2002 年版，第 451—480 页。

③ 晁福林：《先秦社会形态研究》，北京师范大学出版社 2003 年版，第 402 页。

显然是三监之乱以后的事；金文禽簋冈劫尊之"王伐盖"，"盖"即"奄"。齐国之都为营丘，在临淄之北，为三监之乱的元凶之一、殷商方国蒲姑旧地，武王时并不在周人手中。《史记·齐世家》中有太公与莱人争夺营丘之事，并不可靠；《鲁世家》有太公封齐而报政于周公之事，当可靠。燕地殷商势力极重，《史记·燕世家》说武王封召公于北燕，不可信；金文克罍克盉言周王"令克侯于匽（燕）"，"克"为第一代燕侯，当封于成王之时。这些分封大蕃皆如此，至于其他封国更是在此之后。

其五，制度的变革由形势造就，就大分封的实质而言，武王时期尚不具备其背景。周人的大分封，与商代的外服完全不同。实质上，周人的封国以自己的兄弟、甥舅之国为主，造成了前所未有的不同族人混居在一起的现象，大大推进了民族融合；而商代的外服，只不过是被迫屈服的异族，商代尚未有把被征服地区的土地人口授予自己的亲戚子弟统治的史实。① 武王时代小邦周克大邑商，虽然巩固政权的形势严峻，但形势并没有失控。诚如王国维所说："自殷以前，天子、诸侯君臣之分未定也。……盖诸侯之于天子，犹后世诸侯之于盟主，未有君臣之分也。周初亦然，于《牧誓》、《大诰》皆称诸侯曰'友邦君'，是君臣之分亦未全定也。"② 此说甚确，周天子尚能和周的同盟军达成默契，以盟主的身份镇抚殷邦，故这一背景下无大规模分封，沿袭殷商内外服的国家结构即可。《逸周书·度邑》等文献记载，周武王对周公旦坦言，自感来日不多，恐身后生变，望周公旦登基并作东都，方能戡乱。武王崩，周公辅佐年幼的成王，三监之乱爆发，给年轻的周政权以致命的打击。据说经过艰苦的战事，终于平息叛乱。《左传》僖公二十四年言"昔周公吊二叔之不咸，故封建亲戚以蕃屏周"，甚确。三监之乱后，周公痛定思痛，认识到殷商遗民之所

① 沈长云：《论殷周之际的社会变革》，《上古史探研》，中华书局 2002 年版，第83—110页。

② 王国维：《殷周制度论》，《观堂集林》，中华书局 2002 年版，第451—480页。

以叛乱是因为内外服制度漏洞大，外服部落首领非我族类，对周政权容易离心离德，因此周人把自己的亲戚功臣分封到各地，把握天下要冲，决定大局。殷民盘根错节的势力被打破，就能大大降低了叛乱的可能性。王国维《殷周制度论》言此时西周王室改变了"天子、诸侯君臣之分未定"的情况，"逮克殷践奄，灭国数十，而新建之国皆其功臣、昆弟、甥舅，本周之臣子；而鲁、卫、晋、齐四国，又以王室至亲为东方大藩，夏、殷以来古国，方之蔑矣。由是天子之尊，非复诸侯之长而为诸侯之君"①，这恰是周初分封的重要背景。新近公布的清华简《系年》，明确指出成王时代才进行大分封："周成王、周公既迁殷民于洛邑，乃追念夏商之亡由，旁设出宗子，以作周厚屏，乃先建卫叔封于康丘，以侯殷之余民。"② 这就足以说明问题。周人的分封大成于成康之世，并非代代进行的常制。如果把周初大分封背景套在武王克商之后，则有悖于史实，且讲不出分封的意义何在。

总而言之，司马迁说周武王大规模分封，可靠性很成问题，它有一定的史影，但系捏合不同历史事件而成，说它是"有说服力的史料"，不确。之所以司马迁如是观，原因不外乎两个。其一，毕竟司马迁距离周初已过一千年，周初的文献传到汉代的已经非常少，甚至都不具备今天学者们以金文简牍研究先秦历史的条件，这从《史记》中其他内容中也能看出来。比如《周本纪》中西周初期和西周晚期的事件较多，西周中期的内容很少；《燕世家》中周初历史基本是空白；《齐世家》之中武王封姜太公于齐，莱人与之争营丘，情节离奇，时间错位。许多迹象表明，司马迁手中的资料在不少环节上是有限的，拿司马迁的推论当作先秦历史的确证，就应当谨慎。其二，司马迁受战国古史观的影响。众所周知战国时代是思想学术发展的黄金时代，也是古史观构建的关键时期。诸子都凭借古史来支撑自己的学说，但

---

① 王国维：《殷周制度论》，《观堂集林》，中华书局 2002 年版，第 451—480 页。
② 清华大学出土文献研究与保护中心编：《清华大学藏战国楚简》（二），中西书局 2011年版，第 141 页。

这些历史信息真假杂糅，不少内容是移花接木，有的更是子虚乌有。拿武王开国之后的史实为例，《吕氏春秋·慎大览》记载武王克商之后"与谋之士，封为诸侯，诸大夫赏以书社，庶士施政去赋。然后济于河，西归报于庙。乃税马于华山，税牛于桃林，马弗复乘，牛弗复服。衅鼓旗甲兵，藏之府库，终身不复用"。《礼记·乐记》亦言武王克商后"马散之华山之阳而弗复乘，牛散之桃林之野而弗复服，车甲衅而藏之府库而弗得用，倒载干戈，包之以虎皮，将帅之士使为诸侯，名之曰'建囊'"。这样的记载把武王灭商之后的情形描绘得过于乐观，从常理和文献记载都能知道这是不符合实际的。当时武王面临的形势还是十分凶险的，按照比较可靠的文献《逸周书·世俘》记载，在甲子商纣自焚后，战事频仍，武王向四方征讨，计攻灭九十九国，杀敌一十七万七千七百七十九人，生俘三十万又二百三十人，总计征服六百五十二国。这些数字无疑有极大的夸张性，但有一点是明确的：武王建国时面临的是非常险恶的环境，与马散华山之阳、牛散之桃林之野的描述完全不同。对统治者来说，周人被诸多反周势力环绕，力量尚显赢弱，并不具备大规模分封的政治基础；周武王的当务之急不是进行分封的政权建设，而是团结一切盟邦稳定局势、打击敌对势力。用司马迁这一记载来说明周初问题，就不如遴选更可靠的材料。

比如有老师选择并剖析国家博物馆的宜侯夨簋的铭文来描述分封制，就起到了不错的效果：

新中国成立初期出土在江苏丹徒的宜侯夨簋，记载了周王把诸侯"虞侯"改封到"宜"地的历史事件。铭文说，在四月丁未那天，周王查看了前代统治者周武王、周成王伐商的地图和东国的地图。王在"宜"地的宗庙中面朝南，册命"虞侯"：让他到"宜"地当侯，赐予用于祭祀的酒和酒器、弓箭；赐予带有三百条沟的、三十五个"邑"的土地；赐予"宜"地的"王人"（周的同姓贵族），"奠"地的"七伯"及其相关人口，以及更多的"宜"地的"庶人"。这时的

隹四月辰在丁未，口口珷王
成王伐商圖，逶省东國圖。
王立(位)于𡏋宗土(社)南卿
(向)。王令
虡侯夨曰"繇，侯于𡏋。錫**鬯**
邑一卣，商礪一枚，彤弓一、
彤矢百，
旅弓十、旅矢千。錫土、厥川
(㕽)
三百口，厥口百又廿，厥口邑
卅
又五，[厥]口百又卌。錫在
𡏋
王人口又七生(姓)。錫奠七
伯，
厥眔口又五十夫"。𡏋侯夨揚
王休，作虡公父丁隮彝。

图 2-1　矢簋铭文及释文

资料来源：出自唐兰《宜侯夨簋考释》，《考古学报》1956 年第 2 期。

"虡侯"已经成为"宜侯"，感念王的恩德，制作了祭祀自己父亲的青铜器。

　　基于此老师设问：铭文流露出怎样的时空信息？这是让学生定位时空观念，铭文出土在江苏丹徒，写的是"虡侯"改封到"宜"的事件，并且提到"东国"，可以推知这一事件发生在周王朝的东部边鄙。铭文中的时间是"四月丁未"，但是提到周武王、周成王伐商的地图，应在这两代王以后，专家综合诸多信息，推断这一铭文发生在周武王的孙子周康王时期。这正是周王室平息殷民叛乱之后，大规模推行分封的事件。这些内容学术性强，老师应仔细诱导，随时予以补充。铭文中周王把"虡侯"改封到"宜"，目的何在？这一点学生不难作答，周王是让"虞侯"到"宜"地镇守疆土、拱卫王室；而周王拥有分封天下的至高权力。册命过程中，周王赏赐祭祀用酒及酒具、弓箭，说明什么？老师突出"祭祀"，是说明"祭祀"在早期国家礼仪中有着重要的地位；弓箭说明周王赐给"虞侯"征伐之权。这说明上古时期"国之大事，在祀与戎"的历史特征。周王除器物外，请概括还赏赐给"虞侯"什么？不难发现是土地和人口，这正是分封制度的要件。周王赏赐"虞侯"的土地，从规模上和后代诸侯国（如战国七雄）相比，有什么特点？无疑规模要小得多，这说明上古时期的"小国寡民"特色。周王赏赐给"虞侯"的人口，有哪几类，都是什么人，为什么这样做？不难看出有三类：周人同姓贵族"王人"，来自其他地区的贵族"奠七伯"，以及"宜"地的居民。"王人"作为统治者处于社会顶层，"宜"地的居民是社会下层，来自其他地区的贵族"奠七伯"在两者之间。这样的作用是，造成前所未有的不同族人混居在一起的现象，使得"宜"地的势力不能盘根错节，推动了部族融合，大大利于周人的统治。分封的真正意义在于此。这样遴选铭文材料并精细解读，能够逼真地把学生带到历史背景中，以"麻雀虽小，五脏俱全"的做法解读史料，体现了历史学科的深度，把历史学科素养落实在实处。

第三章　商鞅变法是否承认土地私有允许买卖

商鞅变法是初高中历史教学中的重点内容。很长一段时间，人们把商鞅变法措施中"开阡陌，废井田"一条解释为确立土地私有制，允许买卖。比如翦伯赞先生主编《中国史纲要》认为："（商鞅）又下令废井田，开阡陌，允许土地买卖，承认土地私有权，为地主经济的发展铺平道路。"[①] 张传玺先生的《中国古代史纲》认为："废除井田制度，实行土地私有制度，准许土地买卖。"[②] 杨宽先生的《战国史》认为商鞅"重新设置了新的阡陌封疆，用法令的形式保护了土地私有制"[③]。这样的看法影响到中学历史教学，不少老师也习惯于把战国变法讲成推动土地私有制确立的重要因素。但当今许多学者指出，此说并不符合战国历史的实际情况。在教学中，这一问题关系到先秦社会的重大制度变革，以及唯物史观的落地问题，有厘清的必要。

一　商鞅变法前秦国的土地制度

文献对商鞅变法以前的秦国土地制度记载较少。《汉书·食货志》

① 翦伯赞主编：《中国史纲要》上册，北京大学出版社 2006 年版，第 53 页。
② 张传玺：《中国古代史纲》上册，北京大学出版社 1991 年版，第 115 页。
③ 杨宽：《战国史》，上海人民出版社 2003 年版，第 205 页。

中班固说："秦孝公用商鞅，坏井田，开阡陌，急耕战之赏，虽非古道，犹以务本之故，倾邻国而雄诸侯。"并称述董仲舒之语："古者税民不过什一……至秦则不然，用商鞅之法，改帝王之制，除井田，民得买卖，富者连阡陌，贫者无立锥之地。"这是说商鞅改革的后果，但问题在于这是汉人的追述，"急耕战之赏"，是否就是"坏井田，开阡陌""除井田"？

井田制虽然被许多文献称引，并被后人视为理想蓝图，但它未必在周代各封国中普遍推行。正如许倬云先生所说，在井田上"千耦其耘"的"大规模的耕作"，"是否为周初各地的普遍现象，仍然在待证之列"，"至少在《诗经·豳风·七月》中叙述的情形，似乎已是个体小农的经营，农夫有自己的居室，妻儿随着农夫同去田间，而农夫对于主人的义务，是出于实物和劳力的双重配合。……这是在领主领地上的附庸人口，经营的是分配给一家的小农庄，不是在大面积上集体耕作的大农场"①。许说是有道理的，周代宗族势力浓重，以血缘为纽带，若干附庸家庭的土地聚合在领主土地周围，这样的情形不会是个案，很难说这样的土地制度都是井田制。而秦国的情况很特殊，它起源于周人之附庸，不同于齐、鲁、晋、卫等东方大封国，其宗法因素较为淡漠，和周王室也相对疏远，这样看推行井田制的可能性似乎不大。既然如此，汉代人说商鞅废除井田，就有比较大的理想主义成分。

退一步讲，即便秦国推行井田制，也应该是贵族所有制。《诗经·小雅·北山》说的"普天之下，莫非王土"，应不是从土地所有制而言，似乎是从政治主权而言，并且如《孟子·万章上》所说，此处诗歌作者表达的"劳于王事而不得养父母也"的抱怨，目的是说"此莫非王事，我独贤劳也"，和土地制度不相关。郭沫若先生的《中国史稿》指出商鞅"废除以井田为主干的土地国有制（也就是贵

① 许倬云：《西周史》，生活·读书·新知三联书店2012年版，第248页。

族所有制)"①，则比较客观。周王既将土地永久地赏赐给了大小诸
侯，诸侯们又将土地再次赏赐给下级贵族，使西周形成多级领主土地
所有制状态，是大小贵族对土地的分级所有。《汉书·食货志》中说
井田"田里不鬻"，也非周代实际情况；如今看到的西周时代的若干
篇贵族买卖土地的长铭文，在为数不多的有关西周社会经济的铭文中
占有相当的比例，可见土地买卖应不是偶然现象，② 这也与土地贵族
所有制相吻合。秦国在商鞅变法前，地广人稀，诸侯以夷狄视之，故
要招来东方人口，很明显这时土地不是问题；大小贵族乃至庶民占有
土地，当属必然。既然周代土地为大小贵族掌控，买卖也非偶然，那
么商鞅变法要废除土地国有、承认私有、允许买卖，就显得没有意
义了。

二   战国时期土地私有程度

《汉书·食货志》所说"除井田"之后就"民得买卖"，进而出
现了"富者连阡陌，贫者无立锥之地"的现象，不符合战国社会的实
际情况。战国时期土地私有程度并不高，不仅今天罕见战国时代的土
地买卖文书契约，而且文献中记载的几个有关土地私有的事例也须
推敲。

《史记·廉颇蔺相如列传》中赵括母亲说赵括"王所赐金帛，归
藏于家，而日视便利田宅，可买者买之"，顾颉刚等先生认为《史
记》战国诸世家中赵国故事独详，应系祖籍赵国、和司马迁关系甚密
的冯唐、冯遂所宣扬，笔墨生动，但夹杂汉代的润色乃至虚构；这一
情况宋人已经看出，宋版《战国策》未收录。③ 《史记·苏秦列传》

---

① 郭沫若：《中国史稿》第 2 册，人民出版社 1963 年版，第 10 页。
② 沈长云：《金文所见西周王室经济》，《上古史探研》，中华书局 2002 年版，第 208 页。
③ 顾颉刚：《司马谈作史》，《史林杂识初编》，中华书局 2005 年版，第 228 页；杨师群：
《东周秦汉社会转型研究》，上海古籍出版社 2003 年版，第 77 页。

中苏秦感叹"使我有雒阳负郭田二顷，吾岂能佩六国相印乎"，但《战国策·秦策三》相同的情节中，苏秦并没有说这一句，也应是汉代人的添枝加叶；唐兰先生就曾指出，《苏秦列传》许多情节等于后世的传奇小说。①

从云梦睡虎地秦律中《田律》《仓律》的记载看，地方官需要准确地向朝廷报告其所辖土地的田亩面积、种植情况、庄稼长势以及自然灾害，国家要求官员按时视察农业生产情况，下命令保护山林川泽、禁止随意砍伐捕捞。这些内容标志着国家已经把经济牢牢掌控在手中，正如杨师群先生所说："在国家官府如此严密的控制之下，又普遍实行授田的国家土地所有制中，还会有多少私有土地能插足其间呢？"②

甚至到秦王朝建立以后，土地私有也没有大量地普及。即便政府手中已无田可授或土地不多时，秦始皇还在尽力维系这一制度。秦始皇三十一年（前216年）诏告天下"使黔首自实田"，这似乎并不是宣告土地私有，从字面上看应是国家已没土地给农民，只能让农民自己去开垦，设法占有定额土地，以达到国家制度要求。③ 这只是表示土地国有的授田政策有松动，逐渐向私有土地转化，并不能说明私有土地在秦代有很大市场。但这并不是说土地私有和买卖在当时完全不可能出现，一旦某种现象需要国家去禁绝，就说明它是存在的，至少零星存在。《韩非子·外储说左上》记载："王登一日而见二中大夫，予之田宅。中牟之人弃其田耘、卖宅圃而随文学者，邑之半。"这里可以赏赐与买卖的"田宅""宅圃"应指的是住宅园圃，并非国家正式授予的百亩土田。《史记·白起王翦列传》也记载："王翦行，请美田宅园池甚众。始皇曰：'将军行矣，何忧贫乎？'王翦曰：'为大

---

① 唐兰：《司马迁所没有见过的珍贵史料》，载马王堆汉墓帛书整理小组《马王堆纵横家书》，文物出版社1983年版，第127页。

② 杨师群：《东周秦汉社会转型研究》，上海古籍出版社2003年版，第76—77页。

③ 袁林：《"使黔首自实田"新解》，《天津师范大学学报》1987年第5期。

王将，有功终不得封侯，故及大王之乡臣，臣亦及时以请园池为子孙
业耳。'"王翦所请的"美田宅园池"也可如是观，这些田需要向秦
始皇"请"，也说明国家对土地的严格管控。《汉书·食货志》中班
固称引李悝、晁错对一家五口授田百亩的小农经济的描述，相差数百
年，言之凿凿，差别无几；而在汉代以前又罕见田契文书，这样的现
象都不是偶然。正如沈长云先生所说，战国时期的文献包括《周礼》
《战国策》、诸子等基本没有谈到土地买卖或转让的情形，出土文献也
如此。少数一两条提到土地集中或土地买卖的记载，都是汉代人们的
追记，说明战国时期各国没有或基本没有个人对土地的私有这样一个
事实。①

商鞅变法之前的秦国倘若是贵族掌握着大量土地，那么商鞅承认
土地私有、允许买卖，就会很快造成土地集中于新贵族并加剧贫富分
化（即董仲舒所说"富者连阡陌，贫者无立锥之地"），这样国家手
中仍旧没有大量土地，和先前的贵族土地所有没有实质上的区别。君
主很难凭借私有土地扩充徭役赋税，就不可能顺利地"急耕战之赏"，
"倾邻国而雄诸侯"的局面更是无从谈起。故此在汉代以前即便有土
地私有与买卖，也不成气候，和土地私有制的确立还有相当一段
距离。②

三   战国各国普遍推行的授田制

战国时各国都要加强君权，君主和国家势必要把土地牢牢地抓在
手中，这样才有富国强兵的物质支撑。如果推行土地私人占有，就削
弱了君权的经济基础，很容易形成国家的敌对势力。于是当时各国君
主推行的非但不是土地私有，反而是土地国有，国家以"行田""均

① 沈长云：《从银雀山竹书〈守法〉、〈守令〉等论及战国时期的爰田制》，《中国社会经济史研究》1991 年第 2 期。
② 杨师群：《东周秦汉社会转型研究》，上海古籍出版社 2003 年版，第 79 页。

地""分田"等名义跨过各层贵族直接授田给农民，学者们称为授田制。近三四十年的出土文献云梦睡虎地秦简、银雀山汉简、青川木牍等一大批土地制度资料都说明了这一点。虽然这种制度久而久之会造成私有的结果，但是授田之初只给农民使用权，农民不能据为己有。农民耕种国家土地，须向国家缴纳赋税、服徭役，调动农民积极性的同时国家的税源就有了充足的保障，有学者形容田地里每一粒粟米都和前线战事胜负与将士性命相关，切中肯綮。授田者除了本国平民之外还招徕外来者，以增强国家实力。这样大小贵族占有土地的局面走到尽头。

为了防止土地向私有转化，国家还在授田制的基础上推行"爰田"的做法。《国语·晋语三》"作辕田"贾逵注，认为"爰田"即"辕田"，"辕，易也，为易田之法，赏众以田，易者，易疆界也"。爰田制要求，土地由国家统一授给个体农户，并按其肥瘠程度决定授田数量的多寡；在田地种植三年肥力耗尽时，就必须抛弃荒置若干年以便恢复肥力，农民就需要迁徙到肥力恢复的土地。这种做法应在战国历史上真实存在过，银雀山汉简《田法》就记载，"三岁而壹更赋田，十岁而民毕易田，令皆受美亚（恶）□均之数也"，是说农民每三年要更换国家授予的"赋田"，十年完成上中下三等"美恶"土田的轮换，不会让农民固定在某块土地上。1979年四川青川出土木牍《为田律》，是秦武王二年发布的命令。此文表明秦在商鞅变法之后，曾以法律形式强制实行国家对土地的统一管理，谈到由国家统一制定顷亩面积和田间道路的规格，强调每年按时由政府统一维修和整饬农户们使用的份地间的疆界，统一组织铲除田间阡陌上的大草。这些规定正是国家为了保证农户对土地的平均占有，防止其因土地分配不均造成贫富分化的预防措施，这样农民是无法取得对同一地面的长期而固定的使用权和占有权的。这些举措的精神，恰好是与爰田制的精神相吻合的。所谓爰田制，实际上也就是不使农民取得对土地的长期而固定的占有权，从而防止私有土地产生的一种手段。①

授田与"爱田"的前提是国家存在大量无主荒地，一旦国家手中没有土地，这样的制度就濒临绝境，私有化的过程就加速了。应当说，《汉书·食货志》中描述的土地私有以及兼并的情况是汉代的现象，人们从汉代文献的记载中不难发现这一点，董仲舒、班固等人将之前推二百余年，既不符合史实，也与战国时期各国争雄白热化的历史背景相违背。有学者这样形容商鞅变法的土地政策：商鞅废除公社所有的井田制，建立新的授田制度，虽然原则上仍为土地国有，但由于农民可以长期占有土地以及国家直接管理基层土地存在困难，实际上大大助长了土地私有化的趋势，为以后土地兼并、贫富不均等社会问题的产生埋下了伏笔。② 这样的总结，较之商鞅废井田、承认土地私有、允许买卖，是更为准确的。

四 其他

唯物史观不仅是核心素养的重要要求，也是学生掌握历史规律的重要途径。没有唯物史观，即便能把一连串的史事讲清楚，也难以科学地阐明这些史事在历史发展中的意义。但问题在于，一旦唯物史观采取说教而不是渗透的形式，贴标签的痕迹就很重，教学过程就显得生搬硬套。即便学生能机械背诵应付考试，也难以给思维带来启迪。一线教学如何能够让唯物史观落地，而不是贴标签，是教学中值得思考的问题。生产力是社会发展最终决定力量，生产关系适应生产力发展才能推动社会进步；人类社会在矛盾中前进，历史的发展呈螺旋式上升；一切历史发展都是偶然性和必然性的统一；人民群众是历史的创造者，杰出人物只能顺应历史而不能改变历史发展趋势……这些规

---

① 沈长云：《从银雀山竹书〈守法〉、〈守令〉等论及战国时期的爱田制》，《中国社会经济史研究》1991 年第 2 期。

② 张帆：《中国古代简史》，北京大学出版社 2001 年版，第 46、47 页。

律的确需要在历史教学中贯彻，但除了搭建宏观框架之外，当今历史教学中尤其要做到以下几点。

其一，唯物史观不应以"论"代"史"，须以"史"作为教学基础。唯物史观非常重要，其中实事求是是其根本的原则。在教学中贯彻唯物史观，根基在于史实的铺垫。习近平同志指出："实事求是是马克思主义的根本观点，是中国共产党人认识世界、改造世界的根本要求，是我们党的基本思想方法、工作方法、领导方法。"[①] 在相当一个时期，我们习惯于用"论"来阐发历史现象，走过一段以"论"代"史"的弯路，反而不能以理服人，教学效果较差。如果说，《汉书·食货志》中，董仲舒所说"除井田，民得买卖，富者连阡陌，贫者无立锥之地"还是陈述现象，并描绘由这一现象带来的后果的话，那么我们把它形容成废除井田制、确立土地私有制、激化阶级矛盾，则"论"的痕迹大于"史"。我们的教材语言，以及课堂讲授语言，往往很多时候套用了学术著作中"论"的语汇而不是摆出史实，并没有想这些语汇在此应用是否恰当。在教学中，这样做，学生接受的是笼统的概念，而不是逼真的事实，很难从抽象的概念中获得历史感；并且抽象的概念能否恰如其分地概括史实，也是一个问题。白寿彝先生就曾指出，历史学科不能"论"多"史"少或者有"论"无"史"，"史"跟"论"应是统一的，一方面要求用唯物主义的理论恰当地阐释历史；另一方面"论"本身不能代替"史"，不应该把"论"作为替代历史叙述的套话；这种"论"有不少是从经典著作中搬出来的，但生搬硬套这种"论"的做法，却恰好是违背了对具体问题进行具体分析的马克思主义原则。[②] 就商鞅变法这一措施而言，有的史家的描述就较为妥当："（商鞅）把旧日封区的疆界一概铲平，

---

① 中共中央宣传部：《习近平新时代中国特色社会主义思想三十讲》，学习出版社 2018 年版，第 326—327 页。

② 白寿彝：《历史学科基本训练有关的几个问题》，《白寿彝文集·历史教育·序跋·评论卷》，河南大学出版社 2008 年版，第 18 页。

让人民自由占耕未垦辟的土地，让国家对人民直接计产征税。"① 这样陈述史实，就事说事，已经包含了授田制下土地国有的历史概念，但不轻易贴标签，不仅易于学生理解，而且避免了概念使用不当的风险。

其二，唯物史观的使用不应该出现史实硬伤，须充分考虑到历史的复杂多样性。往往这样的硬伤出现在"想当然"上，这恰恰违背了唯物主义实事求是的原则：一是凭借"论"想当然，既然生产力、物质因素、经济关系是历史发展的决定性因素，既然西方历史能提供如此的例证，那么所有历史现象都能套用这样的公式进行解释，从而忽视了历史的复杂性，造成史实硬伤。须知只看到物的决定作用而看不到人的能动性，只是机械唯物主义；不懂中国和西方历史发展的差异性，只是抹杀多样性的形而上学。比如说商鞅变法就确立了土地私有制，就能看出机械地比附西方进入文明时代后原始公社土地公有制瓦解、私有制度确立的历史轨迹；但中国和西方历史发展的一大不同是私有制在相当的历史时期内并不发达，无视这一点就难免削足适履。包括讲中国进入文明时代建立国家之时就"以地域划分国民"，忽略"族"在三代文明中的历史作用，也是这样的问题。二是看到古代文献中某个记载"想当然"，但这个记载也许是个案，或者有其针对性，并不能说明问题。《汉书·食货志》说商鞅时代就有土地买卖，造成"贫者无立锥之地"，这样的情况就不符合战国的历史，而是说的是汉代，应是托古说今，有着很强的针对性。这样的内容就需要人们结合历史背景做仔细的辨析。因为古代文献语境匮乏，解释有分歧，而且古人的言论也有其特定的语境，如果不深入研究就很可能出错。毛泽东同志在《改造我们的学习》指出"详细地占有材料，在马克思列宁主义一般原理的指导下，从这些材料中引出正确的结论"②，这是妥帖的做法。但说着容易做着难，教学中要寥寥数语把商鞅变法前后的

---

① 张荫麟：《中国史纲》，上海古籍出版社 1999 年版，第 101 页。
② 毛泽东：《改造我们的学习》，《毛泽东选集》第 3 册，人民出版社 1991 年版，第 801 页。

社会变化实事求是地解释清楚，不是简单的事。

其三，唯物史观要求实事求是，世界在变，历史认识也在变，这样人们的知识结构不应是封闭的，而应不断接受新材料和新观点。改革开放以来，新材料如雨后春笋，历史学研究日新月异，人们对一大批问题的认识大大前进；理论问题研究也日益深入。学者们意识到商鞅变法后的土地制度就是一个缩影，半个多世纪以前，人们囿于材料的限制，相信《汉书·食货志》的若干说法；但随着云梦睡虎地秦简、青川木牍、银雀山汉简等一大批资料涌现，战国授田制的面貌浮出水面，引发人们对整个中国古代土地赋役制度的新思考。有学者指出，中国古代土地赋役制度可以划分为三个阶段：第一阶段是夏商西周至井田制的瓦解，其特点是税人与税地的合一（宗族土地所有制）；第二阶段是战国授田制至中唐均田制的瓦解，其特点是以人户为税基占主导（土地国有制）；第三阶段是两税法到清朝的摊丁入亩，其特点是以土地为税基占主导（土地私有制）。[1] 这样的概括，基于数十年学者的研究成果，更能令人信服。商鞅变法后的土地制度，虽然只是寥寥数语，但表现了丰富的学术背景以及历史教育工作者的知识结构，不可不慎。

---

[1]　齐涛主编：《中国古代经济史》，山东大学出版社 2001 年版，第 25 页。

第四章　先秦历史若干问题分析

统编教科书《中外历史纲要》中第一单元为"从中华文明的起源到秦汉大一统封建国家的建立与巩固",已把漫长的先秦历史呈现给学生。跨度之长,信息量之大,让人目不暇接,历史老师驾驭起来比较吃力。白寿彝先生指出:"历史主要是写政治,政治是历史的脊梁,经济虽是基础,但要受政治的制约。"[①] 白先生的意见是中肯的,抓住政治史,对于把握时代特征来说至关紧要。这不仅是学术研究的基础,也是历史教学过程中抓大放小的重要原则。中国早期文明发展有着非常鲜明的中国特色,其中最为明显的一点就是族的长期存在。抓住中国早期文明发展的这一关键特征,就能够把中国上古史中貌似碎裂的信息串联起来,使学生形成有一定条理的知识结构。本节试图解析先秦政治史的若干重要问题,希冀能够纲举目张,为老师们教学实践解决一些问题。

一　关于早期国家

恩格斯充分利用了摩尔根《古代社会》的研究成果,撰写了《家庭、私有制和国家的起源》,描述了希腊人、罗马人和日耳曼人彻底

---

① 北京师范大学史学研究所编:《历史科学与理论建设——祝贺白寿彝教授九十华诞》,北京师范大学出版社1999年版,第13页。

打碎氏族制度，在它的"废墟"上建立国家的过程。恩格斯如此形容："氏族制度已经过时了。它被分工及其后果即社会之分裂为阶级所炸毁。它被国家代替了。"①

恩格斯的结论无疑是正确的，尤其是他发展了摩尔根的文明理论，着重强调了国家的建立对文明演进的作用。但也需要看到恩格斯自己曾经强调这个结论只是根据希腊人、罗马人和德意志人这三大实例进行的探讨。就东方世界尤其是中国看，早期文明的发展情况与这三大实例并不相同。进入文明的门槛氏族就消亡，这样的路径恐怕不是放之四海而皆准的普遍规律，至少恩格斯并没有这样绝对的表述。中国古代由野蛮时代向文明时代迈进的时候，氏族组织长期存在，它并没有"为阶级所炸毁"，也没有"被国家所代替"，而是与阶级、国家长期并生。司马迁说，"禹为姒姓，其后分封，用国为姓，故有夏后氏、有扈氏、有男氏、斟寻氏、彤城氏、襃氏、费氏、杞氏、缯氏、辛氏、冥氏、斟（氏）、戈氏。"这说明在进入文明时代很久后，氏族组织还产生着巨大影响。中国古史上氏族特色在于其存在的长期性、普遍性和对于新社会形势的适应性。王国维指出，"周人以尊尊、亲亲二义，上治祖祢，下治子孙，旁治昆弟，而以贤贤之义治官"②。这就能说明，血缘因素在进入国家后，能够与国家政权结合，在相当的历史环境中成为文明发展的依赖力量，绝非格格不入。所以我们在给国家下定义时，不应硬套西方理论，应充分考虑到中国的特殊性。于是不少专家将中国古代已具备国家公共权力，但社会组织仍滞留在以血缘纽带为基础的国家形式概括为"早期国家"，以区别于地区组织和公共权力两者都具备的"成熟国家"。中国上古史中很长历史时期应纳入早期国家的范畴。这是一种具体问题具体分析的观点，比生搬硬套西方国家理论更实事求是。统编教科书用《中华文明的起源与早期国家》来命名第一课，就充分考虑到了中国文明起源的特殊性，

① 《马克思恩格斯全集》第21卷，人民出版社1965年版，第193页。
② 王国维：《观堂集林》，中华书局1959年版，第472页。

是非常正确的。文明的发展路径复杂，如果缺失了中国特色，不用说了解古代，就是认识当代也有巨大障碍。

文明的发展路径说到底，是文化基因的问题：上古时代"族"具有顽强的生命力，它的影响渗透到社会的方方面面，进而形成了特定的文化传统。自三代至今，中国文化传统就和西方不同：西方氏族影响淡漠，重视个人主义；中国亲亲而尊尊，遵循集体主义，重视权威。很长时间东方国家跟着中国跑。从甲骨金文以来，中国文字就是方块字，并非拼音化，背后有着独特的逻辑思维与集体主义文化背景。就是在今天，中央集权制度与集体主义价值观在中国都存在极大的合理性。

二 关于土地制度

中国古代土地制度是新中国成立后学术界"五朵金花"之一，引起了广泛的讨论。井田制有没有，即便有是否在商周社会是普遍现象，学者们讨论几十年，至今莫衷一是。孟子"方里而井""井九百亩"的叙述人们耳熟能详，问题在于孟子这段绝对性很强的话可不可信？一度古史辨派学者对孟子的描述非常怀疑，甚至认为他是造伪的高手，毕竟他对滕文公讲井田，滕文公已经对此知之甚少。然而今天我们也要看到一点，即便孟子爱说大话，但如果拿毫无历史根据的论据来说明道理，也不能令人信服。孟子所说把土田划成整齐划一的豆腐块，若说不顾地形放之四海皆准，自然不太可能，可如果是平原而非山地，井田也不是完全实现不了。金文中就有"封"字，指的是边界，著名的散氏盘铭文（《殷周金文集成》10176）[①] 就提到划定贵族土田的"封"，贵族要弄清土田东西南北"四至"在哪里。四川青川的战国时代木牍，系秦武王时期国家的行政命令，其中就有严格管控

---

① 中国社会科学院考古研究所：《殷周金文集成》第 16 册，中华书局 1984 年版，第182 页。

土地边界的内容。井田制度孟子言之凿凿，所谓"夏后氏五十而贡，殷人七十而助，周人百亩而彻，其实皆什一也"，则井田制恐怕也不是周人的首创。① 在物质资料稀缺，人口密度不大，商品经济尚不发达的早期文明中，土地尚不是紧缺的资源，其重要性远远小于人本身。所以人们很大程度上把土地当作生存的工具，并不太在意所有制的形式。周王朝名义上"普天之下，莫非王土"，实际上已经把土地分给各层诸侯，但与其说井田制是贵族个人所有，还不如说是贵族宗族所有。《诗经·豳风·七月》是著名的农事诗，大体可以说是大宗族中附庸家庭一年到头的生活状态。把历史现象放置在宗族社会的大背景下，问题就能够一定程度上澄清：井田制虽然至今不敢确定为周代普遍现象，但在国家推行授田制、形成编户齐民之前，应当从情理上存在宗族掌控土地的制度，当时不存在土地紧缺的问题，劳动力比土地更重要；《诗经》等文献提到土地中有公田，有私田，一定程度上应该是可信的；在公田上劳作，是在商品经济不发达的前提下采取的劳役地租。这是宗族社会赖以生存的经济支撑。

战国时期各诸侯国推行授田制度，是对宗族土地所有制的扬弃。政府将国有土地直接授予农民耕种，以户口登记为前提，计户授田，每户百亩，农民按受田数量向基层官府纳赋税并服徭役。授田制度下，农民所受田地要纳入国家的管理，田地受国家保护。就其实质而言，它和后代的均田制并无不同，同样发挥了国家对土地的管控治理作用，是维护社会稳定的好办法。我们也能推论，在战国变法运动中，国家刚一推行授田之时，即便存在土地私有制与土地买卖，也不大可能有多大规模，至今我们没见到战国时期土地买卖的契约。一是

---

① 甲骨文金文资料的内容有针对性，其局限很大。商周时期氏族宗族组织的面貌就很难从出土文献中窥见全貌。郭沫若先生曾经在《金文丛考》撰写《金文所无考》，认为井田制在金文中不见，然而后来自己推翻，论证井田在周代社会中的重要意义。参见郭沫若《金文丛考》，人民出版社1954年版，第29—48页。这就能从一个侧面说明用默证法的局限性。

各个诸侯国把土地当作招徕人口的工具以及赋税徭役的依托，土地的收成和将士性命、国家存亡相联系；二是授田制大规模推行之前，人口生存在宗族之中，游离于宗族之外而存在的个体是极少的。富者连田阡陌，贫者无立锥之地的现象，只有在土地私有制充分发展的汉代大一统局面下，才会成为重大社会问题。

三　关于文明的标尺

中华文明的产生和族有着密切的关系。相当一个时期，文明和文化的异同是学者们探讨的热门话题。近二十年来，这一话题虽稍稍冷却，但是仍旧争讼不断。其中一个重要原因，是人们对文明与文化的界定并不相同。19 世纪美国学者摩尔根全面阐述了古代社会由野蛮向文明迈进情况，其名著《古代社会》（又名为《人类从蒙昧时代经过野蛮时代到文明时代的发展过程的研究》，从中就能看出摩尔根试图描述文明从无到有、从小到大的历程），多次强调的是文明社会"始于标音字母的发明和文字的使用"。恩格斯充分利用了摩尔根的研究成果，撰写了《家庭、私有制和国家的起源》，基于希腊、罗马、日耳曼论析了氏族制度的解体是社会由野蛮时代进入文明时代的必由之路，并提出"国家是文明社会的概括"这一著名论断。这一观点着重强调了国家在文明演进中的重大意义，并提示我们地缘纽带和公共权力是文明的重要内容。如今文字、国家、金属工具和城市等因素都被学者囊括到文明的标尺中，这些探索是积极有益的，充分体现了文明起源的复杂性。这似乎还能表明，文明概念是一个综合体，不仅有丰富的内容，也有一个漫长的过程。如果说文字是文明标志性的符号，那么国家就是其骨干性特征。我们之所以认为一批部落没有进入文明阶段，是因为它们不具备文字，也没有明确的国家建构。需要注意到，这些标尺的参照物是现代社会，古代文明中文明因素的多少一定程度上也是今天人们思想投射到古代的结果。如果按照氏族解体是野蛮到文明发展必由之路的思路，那么中国商周很长一个时期氏族就没有解体，虽然文字已经出现，但称不上文明社会。这样的推论就和事实渐行渐远了。所以中国早期文明起源的话题，如果只站在现代文明的角度，不考虑古代中国的实际，许多问题是难以澄清的。

四　关于多元一体

中华文明探源工程专家指出，多元一体是中华文明起源的基本特征。在中华早期文明发展过程中，各主要文化区百花齐放、多元并进，所谓"满天星斗"是不争的事实。新石器时代中期以来，各地区之间交流越发频繁，各文明间从具象的农业生产技术、玉器、陶器到抽象的礼仪制度、宗教观念都进行着深刻的交流；自距今四五千年以来，中原地区融合了周边文明的长处，异军突起；距今 3800 年前后，中华早期文明形成了以中原地区为中心的多元一体化格局。这样的说法就考古资料看自然是正确的。然而多元一体格局的形成应不是在文明的门槛就呱呱坠地、分分钟形成，这样理解把文明的发展明显简单化。多元一体应是一个长时段的发展过程，不同时间段应该有不同的"体"，"体"是不断发明的产物，各时期人们对"体"的认识也存在差别；其中族的因素在这一历程中仍旧发挥了相当的作用。如果是形成考古学上的大文化圈、中原区与周边地区产生文化联系，自新石器时代中期以后就已出现。史载黄帝曾巡守天下，司马迁说他"东至于海，登丸山，及岱宗。西至于空桐，登鸡头。南至于江，登熊、湘。北逐荤粥，合符釜山，而邑于涿鹿之阿"，"迁徙往来无常处，以师兵为营卫"。这种行为很明显是华夏部落联盟首领宣示权威，带有军事性，也未尝不是"体"。进入夏商王朝以后，周边区域不仅和中原王朝产生文化联系，还融入夏商时期中原王朝主导的方国联盟中，也同样属于"体"。周代把宗法原则融入分封制度，将制度性的"礼"辐射到周人力量所及的范围，"由是天子之尊，非复诸侯之长而为诸侯之君"①，周王朝并不像商王朝那样极力将方国部落容纳在自己王朝的旗帜之下，而是把周人的力量尽可能分布到广阔的区域中。如果说夏商王朝的方国部落联盟是一堆没有太多联系的马铃薯，那么周人的宗法分封制是一个装满马铃薯的大口袋，使松散的马铃薯有了较多的接触和联系，这样多元一体的"体"迈出了从方国联盟到郡县制度发展的关键一步。到秦汉王朝大一统时代，中央集权、编户齐民、罢黜百家等措施得以全面贯彻，多元一体之"体"深入到社会的每一个角落，血缘因素基本上从国家政权层面走出，大口袋中的马铃薯已经成为交融在一起的土豆泥。此时距新石器时代裴李岗、仰韶文化已过去数千年之久。那种"雄鸡一声天下白"式的描述，是不大符合历史实际的。

基于此，整个先秦历史单元的主线就是多元一体：一是旧石器时代是多元；二是新石器时代以后是多元一体，新石器时代以后分为两阶段：（1）新石器时代中期以后到夏王朝之间是考古学文化圈意义上的多元。（2）夏商周时代是王朝意义上的多元。夏商周时代又可分为夏商时代的内外服方国联盟一体时期，以及西周时期的宗法分封一体时期。多元一体每个时间段都有各自的特征，也有一以贯之的内涵。

五　关于百家争鸣

百家争鸣是中国历史上空前绝后的思想解放运动，道儒墨法诸家思想大放异彩。众所周知，春秋战国时期的大哲敢讲话，他们冲破了王官之学的藩篱，从变革传统的宗法观念入手提出新的理论和认识，其思想至今闪烁着光辉。然而我们也应该认识到，诸子思想和王官之学有着密切的关联。《汉书·艺文志》推测诸子思想出于

① 王国维：《观堂集林》，中华书局1959年版，第467页。

王官之学，固然把诸子学说和各个王官一一对应不可取，但说王官之学是诸子之学的重要来源，应没有太大问题，毕竟诸子之学不可能凭空产生。

以儒家为典型，我们可以从三个维度梳理王官之学与诸子之学之间的逻辑联系：一是作为宗族学术载体的王官之学中蕴含了儒家的因素，比如他们都以统治者的治国方略为主要的学术研究内容，西周宗族社会就孕育了儒家后来所出现的仁、礼、义等思想观念的萌芽。孔子是把这些内容熔为一炉，针对时代需求进行纲领化、理论化、条理化，其主旋律是宗族社会中形成的统一性的集体主义价值观。二是王官之学到儒家思想的传承比较明确，是"接着讲"而不是西方人的"我讲"。比如孔子接着文王、武王、周公讲，孟子、荀子接着孔子讲，以《诗》《书》为代表的先王之典是表达思想的载体。三是就服务宗旨而言，王官之学和儒家思想都服务于统治者。王官之学为周代贵族提供治国经验，儒家之士要蒙耻辱以干世主，以仕途为进身出路，两者无本质差别。诸子思想虽有应时而生、救时之弊的因素，但也有脱胎于王官的一面，不可能不带有王官之学的烙印。

这样就解释了一个现象，为什么光辉灿烂的诸子百家会以秦汉大一统王朝的文化政策，尤其是秦的焚书坑儒为终结。从深层次因素看，在诸子敢说话的背后，包含了统一的意蕴，或者说"多"里蕴含着"一"；罢黜百家以后儒家思想杂糅霸王道，兼赅道法阴阳，"一"中又有"多"的因素。明乎此，则可理解清儒章学诚为什么说秦人"以吏为师"合乎三代旧典了：本来王官之学和秦人的文化政策在本质上并非二物。[①] 汉人调整了秦人偏离的文化政策，通过"罢黜百家，

---

① 章学诚说："以吏为师，三代之旧法也。秦人之悖于古者，禁《诗》、《书》而仅以法律为师耳。三代盛时，天下之学，无不以吏为师。周官三百六十，天人之学备矣。其守官举职而不坠天工者，皆天下之师资也。东周以还，君师政教不合于一。于是人之学术，不尽出于官司之典守。秦人以吏为师，始复古制。而人乃狃于所习，转以秦人为非耳。秦之悖于古者多矣，独有合于古者，以吏为师耳。"参见章学诚《文史通义》，上海古籍出版社2015年版，第72页。

推明孔氏"的策略巧妙地实现了思想上的"定于一"①。那么商周时期建立在宗法血缘基础上的王官之学及其集体主义精神，经历了漫长时间的演化与嬗变，在历史上发挥了何其重大的作用，可想而知。

六　关于君主权力

先秦时期罕见为所欲为、权力毫无制约的专制君权，中国早期文明往往呈现出王与诸侯联合、与臣下联合的执政状况。尤其是西周春秋时期当周王征讨不法诸侯与扰乱疆土的蛮夷戎狄之时，周王固然也派出军队，但配合周王作战的诸侯国军事力量是战争非常重要的支撑；周王或者王室重臣也可以指派诸侯国作战。西周早期的臣谏簋（《殷周金文集成》4237）②记载了邢国军队与"戎"在邢国边境的战役，最终邢国军队克敌制胜；器主人臣谏作为邢国的官员，作战中听命于周王的指挥。西周晚期师衰簋（《殷周金文集成》4313）③铭文里周王室派师衰率领齐师和其他武装平息东国淮夷的叛乱。西周晚期的晋侯苏编钟铭文中，周王命令晋侯苏协同自己亲征，参加对东方"夙夷"的作战。④《左传》桓公五年中，周桓王一怒之下率陈、蔡、卫等诸侯国军队讨郑庄公，两军战于繻葛，郑国对王和诸侯联军左右翼发动强大攻势，周王的军队大败。这些战役说明诸侯国附近的一些

---

① 《孟子·梁惠王上》言："（梁襄王）卒然问曰：'天下恶乎定？'吾对曰：'定于一。''孰能一之？'对曰：'不嗜杀人者能一之。''孰能与之？'对曰：'天下莫不与也。王知夫苗乎？七八月之间旱，则苗槁矣。天油然作云，沛然下雨，则苗浡然兴之矣！其如是，孰能御之？今夫天下之人牧，未有不嗜杀人者也。如有不嗜杀人者，则天下之民皆引领而望之矣。诚如是也，民归之，由水之就下，沛然谁能御之？'"孟子说的"定于一"，只有"不嗜杀人者能一之"，是思想上的心悦诚服、行为上的积极靠拢。这些内容在汉家"推明孔氏"之后一定程度上实现了，在泱泱大汉集体主义价值观的引领下，人们思想统一，这对社会秩序的维系至关重要。

② 中国社会科学院考古研究所：《殷周金文集成》第 8 册，中华书局 1984 年版，第 160 页。

③ 中国社会科学院考古研究所：《殷周金文集成》第 8 册，中华书局 1984 年版，第 265—266 页。

④ 马承源：《晋侯苏编钟》，《上海博物馆集刊》第 7 期，上海书画出版社 1999 年版。

地方性战役，可能也是周王室军队与地方军队联合行动的结果。专家指出，周王室（或其委派要员）与参加战役的诸侯之间，存在着支配从属的上下级关系。地方势力不仅听从周王室的将领指挥，而且有的诸侯远离其本国参加军事活动，显然不是为了其直接利益，而是为了履行他们对西周国家的义务。① 这个意见是中肯的。

之所以周王如此依赖诸侯，一个很重要的原因，就是周代还是宗族社会，国家建制和秦汉以后还有一定的距离。说到底，是钱的问题，周王没有通过编户齐民直接控制税收的体制，也不大可能有后世的俸禄制度。② 而宗族势力都有自己的"协民姓"之官，掌握着土地和族众。虽然周王有王田和人口，并且具备较为强悍的六师、八师，但没有诸侯的辅助毕竟势单力孤。土地人口一旦给出去，就很难收回，孟子所谓"一不朝，则贬其爵；再不朝，则削其地；三不朝，则六师移之"很大程度上只是说说而已。尤其是周王以分封疆土换取的政治秩序，以封国膨胀掏空王朝根基为代价，周王较之于诸侯成为破落户之时，就不得不乞怜于未必买账的诸侯。这些始料不及的现象说明，周王不是不想集中权力，而是条件不允许。中央集权的实现是以经济作后盾：君主把钱给诸侯，不听话就不给；把土地人口给诸侯，不听话周王也没办法。此时宗族力量的存在使周王尚不具备秦汉帝王的底气。中国早期文明中王者既然受制于族，难以提供专制君主挥霍的物质基础，就不得不退而求其次。

七　关于礼

早期文明中礼法不分。周公制礼作乐，周人的制度文化洋洋大

---

① 李峰：《西周考古的新发现和新启示——跋许倬云教授〈西周史〉》，载许倬云《西周史》，生活·读书·新知三联书店 2012 年版，第 384—385 页。

② 西周金文里周王册命臣下，屡有用金若干"守"的记录，学者们或以为是俸禄。然而俸禄应该是如期领取的常制，并且若干"守"金数额较少，与被册命贵族的地位也不大符合，恐非如此。

观。它是一切社会规范的总和，脱胎于氏族社会。钱穆先生谓："孔子生当东周之衰，贵族阶级尤未尽坏，其时所谓学者则惟礼耳。礼者，要言之，则当是贵族阶级一切生活之方式也。"[①] 钱穆先生的话是不错的，但这恐怕不只是周代的现象。在中国早期国家形态中，"礼"是十分重要的内容。山东龙山文化发现的大型蛋壳陶杯，一般壁厚不到 5 毫米，重不到 50 克，器型上大下小，重心不稳，这种制作精美的黑陶杯，专家认为并非当时的实用器，而是礼器。再如良渚文化的精美玉器，应当也是礼器。礼器出现表明在当时的社会上礼已经为人所重视且普遍实行。礼已经包含了许多方面的社会政治内容。《礼记·礼器》篇载："昔先王尚有德，尊有道，任有能，举贤而置之，聚众而誓之。"先王能够联合团结各方面的人进行各种礼仪，所以才能使天下大治。礼乐的系统化是文明时代人际关系的润滑剂，孔子说夏商周都有礼，三代之间的礼还进行着因循损益；礼在三代应该存在一贯性。在成文法出现以前，礼约束着贵族，渗透到贵族生活方方面面，而刑罚不成气候，只不过是配角而已。贵族做得好，是"型"，金文中有"帅型"一语，谓以之为模范，在周人眼中周文王、周公都是值得效法的"型"。贵族做得不好，也是"型"，是反面教材。即便当时思想观念中有法的位置，可是礼是高标准，法是低标准，这意味着礼的约束力要远大于法。"刑不上大夫"不是说大夫可以法外开恩，而是说大夫受着礼的制约，可能法不至死但礼至死，大夫受辱的惩罚更严重，甚至与其受辱不如自我了断。叔向和孔子之所以批评铸刑书、铸刑鼎，因"贵贱无序""弃礼而征于书"，贵族丧失了高标准的礼，就会堕落。古人说"礼节民心"，这对上古时期的社会秩序来说非常必要。

八　教学建议

　　老师应该把握好先秦历史的阶段性。先秦时期大体可以分成三个

---

① 钱穆：《国学概论》，商务印书馆 1997 年版，第 34 页。

阶段：一是夏王朝以前，中华大地上不同区域经历漫长时间的发展，一些部族孕育了文明的因素，或潜在，或明显；而中原地区表现出相当的优势。二是夏商西周时期，中国出现了王朝，作为文明时代骨干特征的国家在日常生活中已经发挥巨大作用，但社会演进的速度则较为平缓，族在国家政权中的色彩还非常浓厚，尤其是宗法分封制下周人的宗族对早期文明意义重大。三是春秋战国时期，经济领域的变革诱发了摧枯拉朽式的社会巨变，血缘的因素从国家政权中逐渐走出，集权制度随着局部统一而异军突起，最终迎来大一统的秦汉时代。如果做比喻，说秦汉以后的中华文明是金属铸造的历史丰碑，那么激烈动荡的春秋战国时代就是铜液铁水翻滚沸腾之时，而夏商西周便是为这一历史的浩大工程作出完善的准备，从而使历史的熔炉不断升温的时期。如果说春秋战国时期是"飞流直下三千尺"，那么夏商西周时期就犹如平缓流淌的大河。没有后者，前者也没办法沸腾或者"飞流直下"。

　　历史教学中叙述早期文明并不是一件容易的事。它太久远，也非常艰深。我们可以把握住几个维度化解难题：一是既然教科书是"纲要"，就应该从宏观处着眼，抓住先秦历史发展的特征，淡化枝权。中国早期文明中族的因素非常关键，社会方方面面都与之相关，就不可忽视；我们完全可以拿它当作叙述早期文明的大背景（虽然不是每个历史现象都与大背景直接联系，但人毕竟活在历史背景中）。二是重视中国历史演进之中的独特之处，具体问题具体分析是唯物主义的法宝，也是历史学科活的灵魂。中国自古以来制度文化与西方有别，重视传统与权威的集体主义价值观，可以追溯到三千年前乃至更早，它对中国早期文明的形成产生了积极的作用，我们应在叙述过程中充分肯定其合理性。三是先秦制度文化是后代历史发展的源头，我们应把握好历史的连续性。王国维先生的名作《殷周制度论》就把中国社会文化的最剧烈变革定在殷周之间，宗法分封制凸显了周王"诸侯之君"的至尊地位，周公旦以来的礼乐文明成为后世制度的蓝本。和西方言必称希腊一样，中国古人言必称三代，三代制度是后世士大夫的精神家园。四是发挥好历史碎片的大作用，以小见大。古代大量历史信息不是以完整的故事出现，而是以只言片语乃至残编断简的样式出现。龙山文化的蛋壳陶、良渚文化的玉琮、三星堆的面具都是无字天书，后母戊鼎的铭文只有"后母戊"，大盂鼎中和分封直接相关的也不过是"先王授民授疆土"几个字。我们不能小瞧碎片，通过充分的解读可以了解当时的社会背景、历史现象与价值观念，这成为历史叙述与教育功能的重要载体。尤其是具象的、有过程性的信息，能够很好地附着思维与价值观，如尧舜禅让、汤武革命、周公吐哺等典故，渗透善恶是非，是教化人心的好途径，孔子所谓"我欲载之空言，不如见之于行事之深切著明也"。五是呈现历史变迁之感，所谓"人事有代谢，往来成古今"，原始察终，见盛观衰。孔子能看出夏商周之间的因循损益，揭示周代"郁郁乎文哉"的历史特点，就是变迁之感。夏商西周是渐变，春秋战国是巨变，呈现出中国早期文明的发展历程，这样在变迁中许多问题就可以澄清。

第五章　郡国并行制与历史连续性

　　历史解释不仅是学术研究的重要任务，也是高中历史学科核心素养的要求。它应该如何落地，是中学历史教学中的热门话题，众多学者与广大一线教师对此有不少精辟的论述。但有一点需要注意，老师们往往把历史解释的工作集中在重大的历史现象上，比如秦王朝的郡县制、汉武帝的推恩令、董仲舒罢黜百家的建议、孙中山的三民主义等内容，越是学生费解的概念，老师放置的精力就越大。于是，重大历史现象能够解释到位，而不少零碎的历史概念要么一带而过，要么是不予解释。这样的处理自然可以理解，毕竟在有限的时间内，不太可能把所有历史现象解释得头头是道。但问题是，由于缺乏相应的铺垫，使得重大历史概念之间产生了断裂感；与其说历史课叙述的是历史，不如说是解释得当但已片段化的若干历史现象。即便老师精心地过渡，用人物线索或其他方式弥合了课堂呈现效果的断裂感，但历史内容的断裂感依然存在。

　　事实上，历史叙述和历史解释不能分割，教学内容的推进过程中已经融入了老师对历史现象的理解。一线教学中，老师完全可以对一些边缘化的历史概念进行科学诠释，借此建立历史连续性。比如在讲述中国古代中央集权制度时，在秦王朝的郡县制与汉武帝的推恩令之间，还存在汉初的郡国并行制。一般老师习惯于把它一带而过，指出刘邦错误地认为，秦王朝不分封亲戚子侄是秦亡的原因，所以在其晚年大封同姓诸侯。这样处理也能自圆其说，毕竟刘邦高估了同姓诸侯的忠诚度最终酿下苦果；但这样解说不能弥合秦的郡县制和汉武帝的推恩令之间的裂缝：（1）如果说秦王朝的统治是铁板一块、郡县制推行顺畅的话，那为什么不能通过国家制度的运转平息秦末农民战争？（2）制度并不是心血来潮就能实践的，当时社会对这种制度一定存在内在的需求。即便是在汉武帝以后，郡国并行制仍旧没有废止，只不过王国不再成为中央政权的心腹之患，足见它在特定的历史时空中存在合理性。这种合理性是什么？（3）一个制度的出现绝非空穴来风，既然汉武帝能够通过推恩令来解决王国问题，那么推恩令的来源在哪里？和郡国并行制有着怎样的关系？深究起来，这些问题都是中学教学的盲点。如果只以刘邦错误地吸取秦亡历史教训的角度解释郡国并行制，以上三个问题就没有解决，秦代郡县制、汉初郡国并行制和汉武帝的推恩令之间就会有很大的断裂感。所以我们势必要围绕着这三个问题，重新诠释郡国并行制，寻求历史发展的连续性。

第一个问题非常复杂。秦王朝灭亡的历史原因中，暴政造成民变是不可忽视的内容。仔细考察，这里人们常说的秦的暴政，应包括两方面的内容：一方面是秦王朝滥用民力、大兴徭役、赋税以满足其欲望，是统治者个人的一己之私。处于社会下层的广大民众，尤其是东方六国民众经不起秦王朝的敲骨吸髓，这些内容人们熟知。另一方面，这并不纯是统治者一己之私使然，而是秦王朝统治者急于求成、中央集权推进过快，大大超出了东方六国贵族与民众的许可度；而秦统治者带有极大的优越感，对六国施以政治强压而完全无视其呼声。前者能从阶级矛盾的角度予以诠释，但后者就没有阶级矛盾这么简单，而是秦王朝版图内秦人与非秦人、秦政权与反秦势力、郡县制度与反郡县制度的较量。事实上，秦统治者完成了统一，并不意味着秦王朝就是铁板一块；秦在统一之后迅速推行郡县制，却没有让郡县制度深入人心。钱穆先生说："始皇既卒，赵高用事。天下解体，怨望日甚。封建之残念，战国之余影，尚留存于人民之脑际。于是戍卒一呼，山东响应，为古代封建政体作反动，而秦遂以亡。"①"封建之残念，战国之余影"之所以"留存于人民之脑际"，一是因为意识形态本身就带有顽固性，从李斯力排众议力主郡县，以及秦末六国贵族纷纷复国就能看出，分封的政治格局仍是不少人眼中的理想国；二是因为秦王朝强行推行郡县制度，并没有很好地宣传郡县制度，让东方民众从情理上接受它；更没有给六国贵族怀柔安抚，给东方民众施以惠政，让人们拥护它。秦王朝隳名城、杀豪杰、徙豪民、销天下之兵、巡行东方的行为，都表明在秦统治者推广郡县的同时，逆向的离心力始终存在。田余庆先生指出，战国晚年，楚国军事力量虽已就衰，但在关东六国中还是比较强大的。前 260 年秦赵长平战役之后，六国中与秦同大而足以难秦的，只有楚。秦灭楚，经过了较久的艰苦战争；楚被灭后，潜力还在。所以陈胜一呼而楚境震动，关东沸腾，张楚所具有的号召力量其他关东五国都无法比拟。② 陈苏镇先生也指出，楚人在六国之中反秦最为激烈，表现出鲜明的自发性，楚地百姓也积极支持参与反秦，楚军上下皆以反秦为己任，矛头指向咸阳；燕赵韩魏的反秦斗争激烈程度不如楚。③ 这些事实都说明，在秦始皇统一后的十几年，秦王朝内部的危机是非常严峻的。固然在中国政治史中郡县制度的方向是正确的，但由于推进方式的生硬，它并没有被山东六国广泛认可。周晓陆先生曾指出，秦封泥所见郡县分布，大致呈一西一东的哑铃状分布，西边主要以关中多县为主，这是秦朝的政治、经济中心与大后方所在；东边主要以黄淮中下游豫、鲁、皖、苏多县为主，这是"苦秦久矣"的黔首们随陈涉揭竿而起的地区。④ 这样的分布很值得玩味，它表明东方黄淮下游地带就是反秦力量最为集中的区

---

① 钱穆：《秦汉史》，生活·读书·新知三联书店 2005 年版，第 35 页。
② 田余庆：《秦汉魏晋史探微》（重订本），中华书局 2004 年版，第 4、28 页。
③ 陈苏镇：《两汉魏晋南北朝史探幽》，北京大学出版社 2013 年版，第 4—10 页。
④ 周晓陆：《秦封泥所见江苏史料考》，《江苏社会科学》2003 年第 2 期。

域。秦王朝费九牛二虎之力平息了陈胜吴广起义，但无力阻挡刘邦和项羽的势力，说明秦人的力量在六国反秦力量面前是有限的，冷冰冰的秦制不足以化解当时的社会矛盾。

　　基于以上的分析，第二个问题就容易理解了。陈苏镇先生指出："在东西文化尚未充分融合、战国时代的文化布局仍然存在的情况下，刘邦建立汉家帝业方面必须'承秦'，包括承秦之制，另一方面又必须尊重东方社会之习俗，特别是楚、齐、赵人之俗。这是历史对刘邦的苛刻要求，也是汉初实行郡国并行制的深层背景。"[①] 在汉初复杂的历史环境中，刘邦的制度建设势必要满足两方面的需求：一方面是这样的制度能拉拢当时一切可以拉拢的力量，不惜代价分化瓦解敌人；另一方面是这样的制度有利于君主集中权力。而这两方面内容也恰恰是郡国并行制合理性所在。针对前者，刘邦分封了一系列要冲地带的异姓诸侯，认可其在势力范围内的合理性；但异姓诸侯纷纷叛乱，刘邦最终把他们逐一翦灭，立白马之盟大封同姓诸侯。这样的做法在古代很正常，往往中原王朝的统治者对自己势力不及的地区，会采取怀柔政策，保留原有的政治机构，并任命原部落首领直接管理当地百姓，有利于维护社会秩序的稳定。当然"异姓则异德"，分封异姓诸侯的做法是权宜之计，正如柳宗元《封建论》所说，"盖非不欲去之也，势不可也"。当王朝的力量强大到一定程度，痛下决心鱼死网破之时，异姓诸侯就成为最高统治者打击的对象，刘邦的白马之盟就可以视作以刘姓宗亲打击异姓割据势力的关键一步；而从分封异姓诸侯到分封同姓诸侯的嬗变，也说明以刘邦为代表的刘姓宗亲逐渐能够成功驾驭地方秩序，这在平息异姓诸侯叛乱、翦除诸吕与对匈奴斗争中都有体现。这较之秦楚之际的政治乱局而言也明显进了一步。针对后者，刘邦继承秦制，把汉初的国家结构和秦的郡县制有机结合在一起。周振鹤先生指出，虽然汉初实行封建制在名义上是仿照周代遗

---

① 陈苏镇：《汉代政治与〈春秋〉学》，中国广播电视出版社 2001 年版，第 79 页。

意，但在实质上有很大的区别：西周的封建是层层分封，而汉代封建只有一层分封，诸侯王国以下依然是郡县制，每个王国领有三四郡、五六郡不等，所以《隋书·地理志》说"汉高祖……矫秦县之失策，封建王侯，并跨州连邑，有逾古典，而郡县之制，无改于秦"，是一点也不错的。① 由此可见，即便刘邦分封同姓，也非意气用事，而是仔细考察当时情势、吸收郡县制合理因素的趋利避害之举。汉景帝采用"削藩"的手段，直接夺取王国所属的支郡，虽然引发了吴楚七国之乱，但朝廷得以在三个月内平叛，一个重要的原因，就是郡国并行制中"郡县之制，无改于秦"。

　　第三个问题，即推恩令作为行之有效的政策，一定在原先的制度文化中存在痕迹，非凭空杜撰。其一，分割诸侯国势力的做法，在文景时代就已经推行。汉文帝就曾接受贾谊"众建诸侯少其力"（《汉书·贾谊传》）的建议，将齐国分为七国，将淮南国分为三国，使国的数目增加，而领域却大大缩小，实力也就严重削弱了。周振鹤先生指出，事实上七国之乱中"众建诸侯"的效果已经显示出来，除吴楚二国外，其他五国都势单力薄，所以七国之乱很快就被平定，景帝又乘胜收夺各王国支郡，使所有王国都只余一郡之地，郡国并行的制度已与纯粹的郡县制没有实质的差别。② 这样分割王国势力的做法非常有效，和推恩令的内容是如出一辙的。其二，推恩令并不违背刘邦的政治思路，还在形式上对刘邦的逻辑有所弥补与发展。分割诸侯国势力固然立竿见影，但这样做势必要在诸侯国出现悖逆乃至叛乱之后，只有如此中央才有理由制裁它们。这不仅是后见之明，更是违背刘邦白马之盟精神的无奈之举。汉武帝与主父偃的高明之处在于，他们巧妙地在刘邦的制度建设基础上"旧瓶装新酒"：既然汉代封建只有一

---

　　① 周振鹤：《体国经野之道——中国行政区划沿革》，上海书店出版社 2009 年版，第 9—10 页。

　　② 周振鹤：《体国经野之道——中国行政区划沿革》，上海书店出版社 2009 年版，第 9—10 页。

层分封，诸侯王国以下依然是郡县制，那么诸侯国王储之外的子弟无任何土地可以获得，即便是仅坐收衣食租税的采邑也没有。推恩令是让诸侯王可以封子弟为王子侯，主观目的是推汉家皇室之恩，但客观上所建侯国必须归王国周围的郡所有，王子侯没有临土治民的政治权力，封侯越多，王国领域就越小。从中可以看出推恩令正是踩在刘邦肩上对刘邦的制度开刀，挑起诸侯国王储与其他子弟之间的矛盾，最终削弱了诸侯国的势力。

基于以上三个问题的分析，我们就可以重新解释刘邦的郡国并行制：它基于秦代灭亡的历史教训，试图赢得东方六国贵族民众的支持，并且把秦代郡县制度与刘姓血缘结合起来，虽然也带来一系列问题，但在一个历史时期内有利于汉初政治秩序的稳定；汉武帝采取的推恩令正是在刘邦政治遗产的基础上推行的改革。正如孟祥才先生指出："武帝以后，诸侯王占地不过一郡，王国主要官吏由汉中央任免，他们失去直接治民统兵的权力，变成衣食租税的大贵族地主，已经无法与朝廷抗衡了。至此，刘邦创立的分封兄弟子侄为诸侯王的制度基本稳定下来，并大体上为以后的建皇朝所遵循。""相反，刘邦实行过的分封异姓诸侯王的制度后世却基本上没有延续下来，原因是它违背了皇权不可分割的本原则，是占据了皇位的一家一姓所最忌讳的。"①足见至汉武帝，分封给皇权带来的威胁才较为彻底地消除，并且经历汉王朝的宣传，郡县制不仅是国家政权的政治实践，也是一般民众眼中的理想政治状态。

这样进行解释，郡国并行制的意义与缺陷就比较清楚了，能在秦汉中央集权发展的脉络中充当承上启下的教学环节，从而建立起历史连续性。无论是在历史课还是历史著作中呈现历史感，我们首先应当给听者或读者一个清晰连贯的脉络。许多经典著作中，作者传达的信息虽然有限，但连贯性强，有效避免了片段化，凸显了前后更迭的变

---

① 孟祥才：《先秦秦汉史论》，山东大学出版社 2001 年版，第 267 页。

迁之感。历史连贯性需要以教师严谨扎实的理论知识为基础，寻求一个个历史现象之间的逻辑联系；并按照课堂的需求突出重难点，非重点的内容以凝练的语言表达出来，从而使一节课成为有连续性的整体。

第六章　"宋明理学"教学分析

中国古代思想史的历史知识中，"宋明理学"的部分在高中教学中难度最大。该部分不仅学生认为晦涩难懂，连老师也觉得这一课难于驾驭。其中原因，不外乎两点：一是这一部分涉及中国古代哲学若干艰深概念，距离现代社会太远，我们缺乏相应的知识积累；二是对于宋明理学的历史背景教材交代少，宋明理学的面貌只是若干极度凝练的干条，来龙去脉我们难以捕捉。于是这一部分容易流于机械性的灌输；设计的活动往往有些力不从心。笔者试图挖掘这一部分的主线，就若干难点展开讨论，试图呈现历史的深度。

一　挖掘主线

宋明理学以怎样的发展脉络呈现？为何呈现出这样而不是那样的特点？这样的要求对于中学教学来说并不低。解决这些问题，势必要对中国古代思想史有更深层次的把握。我们知道，中国学术大体可以划分为先秦子学、两汉经学、魏晋玄学、隋唐佛学、宋明理学、清代朴学等阶段，而儒家思想的主流地位也并非自始至终都是不可撼动的。众所周知，儒家思想至少经历过三次危机。

第一次是诸子学在秦朝统一之后面临焚书劫难，儒家首当其冲；汉帝国建立之后董仲舒在糅合了阴阳家、法家、道家的基础上重振儒学，形成了外儒内法的经学独尊地位。第二次是在汉末魏晋南北朝，今文经学流于迷信，古文经学流于烦琐，正统的儒学不能约束人心，在战乱和佛道的冲击下儒学出现第二次危机；经历宋明理学家的诸多努力，在吸收佛教、道教精华的基础上儒学开始第二次振兴，重新成为正统思想。第三次是近代西学东渐之后，古代学术的发展走向尾声。宋明理学的展开，就是第二次危机出现后，学者们吸收佛道思想成功从危机走出的过程。汤因比说："挑战与应战的相互作用不断将文明向前推进，最适度的挑战不仅必须激起受到挑战的一方进行成功的应战，而且刺激对方获得一种将自己推向前进的动力，即从一次成功到新的斗争，从一个问题的解决到另一个问题的提出，从暂时的歇息到展开新的运动，从阴再次到阳。"① 可见"挑战"——第二次儒学危机的提出，以及"应战"——宋明儒者的应对构成这一课的主线。

（一）"挑战"

第二次儒学危机的来源，无疑主要在于佛道两家思想的冲击。东汉以来佛道两家在中国大盛，其影响力远远超过了儒家。钱穆先生说："盖儒术衰歇，自晚汉已然，虽以传统尊严，制科所在，注疏词章，仅为利禄。粗足语夫学问之真者，转在彼而不在此也。"② 足见随着社会的动荡汉末以后儒家的势力基本被架空。一个最典型的例子就是韩愈。唐宪宗元和十四年（819），唐宪宗要迎佛骨入宫内供养三日。韩愈听到后写下名文《谏迎佛骨表》，上奏宪宗，极论不应信仰佛教，列举历朝佞佛的皇帝"运祚不长"，"事佛求福，乃更得祸"，以孔子"敬鬼神而远之"的立场力主皇帝灭佛。但韩愈没能阻挡宪宗迎佛骨，还险些招致杀身之祸。事后韩愈被贬，其行为大大收敛。这

---

① ［英］阿诺德·汤因比：《历史研究》，郭小凌、刘北城译，上海人民出版社2000年版，第118—119页。

② 钱穆：《国学概论》，商务印书馆2001年版，第192页。

个结果说明韩愈的失败，也更说明在这场白热化的儒佛之争中儒家的惨败。就统治者而言，儒家对精神世界的观照空间基本被掏空，仅剩下躯壳。

儒学在汉末以后面临的这种尴尬的处境，表面上是被佛道所压制，实际上与其自身的种种弊病密切相关。首先，自孔子以来，儒学一直是为政治服务，尤其汉代董仲舒以后的今文经学，不惜为政治目的对儒家学说改造附会，不管是天人感应还是五德终始，直接论证的是统治者执政的合理性。政治学说毕竟不是学术，虽然带有哲学精神，其逻辑再严密也终究有着诸多为政治服务的工具性的漏洞。随着统治者的没落，儒学危机自然出现。其次，正如诸多学者所指出，儒家学说内容庞大，但相当一个时期是一个零碎、杂糅的汇总，其内在的体系性不强，欠缺一个严密的理论体系框架；其内部门户林立，相互抵牾诟病大于切磋促进。最后，自孔子以来儒家学说都以"未知生，焉知死""子不语怪力乱神"为态度，对鬼神、生死、世界本体等问题的探索基本是空白；但社会的动荡与战乱，人们需要彼岸世界的精神慰藉，于是佛教和道教的繁盛自然在情理之中。无疑佛道对儒学挑战，深刻原因在于儒学的内部。

（二）"应战"

"追寻之于孔孟六经，重振淑世之化，阴袭道院禅林之余蓄，而开新儒学之机运者，则所谓宋明理学是也。"[①] 既然危机的原因出在儒学内部，儒者就势必要对这些根源进行调整。这一次调整的难度，比汉代学者在秦火的废墟上重振儒学的难度大得多，因为这次复兴不是在白纸上书写文字，而是触及儒学的根本性弱点。所以宋明理学家的应战措施，绝不是只停留在批评佛道的简单层面，而是要处理一系列复杂问题。"宋明儒沿接禅宗，向人生界更进一步，回复到先秦儒身、

---

① 钱穆：《国学概论》，商务印书馆 2001 年版，第 192 页。

家、国、天下的实际大群人生上来，但仍须吸纳融化佛学上对心性研析的一切意见与成就。宋明儒会通佛学来扩大儒家……宋明儒对中国思想史的贡献，正在这一点，在其能把佛学全部融化了。"①

首先，宋明儒者的学说和汉代董仲舒等人相比，虽然也是为纲常伦理与封建政治服务，但宋明儒者理论的说服力远远大于汉儒。董仲舒的学说显然过于疏阔附会，"其实仲舒思想的主要渊源，只是战国晚年的阴阳家邹衍，更使仲舒思想，由附会而转入怪异，遂使此后的思想界中毒更深"②。其学说中，为政治服务的工具性内容远大于学术性内容。但宋明儒者能够很大程度上从学理的角度探索宇宙人生的大问题，能够有勇气探讨"为天地立心，为生民立命，为往圣继绝学，为万世开太平"的理据，能够潜心钻研"格物致知"的法则，能够叩问出"吾心即是宇宙"的道理，这些都说明宋明儒者和政治之间有一定距离。

其次，宋明学者在批判佛道的基础上，依照佛道的理论框架对传统儒学作了重要的整合。第一，人心人性是哲学叩问的重要问题，而先秦的心性儒学在汉魏以后隐而不彰。佛教主张明心见性，道教主张修心养性，这一时期远远比儒学走得远。于是在这种压力下宋明理学家把《礼记》中的《大学》《中庸》两篇作为心性之学的纲领，和经书中原先重要性靠后的《论语》《孟子》一起列为《四书》，大讲天理、人欲与人性的善恶（朱熹看到了人性中有恶的因素，王阳明主张性善），以探索心性来解决儒家所面临的困境，完成了先秦心性儒学到宋明理学的发展。第二，先秦两汉儒学的经典中，许多内容都停留在政治伦理的层面，对于世界本源的叩问几乎空缺。宋明儒者在这一点上取法道教，论证天理是宇宙万物的本源。五代末期的陈抟研究太极，北宋的周敦颐、邵雍、张载、程颢和程颐等人继续发展世界本源学说，南宋朱熹集前代大成最后形成理学。陆九渊和王阳明也认同世

---

① 钱穆：《中国思想史》，九州出版社 2011 年版，第 160 页。
② 钱穆：《中国思想史》，九州出版社 2011 年版，第 103 页。

界本源的学说，认为心即理。所谓格物致知、发明本心都是认识论角度探索本源的方式。这样儒家从本体论到认识论都被宋明理学大大丰富。第三，宋明理学家继承了唐代韩愈主张的"道统"，即儒家传道脉络系统。韩愈作《原道》，提出"尧、舜、禹、汤、文、武、周公、孔、孟"的传授系统，称自己继承了这一系统的衣钵。程颐在为程颢所作的《墓表》中认同直到程颢才接过这个道统。南宋朱熹认为周敦颐和程氏兄弟上接孟子，而自己继承了周、程思想。这一学说的建立，不仅论证了理学的正统地位，也是对庞大杂糅、门户林立的儒家学说一次很好的体系疏理。

最后，宋明儒者在批判佛道同时，也吸收了佛道的许多思想。比如太极、理是万物的本源，就直接和道教相关；"存天理，灭人欲"就和佛教中的灭欲如出一辙；"道统"学说就是佛家弟子师承关系的翻版；"格物致知""发明本心"等做法又和佛家的苦行与顿悟有着千丝万缕的联系。这些都不是偶然的，因为二程、朱熹、陆九渊、王阳明这些学者都对佛学有着精深的造诣，甚至他们坦言，学说是把佛学改头换面。宋明理学营造的这种空间，虽然不能改变儒家淡化宗教的态度，但毕竟拉近了儒家与佛道的距离，"有了宋明儒，佛学才真走上衰运，而儒家则有另一番新生命与新气象"①。

综上所述，佛道对儒学的正统地位提出"挑战"，以及宋明理学家成功"应战"构成了这一课的主线。程朱理学向外探求，陆王心学向内自省，殊途同归，都是这个目的，只不过采取的方法不同。两派思想成功地吸纳了佛道精神，把三教合一上升到空前的高度。

二 难点剖析

这一课生涩的概念众多，围绕着以上的主线，需要作以分析。

---

① 钱穆：《中国思想史》，九州出版社 2011 年版，第 103、160 页。

关于三教合一。佛教传入中国和道教兴起都在东汉。魏晋南北朝乱世，人们在痛苦中需要镇痛剂。佛教宣称因果报应，宣传轮回，这些理念是重生轻死的儒家学说的空白。道教土生土长，来自春秋战国的道家思想和神仙方术，鼓吹长生不老。这能给人满足延年益寿的需求，放弃纲常名教的压抑，放任自然性情，也和儒家思想迥异。魏晋南北朝佛道更有市场。但佛道和儒家思想相互融合，都有发展。

关于佛家思想开始本土化。东汉牟融的《牟子理惑论》就论证儒佛一致，佛称佛道，也讲无为。汉族士大夫认为佛教徒"沙门不敬王者""沙门不敬父母"的情况也大为改变，与儒家伦理相合拍。武则天称帝，就是借助《大云经》鼓吹自己是弥勒佛降生；据说龙门石窟卢舍那大佛就是武则天的形象。道教思想也受到影响。西晋天师道王浮《老子化胡经》就说老子出关后化为浮屠，有的寺院里还有"化胡图"存在。葛洪作为道教大师，其作《抱朴子》中也提到了"遵道""贵儒"并重的主张。儒家思想也吸收了佛道的因素。东晋士大夫孙绰《喻道论》说周孔救急弊，佛教明其本身。魏晋南北朝一般士人学习儒家经典的同时又研读佛老，佛老思想成为士大夫必备的素质，颜之推的《颜氏家训》就是这样的例子。到隋唐时三教合一（当时并没有这样的语汇，是后人的概括），武则天时代就编过《三教珠英》。这一过程是儒学正统地位被打破的过程，也是儒学融入新因素的过程。如果说，魏晋南北朝时期三教还是社会功能的相互补充，隋唐时期已经是你中有我，我中有你了。有学者指出，从南北朝玄学的消退一直到程朱理学的兴起，儒学主导社会意识的动能日益强大，促使三教在隋唐之后朝儒家倾斜的势头也越来越明显。[①] 这样的环境，恰是宋明理学诞生的土壤。教师在教学过程中势必要把握好这一点，否则对宋明理学的理解将成为空中楼阁。

关于"格物致知"。这四个字来自《礼记·大学》。《大学》中

---

① 严耀中：《论"三教"到"三教合一"》，《历史教学》2002 年第 11 期。

"格物致知"的解释已经亡佚，是朱熹用自己的理解补上去的；而后世对这一费解话语的解释也是形形色色，这里采用的是程朱理学的解释。今本《大学》中"格物致知"的解释就是朱熹的话。程颐把"格"解释成"穷"，朱熹解释成"极至"，都是探究穷尽。"格物致知"就是"即物穷理"，接触事物穷尽天理。今日穷尽一件，明日又穷尽一件，"积习既多，然后托然自由贯通处"。这里的"物"，主要是古圣先贤之论，所以最好的办法就是埋头在书斋中，穷经尽典，字斟句酌，经历一系列积累最后能够"贯通"顿悟天理。朱熹一生著书209卷，大量整理文献，编纂书籍210卷，注释38卷，校勘72卷，留下了著名的《书集传》《诗集传》《周易本义》《资治通鉴纲目》《四书章句集注》等文献。所以"格物致知"在于明道德之善而不是求科学之真。"如今为此学而不穷天理，明人伦，讲圣言，通世故，乃兀然存心于一草一木、器用之间，此是何学问！"（朱熹《答陈齐仲》，《朱文公文集》卷三九）朱熹之所以这么重视"格物致知"，是因为这是叩问"理"的关键途径，是探索世界本体的重要认识论。这在教学中是难点，是宋明理学整合理论体系的重要因素。

关于"鹅湖之会"。陆王心学与程朱理学的分歧可以上溯到二程。二程皆主张心性，但程颢（明道，大程子）主"敬"偏重内心，而程颐（伊川，小程子）偏重向外"致知"，故此"朱、陆之争，实已孕于北宋诸贤之间"①，到"鹅湖之会"分歧全面爆发。南宋时在江西上饶（古称信州）鹅湖寺进行的这次辩论，辩论的双方，就是两派理学大师，朱熹（元晦）和陆九渊、陆九韶（二陆）。"鹅湖讲道，诚当今盛事。伯恭盖虑朱、陆议论犹有异同，欲会归于一，而定所适从。……论及教人，元晦之意，欲令人泛观博览而后归之约，二陆之意欲先发明人之本心，而后使之博览。朱以陆之教人为太简，陆以朱之教人为支离。"（陆九渊：《象山先生全集》）他们的特征，在相互

---

① 钱穆：《中国思想史》，九州出版社2011年版，第210—212、226页。

的责难中就能看出，两派的目的都在于端正人心，朱熹是"支离"，二陆是"太简"。"支离"形容朱熹所持的向外探索天理的学说庞杂繁缛，支离破碎；"太简"形容陆氏兄弟所持的内心反省天理的学说过于简单，粗枝大叶。这一学术讨论虽然不可能达成一致，但意义深远："鹅湖之会，实为两派分帜之始。……自九渊后，'浙中象山之学甚旺，由其门人有杨简唱之。不读书，不穷理，专做打坐功夫。假托圣人之言，迁就释意，以文盖之'（《宋元学案》三四《陈北溪答陈师复书》）。陆流愈近于禅寂矣。叶水心（叶适）言：'今世学者，以性为不可不言，以命为不可不知，凡六经、孔孟之书，无不牵合其论，而上下其辞，精深微妙，茫然莫测'（《老学丛谈》中之上）。朱流愈陷于支离矣。两派之分，遂以判绝。"① 我们不难发觉，朱熹、陆九渊都有着佛教的痕迹：陆九渊"发明人之本心"早已"近于禅寂"，而朱熹"泛观博览而后归之约"也和佛教苦行顿悟非常相似。这个典故不仅精当地概括了两派学说的特征与缺陷，还是教师教学中从程朱理学向陆王心学过渡的材料。

关于"致良知"与"知行合一"。"致良知"之说源于孟子的性善论。《孟子·尽心上》云："人之所不学而能者，其良能也，所不虑而知者，其良知也。"在王阳明来看，"良知"即人人具有的本能，"只是一个真诚恻怛，便是他本体"（《传习录》中）。"致良知"就是端正意念，将良知推广开来。王阳明著名的"四句教"指出："知善知恶是良知，为善去恶是格物。"他认为的"格物"就是思想观念与行为上"为善去恶"的过程，"致知"就是致内心的"良知"，这与程朱大相径庭。这里他强调"知行合一"，与苏格拉底倡导的"知识即美德"如出一辙。曾有人对王阳明说，如果有人知道对父当孝，对兄当悌的道理，却不能做到孝悌。王阳明驳斥说："此已被私欲隔断，不是知行的本体了。未有知而不行者。知而不行，只是未知。……就如

称某人知孝，某人知弟（悌）。必是其人已曾行孝行弟（悌），方可称他知孝知弟（悌）。"（《传习录》上）实质上，他强调的是懂得美德的人一定能实践美德，否则就称不上"致良知"。这是中国儒学史上心性学说的一个新的理论高度，对儒学体系做出了新的贡献。

关于理学的弊端。教学中教师都会提到，宋明理学纵然提倡心性道德，但压抑人性、维护专制统治，给社会发展带来巨大障碍。这种概括立足于宋明理学整体。但程朱与陆王毕竟有着很大区别，程朱之弊引发陆王的反动，陆王之弊引发清儒之反动。这恰恰形成了程朱理学、陆王心学、清代朴学的嬗变。从本体论看，程朱理学向外探寻天理，士大夫标榜的内容要求太高，和宋代市民化的生活有很大距离，动辄天地立心、生民立命，不如是就不容于士大夫阶层，可这些的确难于做到。即使作为一代宗师的朱熹的作风也颇有瑕疵，这从沈继祖弹劾其十大罪、朱熹迫害政敌严仲友与官妓唐蕊等事件中都有体现。从认识论上讲，程朱理学的难度很大，皓首穷经虽用力众多而收获苦寡。这些无疑都对程朱理学的说服力产生消极影响。在商品经济、市民思想愈发活跃、人心愈发难以束缚的宋明社会中，这种高不可攀思想就显得与环境格格不入，于是人们质疑其正确性也是自然。陆王心学的出现，恰恰是要挽救程朱的不足；虽然统治者仍旧重视程朱理学的正统地位，可是心学用简易可行与世俗化的方式鼓吹天理在我心，人人可以成尧舜，这显然有着巨大的市场。但心学的风靡，带来学风乃至社会风气的浮夸与空洞。士大夫不认真读书，不钻研实际问题，空言心性，空谈误国。于是自顾炎武以来的清儒就极力主张实学、主张考据，整理文献研究实际问题，纠正心学带来的弊端，最终形成清代最有影响力的朴学。这样的破与立，正是衔接这一单元众多知识的体系上的线索。

三 教学建议

这一内容的难度较大，有思想深度和历史文化意蕴，在我们教学中可以之为线索展开思想史的梳理。首先思想史的讲授不同于其他知识，不仅要注意历史环境对思想的影响，还要注意思想史本身的内在逻辑。如三教合一影响到宋明理学的诞生，程朱理学的弊端影响陆王心学的反动，陆王心学的弊端又影响后世学者的反动，等等。如果缺失这种逻辑，整个思想史内容就会是散沙。其次枯燥的哲学概念，如"格物致知""致良知"等，应该注意概念的深入浅出，食不厌精；学生做到理解记忆，防止生搬硬套、囫囵吞枣。最后，贴标签式的做法应淡化，早年学术界一度曾以"客观唯心主义""主观唯心主义"的概念套在程朱理学与陆王心学上，方凿圆枘，许多理学的合理性因素被忽视。在教学中，理解内容比非黑即白的定性更重要。

第七章 统编教科书《经济与社会生活》的删繁就简

　　当下是统编高中历史教科书在全国范围内推广的关键时期。除《中外历史纲要》之外，选择性必修三册也要一年完成。完成选择性必修的教学任务，老师们至少面临着四个瓶颈。第一，非历史专业知识与历史教师知识面的矛盾。选择性必修三册涉足专门领域，大量内容前所未闻。历史老师的知识结构难以承担非历史学科的教学任务，并且非历史学科内容与历史学科素养关系不大。第二，庞大的信息量与极其有限的课时量的矛盾。选择性必修三册每一个单元都是一门内容陌生的专史，三册书近五十课，巨大的信息量让老师不得不赶课时。第三，教科书浓缩概括性与学科素养落实的矛盾。教科书出于编纂的需要，针对某些内容不得不采取概括性强的语言。但历史学课需要在具体的历史现象中涵育素养，在生动有过程的情节中形成价值观。第四，学术的精专化与学生接受力的矛盾。专业的知识与思维相当精专，在教学实践过程中历史老师乃至非此专业的学者都很吃力，中学生涉世不深、精力有限，难度可想而知。窃以为，纲举目张势必要抓突出主题，而突出主题的前提是删繁就简。这里笔者以《经济与社会生活》为例，试图围绕大概念展开教学，为解决以上的瓶颈问题带来思考方向。

一　大概念与当前历史教学的需求

自从 2017 年版《普通高中历史课程标准》（下简称《课标》）颁布并提及大概念以来，广大一线历史老师对这一问题予以很多关注。不少学者撰写文章，试图厘清大概念的内涵及其价值，作出种种有益的探索。但大概念毕竟是西方的舶来品，它存在一定的问题：一是西方教育理论家对它的界定是比较模糊的，中国人不得不从自己的理解出发去描述它，如同雾里看花；既然学者的理解五花八门，一线教师更是眼花缭乱。二是它的逻辑与理论色彩非常强，试图通过建构上位理论囊括一系列下位信息，举一反三，形成迁移。问题在于历史学科建立在大量的事实经验基础上，学术研究都呈现出碎片化的倾向，能否像自然科学、哲学以及教育学那样呈现出真正能够举一反三的清晰的逻辑结构？不可否认，人类历史中的确存在一定的逻辑，比如社会巨变往往发生在经济变革期，经济飞跃冲击了旧有的社会秩序，产生摧枯拉朽式的变化，春秋战国变革、唐宋变革以及近代至今的变革都如此。然而这样的清晰的逻辑图景只是历史发展的一个维度，更多时候我们感知到的是社会发展的复杂性。马克思、恩格斯曾说："这些抽象本身离开了现实的历史就没有任何价值。它们只能对整理历史资料提供某些方便，指出历史资料的各个层次间的连贯性。但是这些抽象与哲学不同，它们绝不提供适用于各个历史时代的药方或公式。相反，只是在人们着手考察和整理资料（不管是有关过去的还是有关现代的）的时候，在实际阐述资料的时候，困难才开始出现。"[1] 诸如汤因比《历史研究》等理论框架，往往是框架越宏大，漏洞也就越大。这样从西方学说中剥离出来的上位理论，是否对中国的历史教学存在指导性，是不是理论家一厢情愿的一刀切，并不是三言两语能解

----

① 《马克思恩格斯全集》第 3 卷，人民出版社 1960 年版，第 31 页。

释清楚的事。三是，大概念如果理解成观点（idea），那么在历史教学中它是否能够容纳知识？如果不能，在历史学科中就很容易出现硬伤。因为没有一门学科像历史学这样迫切地依赖知识，脱离了知识的思辨冥想，不是历史学科素养。这些是众所周知的道理，也是在历史教学中借鉴西方理论不得不面对的话题。

基于此，我们说与其追寻西方教育学或逻辑学中纯粹的理论性的大概念，不如从当前一线历史教学的实际出发，探讨我们需要怎样的大概念；与其着力于超乎历史学科的理论问题，不如着力于历史教学亟待解决的实践问题。中国古代史籍中就有政书专门叙录历代政治、军事、经济、文化等方面的典章制度的制定、实施、演变，研究其对社会发展的影响。这类文献艰深晦涩、卷帙浩繁，读者有目共睹。杨共乐教授称三册选择性必修为新典章制度体。如《经济与社会生活》从农、工、商、住、行、医六个领域的若干侧面展开，形成六个单元。我们坦言，选择性必修的信息太多太杂，非历史学科的内容难以驾驭；受各种因素的影响，概括性强，碎片化严重，不少内容很难梳理出头绪。既不好写，也不好教，编写者和老师们一样，非常吃力。这三册专史老师该如何下手教，如何不让学生被海量且艰深晦涩的知识吓倒，如何激发学生思考，这些问题都是共和国教科书历史上没有过的难题。

2017 年版《课标》指出："重视以学科大概念为核心，使课程内容结构化，以主题为引领，使课程内容情境化，促进学科核心素养的落实。"我们应该从历史学科知识出发描述大概念，它具备若干特征：一是它以主干历史现象为载体，能容纳细碎知识；二是它囊括了种种观点与宏观认识；三是它呈现出人们建构知识的过程，人们的理解可能千差万别。[1] 如果从当前的教学压力考量，大概念能够解决几方面的问题：首先是抓住某一主题（包括主干历史现象与探究问题），使

---

① 李凯：《新高中历史教学应重视大概念》，《历史教学》（上半月）2020 年第 2 期。

凌乱的历史信息逻辑化；其次是抓住主要矛盾后，依照《课标》要求和教学考试的实际情况，淡化一定的枝权信息，为一线师生的教与学真正减负；最后是针对耗费精力的重大问题腾出空间设置探究问题，从而使师生在探究过程中形成综合性的历史学科素养。窃以为如此理解大概念，更符合中国当下历史教学的实际情况，似乎也不违背西方教育理论的初衷与历史学科规律。

二　设定主题

从宏观把握一课的线索，凸显一两个主题，让它们囊括大部分内容，是寻求大概念的常见做法。我们很熟悉这种讲法：历史老师把教科书奉若神明，每一个书上的知识点都会以大量的信息去诠释；授课使用的课件也是越多学好，往往会把其他老师课件中的精彩资料汇总过来，尤其是高考题中出现的内容更是不敢怠慢。这样给人的一个感觉是，信息量越大，越能反映出历史老师备课的水平，越有助于学生搭建知识体系。我们在此并不否认老师们围绕知识点下的硬功夫，但是这样做问题也很多。我们姑且认为学生能够消化如此庞大的信息，也姑且认为老师能够完成教学任务，但就是从教法的角度看，两个问题就不容回避：一是大量知识点均匀受力，都是重点就没有重点，学生最后很可能对这一堂课的内容的印象是淡漠的。二是老师围绕知识点讲课，很容易陷入局部，跳不出来，一堂课成了历史知识点的堆垒，这样教学立意是空白的，历史课就很难发挥应有的教育意义。学生会问："您讲这么多到底要说明什么道理？""这堆知识究竟有什么价值？"历史知识的传授和学生精神境界的提升是两张皮。清代史家章学诚曾经批评"唐后史学绝，而著作无专家"，认为唐以后的人"不知《春秋》之家学"，丧失了"笔削""独断"的思想内涵，"猥以集众官修之故事"，于是"史文等于科举之程式，胥吏之文移，而不可稍有变通矣"。"间有好学深思之士，能自得师于古人，标一法外之义例，著一独具之心裁，而世之群怪聚骂，指目牵引为言词，譬若遍狙见冠服"，进而水火不容，大加挞伐，"郑氏（樵）《通志》之被谤，凡以此也"①。章学诚对唐以后史学缺失思想、墨守程式的批评，和我们就知识点讲知识点的教学有相似之处。设定主题、建立教学立意就必不可少，之后围绕主题删繁就简，才可能把握住大概念。

主题的设定，要基于教科书的内容，首先叩问"是什么"（史事）一类描述的问题。老师一是要抓住典型历史现象，这些现象应该是人们的常识；二是引导学生针对这些常识进行一定的描述。其次围绕"是什么"的话题，依据《课标》要求追问"为什么"（原因）或者"怎么样"（意义作用）。不难发现，《课标》并不是每个话题都要求描述这三部分内容，其中描述"是什么"的话题要多于描述"怎么样"的话题，描述"怎么样"的话题又多于描述"为什么"的话题。其中原因不难理解：作为专史，理解常识已经有难度；而推论它对世界的影响，就已经要综合考量社会文化各方面的因素；探究专史上某一现象的原因，专业性过强，很多内容超乎了历史学科范畴（如中国古代农业、手工业生产工具出现的原因，就远非历史学能解决），老师可以自我把控。就此而言，描述"是什么"就成为设置主题的关键；而"怎么样"可以在"是什么"讲清楚之后分若干维度推导出来；"是什么"越清晰，"怎么样"的推导越水到渠成。有的课文由于编纂的需要，难以用一个主题概括，老师就可以设置若干主题；但主题之间也有主要次要之别，不应一概而论。

比如选择性必修二《古代的疫病与医学成就》一课，《课标》要求"知道古代历史上疫病的流行与影响；了解中医药的主要成就和西医在中国的传播、发展过程"。老师可以设计三个主题：一是人类历史上有哪些大的疫病，这些疫病给人类社会带来怎样的影响？二是中医药有哪些主要成就？三是西医在中国是怎样传播发展的？

---

① 章学诚：《文史通义》卷4，内篇四，《答客问上》，叶瑛校注《文史通义校注》，中华书局1985年版，第471页。

主题一是三个主题中的重点，因为它和社会发展的关系最密切，最有历史感。老师的主要任务，并不是阐释天花、霍乱、鼠疫、伤寒、大流感的临床症状，也不是罗列每次疫病死亡的人口数字，而是要选择恰当的历史现象来说明种种道理。比如选取亚历山大大帝死于疫病，帝国土崩瓦解；鼠疫感染明军与李自成军，对明亡清兴带来巨大影响；欧洲中世纪的黑死病带来人口的剧减和社会经济的倒退，使得人们放纵享乐的同时，迫不得已思考人的价值与处境。正如西方学者所说："我们都希望人类的历史合乎理性、有章可循，为了迎合这一普遍的愿望，历史学家也往往会在历史中刻意突出那些可预测、可界定且经常也是可控制的因素。然而，当流行病确实在和平或战争中成为决定性因素时，对它的强调无疑会弱化以往的历史解释力，故而史学家总是低调处理这类重要的事件。"① 由此可见，我们讲古代疫病的目的，在于把握历史偶然性与必然性的辩证关系，从而看到人的力量与局限，这样学生能够理解历史发展的复杂性，明白做人的道理：不夸大自己的力量，也不坐以待毙，才能化危为机。这也能说明，选择性必修固然建立在细碎知识的基础上，但更关键的是渗透种种规律性认识（比如历史现象与社会生活之间的关系）。

主题二的解决在于抓住教科书中的典型成就，其余内容可一带而过。比如可挖掘张仲景《伤寒杂病论》的时代背景。据《伤寒杂病论》序记载，张仲景家族本两百余口，十年之内，有三分之二丧命，其中七成因伤寒而死。张仲景由此"感往昔之沦丧，伤横夭之莫救，乃勤求古训、博采众方，撰用《素问》《九卷》《八十一难》《阴阳大论》《胎胪药录》并《平脉辨证》，为《伤寒杂病论》，合十六卷，虽未能尽愈诸病，庶可以见病知源"。《伤寒杂病论》的方剂与理论至今仍在发挥巨大作用。老师可以依据材料设问：东汉末年为什么瘟疫横行？（引导学生联系东汉末年的战乱回答）瘟疫对张仲景产生怎样

---

① ［美］威廉·麦克尼尔：《瘟疫与人》，余新忠、毕会成译，中信出版社2018年版，"译者序"，第3页。

的影响？（引导学生思考疫病对人类社会的影响）张仲景"勤求古训，博采众方"说明了什么？（引导学生总结先秦秦汉的医学成就）他的实践反映了怎样的精神？（涵育学生的家国情怀）《伤寒杂病论》的学术价值何在？（引导学生理解其意义）。这样诠释中医的成就就有了历史感。老师可以围绕张仲景、孙思邈、李时珍做些重点介绍，其他诸如针灸、导引等过专的内容，不必详细展开。

主题三内容复杂繁多，老师明确两点即可：一是西医的传入是西方列强殖民时代的产物；二是西医医院学校、医疗手段与公共卫生观念客观上推动了社会进步。老师选取教科书中给出的澳门白马行医院、北京自来水亭等信息就可以说明问题。这样繁杂的内容可以一定程度上实现逻辑化。

解决设置主题的问题，途径也并不复杂，就是要跳出为讲知识点而授课的程式，倡导历史老师思考大问题；不仅要看到树木，还要看到森林，乃至森林以外的大千世界。这样的问题虽然描述的是过往现象，但很大程度上反映出古今社会的共通之处，进而它也能够为当今社会问题带来启迪。

三　删繁就简

广大一线老师拿到选择性必修教科书，普遍感觉事无巨细，完成教学任务都不是容易的事。最苦恼的是，每天陷入过度备课之中，为诠释教科书内容准备大量信息，但未必对教学有用。不可否认，历史学科需要广泛阅读论文和专著，丰富的学术资源对提升老师的专业水准至关紧要。然而这一切的前提，是学术资源能够恰当地转化为教学资源，否则过度备课老师就难堪重负。有老师问，如果教学目标真的是为了培养学生的各项历史素养，那么教科书为何不将体现历史素养的内容斟酌筛选出来，而是交给教师去做？教师筛选教材内容上的精力与时间更多地放在真正培养历史学科素养上不好吗？窃以为这样的疑惑有很大的合理性，但是我们也要考虑到统编教科书的特点。它的编写为覆盖全国、万众瞩目的大事，既然《课标》已经搭建了叙述框架，那么常识知识点的遗漏就是社会关注的问题。教科书信息量大，概括性强，并不意味着师生就得把所有的内容都当作教条机械处理。反而师生应当发挥自己的主观能动性，依照《课标》内容和教学实际，淡化枝杈、突出重点，这样就能够较为合理地避免过度备课带来的压力。有老师主张，一线教学对于选择性必修的每一句话，都要找到专著和论文的出处，把它们琢磨透彻。但从实际情况看，由于老师精力非常有限，这个意见只能是个美好的梦想。我们现在做的工作，很大程度上不应是加法，而应是减法。这既是当下切实的历史教学需要，也是"文武之道，一张一弛"的教育智慧。

首先，非历史学科的、过于精专的细碎知识点，不建议着力讲授。在科学史研究中，专门领域本身的纵向变迁史，人们称之为内史；这一领域与经济、政治、社会的横向互动关系史，人们称之为外史。内史和外史之间的界限虽然不是判然分明，[①] 但总体而言，现在科技工作者关心的仍是内史，历史工作者关心的仍是外史，毕竟两者的知识结构差别太大，故而泾渭分明。即便研究医疗史的历史学者，在学术会议中也较难融入医学工作者的语境中。事实上，选择性必修中人口迁移、战争、国家制度等人类社会的现象，也有内史外史之分。这些内容的特征、本质、规律等一系列因素，虽然不像科技史那样难懂，但相当程度也属于社会学、军事学、法学、政治学等学科内史关注的范围。虽然丰富知识是好事，但如果历史老师一味掉进内史中，恐怕就越俎代庖、难堪重负。笔者曾经就现代卫生体系的建立相关内容，求教于行医多年的医护工作者，也莫衷一是；因为医生研究

---

① 比如 20 世纪占传统主导地位的内史（专门史）研究在科学史中日益衰落，外史（社会文化史）开始盛行。早在 20 世纪 30 年代默顿的《十七世纪英格兰的科学、技术与社会》就出现了内史向外史的视点转换：从社会文化视点考察科学的社会建制。参见潘恩荣《科学概念的认知进路与转向——科学技术论视野》，《科学学研究》2006 年第 1 期。

如何治病救人，而卫生法规又是一精专领域。我们试想，即便是历史老师沉浸在内史中，把一系列其他学科问题琢磨得很透，对历史学科核心素养的涵育，意义也不是很大。既然"打得赢就打，打不赢就跑"是历史学科做论文的策略，那么"教得了就教，教不了就不教"就是选择性必修内容取舍的合理建议。

这样我们就能淡化一些内容，比如人类历史上的生产工具众多，农业、手工业不一而足；老师没有必要把每样工具展开讲。如农业生产工具抓住石器时代、金石并用时代、铁器时代三阶段，农业灌溉工具抓住翻车、筒车，冶铁鼓风工具抓住水排等常识即可，其他内容蜻蜓点水式处理，甚至留给学生课后阅读，都是可以的。如古代的疫病，老师不可能也没必要穷举每一次疫病，如上文所说挑选影响历史发展的典型事例即可。至于畜牧业工具中的圈厩、马槽，陶瓷业工具中坯车、匣钵、支钉，冶金业工具中的坩埚、土炉、范等，都可点到为止。专家指出："对于教材的内容和所要探讨的历史问题，教师可组织学生自己进行阅读理解和梳理概括，提高学生的阅读能力。例如，教师在课堂教学前可以提出阅读理解的任务要求，由学生自己来预习并梳理教材知识的线索，找出重要节点。教师可以提出一些具体的阅读要求，如概括课文内容的层次和要点、写出所学历史进程的大事记、绘制所学内容的思维导图等。""为使学生更顺利地进行自主阅读的活动，教师可采用多种方法预先编写学案并向学生提供解疑、解难的信息，包括诸如名词概念的解释、相关史事的介绍、历史材料的释义、不同观点的论述等，以使学生更顺利地进行阅读理解的活动。"① 这里所说的虽然是必修教科书，但窃以为选择性必修内容一定程度也适用，尤其是就避免陷入其他学科的内史而言。但是也要注意，这样的处理主要锻炼的是阅读能力与归纳整理能力，科科都可如此；其中很多层面是机械接受，与历史学科核心素养关系并不是很大

---

① 叶小兵：《钻研新教材，用好新教材——统编高中历史必修教材使用的若干建议》，《历史教学》（上半月）2020 年第 8 期。

（甚至填写学案时历史思维没动）；我们更需要认识到，学生对这样千篇一律的模式也很容易厌倦，尤其高考科目都如此看书填学案，学校教育就变成了变相的自习课，学生难免厌学、磨洋工，反而贬低了历史学科素养。不得不说，它只是面对教科书海量知识点尤其是非历史学科内容没有办法的办法，应非历史教学的常态。

其次，能通过具象的历史情境表达的信息，也不必老师花大力气讲授。一线教学中人们往往出于应考和涵育史料实证素养的初衷，习惯用论文与专著的文字来说明问题。然而艰深的文字资料如果过多、过长，学术性过强，学生就不爱看；于是老师就得花大力气解释，费时费力但效果并不好。这就不如把艰深的文字资料变成具象信息，能用图片视频就不用文字，老师和学生都能大大减负。比如用著作中说理性文字描述水排的特点，就不如利用水排模型照片来说明这一内容；用文字资料讲针灸、导引等中医药成就，就不如用宋代针灸铜人、马王堆汉墓导引图来呈现它们。古代手工业作坊、庄园式劳作方式这样比较抽象的概念，用商代骨器作坊遗址、唐代定窑作坊遗址照片，以及甘肃嘉峪关魏晋墓葬中坞堡画像砖来阐释其规模与劳作状态，也比文献描述要直观准确。老师可以围绕它们作言简意赅地解读，尽量减少概括性语言。比如老师围绕殷墟铁三路制骨作坊，可以描述：商代晚期殷墟铁三路制骨作坊出土动物骨骼重达三十余吨；骨笄数量远超过商王室与贵族的消费需要，很可能是为了销售，它为我们重新认识当时经济提供了新思路。[①] 还有一部分内容老师出示图片，学生了解即可。有的内容我们能够找到纪录片等比较客观的影像资料，比如近年拍摄的纪录片《中国陶瓷》中的相关镜头，就可以为手工业生产工具的教学服务。要之，为教科书中比较抽象的语段找到鲜活的实例，不仅能够起到良好的教学效果，而且省时省力，避免不必要的纠结。

---

① 中国社会科学院考古研究所安阳工作队：《河南安阳市铁三路殷墟文化时期制骨作坊遗址》，《考古》2015 年第 8 期。

复次，教科书在撰写过程中，由于避免堆砌非历史学科术语，以及减少流水账叙述，不得不使用数量相当的概括性文字；这些内容如果很难渗透历史学科素养的话，也不建议展开。《古代的生产工具与劳作》中，"豢养驯化禽畜的古代畜牧业，也有其自身的工具设施。古人用圈厩来饲养禽畜，用弓箭和网来捕捉动物，用马槽来喂马。不少工具设施到今天依然发挥着作用"。《古代的疫病与医学成就》中，"近代以来，西医以化学、生物学、物理学等实验科学为依托，借助精密仪器及其数据分析，在解剖学、诊断学、药学等方面取得很大成就。""西医凭借其特有的消毒、化验等手段，积极采取措施预防传染病、隔离传染源、治疗感染者、普及公共卫生知识，对人们的健康起到了积极的作用。"《现代医疗卫生体系与社会生活》中概括性的段落就更多，比如"20世纪中期以来，许多国家完善了各层级的医疗组织，医院、专业公共卫生机构、基层医疗单位大量出现"。"医疗卫生事业的发展改变了人们的生活方式。第二次世界大战后许多国家和地区注重公共卫生的建设，净化饮用水、科学处理垃圾粪便与污水等许多做法在城市中推广开来，并影响到乡村；乡村居室、厨房、厕所、禽畜圈舍的卫生条件都有改观。刷牙、洗手、洗脸、洗澡等行为成为习以为常的个人卫生习惯。""除增强自身体质外，不少国家也越发注重精神卫生，在压力日益增大的现代社会中，大力普及精神医学知识，提倡对精神障碍早发现、早治疗，促使精神疾病患者早日康复，重返社会。而普通人也能够重视心灵健康，采取有效方式预防精神疾患，以积极乐观的心态面对工作生活，从而实现身心幸福。"这些段落并未采用时、地、人、历史现象这样叙述式的语言，而是笼而统之地总结，一是为满足《课标》内容宏大框架的要求，二是为了尽可能避免烦琐的历史现象对学生学习的干扰。如果说对于这些内容都要找到专著和论文出处的话，内容繁杂琐碎，并且大量信息和历史学科无关。这样我们就可以对这些内容进行一定的淡化。

再次，老师可以充分利用统编教科书上的历史信息，不建议再做加法。选择性必修涉及大量非历史学科信息，每一个专题在中国知网上的论文都浩如烟海，随意阅读一定会过度备课，不得要领。事实上教科书中的内容已经很丰富，诸如导语、史料阅读、历史纵横、学思之窗以及课后的问题探究、学习拓展等栏目都有典型的材料。比如《古代的疫病与医学成就》的史料阅读有薄伽丘《十日谈》一段话："宏伟的宫室，华丽的大厦，高大的宅第，从前达官贵妇出入如云，现在却十室九空，连一个最低位的仆从都找不到了！有多少显赫的姓氏、巨大的家产、富裕的产业遗下来没有人继承！有多少英俊的男子、美丽的姑娘、活泼的小伙子，在早晨还同亲友一起吃点心，十分高兴，到了夜里，已到另一个世界去陪他们的祖先吃晚饭了。"这就是反映欧洲中世纪黑死病的生动材料。学习拓展就有孙思邈的《大医精诚》选文："凡大医治病，必当安神定志，无欲无求，先发大慈恻隐之心，誓愿普救含灵之苦。……见彼苦恼，若己有之，深心凄怆，勿避险巇、昼夜夜寒暑、饥渴疲劳，一心赴救，无作功夫形迹之心。如此可为苍生大医，反此则是含灵巨贼。"这一段就可以作为说明孙思邈精神境界的素材，也是涵育家国情怀素养的情境。特别值得说的是，如果老师能以教科书上现成的历史现象当作情境，用其他知识去佐证或者说明它，就能够形成一定的历史解释。比如《古代的生产工具与劳作》中，史料阅读提到《史记·商君列传》的"民有二男以上不分异者，倍其赋"。老师能以之为情境，诠释其历史背景：随着铁器牛耕的逐步推广，一家一户的个体劳作成为可能，宗族集体劳作逐渐瓦解，商鞅变法的小家庭政策顺应了这一趋势。这样不必另寻资料，历史现象之间的联系也建立起来，节省了教学精力。

另外，多数学生具备的课外常识，或者初中历史已经着重强调的内容，也可以少说一些。比如中医药成就中的扁鹊、华佗、张仲景、孙思邈、李时珍等名医，初中历史教科书提到过他们的故事，于是《经济与社会生活》中老师就可以从其历史背景与学术贡献的角度进行阐释。

四　通过重点内容涵育素养

提炼主题、删繁就简，很重要的一个目的，就是为重点内容的讲授与设问腾出空间；只有如此处理，涵育历史学科素养才成为可能。

我们认为，高水准的历史学科素养不应被机械地大卸八块（即简单拆分成唯物史观、时空观念、史料时证、历史解释和家国情怀，以后依据每条单个的素养设计活动、进行评价，这样的分割很难操作）。历史学科若干素养只能以错综在一起的面貌出现；它在老师讲授的过程中渗透，在学生解决具体情境下问题的过程中涵育。[①] 相关内容，学者和一线教师讨论甚多，在此不赘述。值得注意的是，中国人民大学附属中学李晓风老师在 2020 年北京师范大学"统编教科书与历史教育专业素养提升培训班"上曾指出，老师讲课言而有据就是史料实证，体现国家精神就是唯物主义，讲好民族问题就是家国情怀。李老师的意见是中肯的，历史学科素养不会脱离老师的启发式讲授而存在，也不可能远离历史知识而自行生成。这就要求老师拿出富于历史感的情境以及有深度的探究问题。

但情境和问题放置在哪里？自从《课标》版教科书使用以来（尤其是提倡史料实证素养以来），大量的学术资源走进一线教学，人们习惯"无材料不讲课"，"无材料不成题"，但材料的使用存在一定的盲目性与形式化，学生对大段材料存在疲倦感，教学效果并不十分理想，[②] 这应反思。我们说情境和问题应该放置在重点上，绝非每个信息都应着力展开（重点问题或者说重大历史现象，能够容纳一系列细小的史事，属于大概念）。老师仔细讲授、呈现材料并设置问题，费时费力，在繁重的教学压力下只有重大历史现象才值得如此。然而面

---

① 郑林、赵路、孙瑞：《基于学科能力的高考历史命题研究》，《中国考试》2019 年第 8 期。

② 李凯：《史料研读与历史感的建立》，《历史教学》（上半月）2020 年第 5 期。

对包含海量信息的选择性必修教科书中，确定重点似乎并不是特别容易的事情。

我们如何去确定重点呢？一般的情况是，老师依据三个因素来确定重点：一是某一史实在历史进程中的地位，二是某一史实在文明传承中的地位，三是学生的认知水平。[①] 这样的看法，在选择性必修的教学过程中也是可行的。需要补充的是，选择性必修的重点内容不仅是《课标》要求的内容，更是叙述这一时代不可或缺的历史现象（非其他学科的现象）。它或是重大历史现象本身，或是重大历史现象的产物，或是重大历史现象产生的动因；它还可能是选择性必修与《中外历史纲要》的交集内容。比如《从食物采集到食物生产》"不同地区食物生产与社会生活"一目中，中国古代的小农经济就是重点，因为它本身就是重大历史现象。《新航路开辟后的食物物种交流》"美洲物种的外传"一目中，玉米和番茄的外传是重点，它是新航路开辟后物种交流的典型。《古代的生产工具与劳作》中的石器、铁器农业生产工具以及翻车、筒车等灌溉工具是重点，它们是推动中国古代经济发展的重要因素。围绕重点内容设置情境与问题，就容易挖掘深度。比如《古代的疫病与医学成就》中，老师呈现《十日谈》中佛罗伦萨因黑死病成为人间地狱，尸臭熏天的资料，设问："为什么当时欧洲疫病会如此肆虐？它对社会、个人带来怎样的影响？"这样就能把黑死病和欧洲中世纪教权的统治，以及文艺复兴的社会背景相联系。这一课又描述："鸦片战争后，西方一批教会医生与军医追随列强殖民者而来。"这可以和《中外历史纲要》中的西学东渐的知识一起来解读。在这样的过程中，涵育历史学科素养就有很大的可行性了。

大概念作为新理论，同时也是舶来品，在当代中国高中历史教学中推行，会产生各种各样的疑问。老师们不仅要关注它是什么，更要

---

① 郑林主编：《中学历史教学论》，高等教育出版社 2020 年版，第 99 页。

关注它如何操作。毕竟当下统编教科书给一线教学带来巨大挑战，其信息量之大、框架之宏，是共和国历史教科书发展史上前所未有的事。我们主张大概念应为一线历史教学服务，而不应让它只处于玄学的层面；主张教学实践中老师最好做减法，而不是做加法。如此处理就是为了让历史教学减负，让不可教的内容可教，让难以落实的历史学科素养在腾出空间后得以落实。也有老师指出，大概念教学也是被逼无奈的一种方式；抓大概念可以，那其他忽略掉的内容我怎么确定考不考？会考成什么样？这样的问题非常现实，不能回避。我们势必要看到一点：如今高考《考试说明》已经被《课标》取代，而提倡大概念教学、落实历史学科核心素养的就是《课标》，那么从常理讲日后的评价体系会发生相当的调整。就选择性必修而言，超乎历史学科之外的内容，也不是命题的历史学者们的擅长。这样看，用大概念指导一线教学，应不是不合理的建议。

第二编 学科素养与教法研究

　　如何形成学生的学科素养，不只是理论问题，更是实践问题。历史学科素养不能靠灌输，更不能以贴标签的形式达成，需要在老师潜移默化的引领之下，形成比较完善的知识结构；能够厘清历史现象，并举一反三，会用知识来解决问题；能够发现问题，不断打破桎梏。素养的涵育可能经年累月，也可能顿悟达成，许多貌似缜密的套路可能在实践过程中收效甚微，甚至无效。理论研究是必要的，但不能流于玄学，不能取代实践研究，更不能把西方舶来品奉为神明不加评判。这一过程中我们要承认教无定法，理论需要经历实践的检验，要检讨教条化和不符合中国学生学情的内容。这就需要研究大量具体个案，丰富我们的教法；教法的研究也不是铁板一块，应依据新情境解决新问题，解放思想，实事求是。

第八章　新高中历史教学应重视大概念

　　在历史统编新教科书的教学实践中，我们发现一个常见的瓶颈问题：历史老师不是不会讲，而是爱把教科书上每一句话都事无巨细地展开。为了讲清楚，老师们费很大力气去找论文和学术著作，并不辞辛劳地澄清众多晦涩的历史概念、设计学生活动，可谓食不厌精、脍不厌细。但历史课只有 40 或者 45 分钟，有限的时间和庞大的信息量形成了矛盾，不少老师完不成教学任务，甚至到下课才讲完教科书的一小段落。从北京地区的一线教学实践看，赶课时成了最关键的任务，留给探究问题、涵育素养的空间就很少了。不少老师主张，删繁就简挑选重点讲，是完成教学任务的重要方式，这一观点有较大合理性。①

　　从教法来说，事无巨细地展开任何一个问题是不可取的，因为把所有内容都当作重点，就意味着没有重点。有无相生、难易相成，只有删繁就简、有所侧重，才能真正意义上突出重点。但如果删繁就简的结果，是若干散乱的知识块，或者与这一课的主题不吻合，即便能够完成教学任务可课堂效果也不会好。因为元谋人、北京人、半坡遗

---

　　① 有老师主张把新教科书几课合并成一课，形成新的单元来讲。但问题是，这样的做法并没有减少信息总量，并且这是在破除统编教科书的结构，难度可想而知。窃以为大可不必，古人就有抓大放小的经验。王阳明《传习录》二卷上曾说："到得德盛后，果忧道之不明，如孔子退修六籍，删繁就简，开示来学，亦大段不费甚考索。""删繁就简""大段不费甚考索"才能够有力地突出重点，这样的教学经验是古今一理的。

址、良渚遗址呈现出的不是历史，而是历史概念。不仅课堂是碎片化的，而且学生脑海中并没有形成知识框架。①

进而教学的最佳策略是，既要遴选重点内容，而且更要把重点内容串联起来，从而使学生头脑中拥有上位观念，这就是抓大概念的做法。

一　特点

2017 年版高中《课标》前言指出，国家"进一步精选了学科内容，重视以学科大概念为核心，使课程内容结构化，以主题为引领，使课程内容情境化，促进学科核心素养的落实"②。它或是重大历史现象本身，或是某个历史问题的解决方案，或是实现学生价值观转换的途径。比如"从中华文明的起源到秦汉大一统封建国家的建立与巩固"就不是大概念，因为它只是个时间段，过于笼统，并没有提出具体的历史现象，也没有明晰的问题意识。而"中华文明的起源""早期国家"就属于大概念，因为它有抓手、能够涵盖一系列历史要素、寄托一定的价值观并且围绕它能够设计出明确的问题。在教学中我们应该在叩问"某历史现象是什么""某历史现象如何演进的"等事实性问题之后，还可以进一步追问"在某特定的历史情境下人们如何解决问题""这样的历史现象给我们带来怎样的启迪"等解释性的宏观问题，从而展开大概念。③ 它包含若干重要的知识，而这些知识拥有

---

① 黑格尔认为，一般客体作为"许多差别事物的统一"，"是一个凑合起来的东西，是一个聚合体"。"它对于别的事物的作用仍然只是外在的关系"，黑格尔称之为"形式的机械性"。参见［德］黑格尔《小逻辑》，贺麟译，商务印书馆 2018 年版，第 381 页。教学中碎片化的知识组建起来的课程内容，就是黑格尔所说"凑合起来的东西"，知识之间的关系是"外在的关系"，带有"形式的机械性"，这是不利于人们去理解的。

② 中华人民共和国教育部制定：《普通高中历史课程标准》（2017 年版），人民教育出版社 2018 年版，第 2 页。

③ 柯林武德认为："历史学是为了人类的自我认识。""认识你自己就意味着认识你能做什么；而且既然没有谁在尝试之前就知道他能做什么，所以人能做什么的唯一线索就是人已经做过什么。"参见［英］柯林武德《历史的观念》，何兆武、张文杰译，商务印书馆 1997 年版，第 38 页。我们在教学中应该有这种自我认识的观念，才可能跳出细碎的局部，从而落实大概念的精神。

一条明确的主线并包含价值观，不是杂乱无章的知识大杂烩。它需要具备三重特点。

首先，它能够容纳一系列细碎的历史信息，而不是排除知识。大概念顾名思义是最具重要性的概念，是书写某一时期历史必须要交代的主干内容，这些主干内容又能散射出众多的历史要件。它势必要反映历史学科的知识性，因为历史学科由经验的知识（非抽象的概念）构筑起来，脱离了"是什么""为什么"和"怎么样"就无从谈起。诸如商鞅变法、王安石变法、明清皇权的加强之类，应包含在大概念的范围内；商鞅变法派生出的开阡陌、连坐、奖励军功、推行县制，王安石变法派生出的青苗法、方田均税法、保甲法，明清皇权的加强派生出的内阁、密折、军机处等历史现象，是构成大概念的要件。学生通过大概念能够把握住历史要件的位置和作用，从而发挥了大概念的上位意义，比如通过"秦汉大一统国家的巩固"这一大概念能够把握住文景之治等一系列历史现象的地位。而通过历史要件能不断地明晰大概念的面貌与价值，比如参观过故宫养心殿和军机处的学生，能更好地理解清代前期君主权力的加强。历史要件的丰富使得学生对大概念更有解释的空间。

其次，大概念以主干历史内容为载体，但又不只是这些主干内容，而是囊括了种种观点，即对这一时期历史特征的某种宏观认识，或者某种人生价值观。换言之，它是观念和历史现象的复合体，两者水乳交融。有学者说它是"idea"（观点），而非"concept"（概念），可以是概念，但不局限于概念，也可以是观点。① 这在历史教学中就尤为重要。叙述任何一个历史现象，都不大可能完全撇开叙述者的价值观，即便是中性地陈述中国古代中央集权、官僚制度，也带有说话人的意图，或褒或贬，因为历史叙述不可能无目的性。比如说陈述两

① 刘徽：《深度学习：围绕大概念的教学》，《上海教育》2018年第18期。从教育学者的角度看，上位概念表现为一个道理、规律、法则是合情合理的；但是从历史学科看，脱离史实的道理、概念、法则就缺失了有力支撑。所以把具象的史实与抽象的道理结合在一起，史实力争系统化，道理也能够落地，对历史学科来说更合理。

宋的历史，有老师突出了宋初加强君主权力以及王安石变法，展现了宋代顶层政治设计的演变。很明显设计者旨在说明，就国家治理的角度看，上下之间（中央权力）与内外之间（国家结构），乃至皇帝、士大夫与臣民之间处于平衡的状态有利于社会健康发展。这样看，大概念与我们所说的教学立意有很大相似之处。我们平时在教学中所说的教学立意，一般指串联一课内容、附着一定价值观的主线，也称课魂；甚至有学者认为教学立意是教师基于学术研究成果对教学内容提出的核心观点或主张。[①] 但侧重点在于，历史学科大概念要老师删繁就简，体现出上位性的同时更突出知识性。

最后，大概念呈现出学生建构知识的过程，而这一过程因人而异，千差万别。我们通过生动、具体、有过程的历史要件来丰富大概念，人们对历史要件的认识横看成岭侧成峰，进而使得对大概念的历史解释多样化，从而发挥出知识建构的教育作用。比如周代分封诸侯，如果学生只知道因为商周改朝换代，故而周代统治者分封诸侯，则这是一种较浅层次的理解；如果学生懂得分封是因为三监之乱的发生，使得周代统治者认识到要通过自身的血缘与政治组织改变商代异族聚集的外服，从而使不同族群的杂居促进了华夏族的形成，那么这样的理解明显深了一层。[②] 这一现象接近于学者的思维，不同学者对历史现象的认识是多元化的，而且其前后会产生非常大的变化。

二　如何落实

足见大概念的历史教学更符合当今的需求，它兼顾了一堂课的教

---

① 侯桂红：《试论历史教学立意的概念、确定方法和评价标准》，《历史教学》（上半月）2015 年第 7 期。

② 教学中老师对大概念的处理可深可浅。汉郑玄《诗谱序》言："举一纲而万目张，解一卷而众篇明。"这里的"一纲"和"一卷"都有大概念的特色，而"万目"和"众篇"则是由大概念派生出来的枝叉内容。古人的教学经验也说明，纲领性的内容是必须重视的；其余的内容能够辅助学习者深化对纲领性内容的认识，可以弹性处理。

法以及学术性，更重要的是能在有限的课堂空间中为探究性的实现带来空间。但是，作为一线教师，如何落实历史教学中的大概念呢？

第一，应该抓住历史发展的主线，尤其是我们叙述某一阶段的历史不能忽视的要素。我们认为，只有在平时的知识建构过程中抓住历史发展的主线，也就是各个历史时期的重大事件、制度、思想，不仅了解前辈学者"破"了什么，更要弄清他们在关键问题上"立"了什么，才可能把学术资源转化为中学教学资源，做到"物有本末，事有终始"，从而以不变应万变。师范生在高校接受了海量的学术知识，但这些知识有着种种局限。一方面，由于学术研究的开放性与碎片化，师范生获得的知识是芜杂的，往往只对自己感兴趣的话题或者老师重视的内容比较了解，对其他知识知之较少。知识不仅在其脑海中难以线索化，而且信息量在不同区间内分布不均匀。这样撑起中学历史教学的主干内容，就未必能够有效建立起来。[1] 另一方面，师范生只顾着学术分歧，获得的信息如果是颠覆性大于建设性，也不利于驾驭中学历史课堂。很明显，从尧舜禅让到鸦片战争，学界对任何一个历史现象的动机、真实性和意义影响都有过争议，于是很多学生意识到历史本来面目是说不清楚的，甚至借此抹杀真理的存在从而落入相对主义，不能不说是"蔽于一端而暗于大理"（《荀子·解蔽》）。[2] 但作为一线教师，势必要把关注点从自己的兴趣点、学术分歧点调整到历史主线上来，给学生提供丰富、真实的主干知识，以《课标》为基础，不断叩问"如果让你书写历史，你会如何完成？"等宏观的问题。这样一堂课大方向上就不会出现偏差。

第二，应该充分考虑到中学生的理解力，许多概念或是复杂晦涩，或是过于细碎，对中学生来说难以接受，我们可以淡化处理，从

---

[1]　比如我们看到师范生在讲诸子百家一子目的时候，有学生就因为兴趣对思孟学派与郭店楚简等内容讲得过多，且离题较远；而诸子百家背景意义等内容就没时间讲，只能一带而过，这已经和大概念教学渐行渐远。

[2]　有学术分歧是正常现象，但学术研究的目的是求真，如荀子所说："信信，信也；疑疑，亦信也。"（《荀子·非十二子》）

而能更好地突出主线。在高中历史学习中，学生往往对历史教科书中任何一个细节都要掰开揉碎，打破砂锅问到底；高中老师更是对冷僻生涩的概念如临大敌，生怕自己给学生做的是"夹生饭"。这样的心理可以理解，因为人们原有的知识与经验解决不了新问题的时候就会产生很大的惶惑和不安。但我们也应该看到对任何一个历史现象都打破砂锅问到底的做法，在大学的学习中都是不现实的，因为知识体量太大。历史学专业本科生手中的中国史、世界史、史学史、历史文选等教材，就有上千万字。即便是高校历史课堂，主讲老师限于时间也不可能面面俱到，势必要"抓大放小"：课堂上难以展开的内容只能通过课后阅读讲义与其他资料解决；甚至有的章节篇目压根就不讲，这些对于大学生来说并不陌生。现在高校这样大体量的教材已然下移到高中，"抓大放小"的做法势在必行。我们说"放小"才能"抓大"，虽然现今还说不清今后高考的方向，但是有一点能够肯定，教科书中不少内容是凭借中学的学力难以记忆或理解的内容，它们应该在教学中简化处理。我们认为这样的内容大体有几类：（1）争议较大的学术难题。比如奴隶社会、封建社会的特征，母系氏族公社、父系氏族公社的界定等，这些历史学界的老问题就可以点到为止、一带而过。（2）过于晦涩的理论概念。像早期国家、华夏族形成等重大理论问题，老师应该简要说明，似不应再繁化处理；有的老师引入"酋邦""族团"诸概念，就大不利于学生理解。（3）过于纷乱的历史现象。比如春秋五霸战国七雄的更迭、魏晋南北朝历史演变纷乱复杂，难以展开，老师最好列表呈现，也可让学生课下梳理，贵在简洁。太平天国运动中天京内讧的始末，作简要交代即可。（4）专业性很强的内容。比如古代科技等内容专业性很强，如果不是探究课，学生当作常识来了解即可；食物传播、人口迁徙、民居、疫病与医疗卫生等社会生活方面的内容，除了背后历史文化信息之外，很多信息都可以轻描淡写。如果任何信息都展开详述，不仅完不成教学任务，涉世不深的学生也听得云里雾里，甚至对牛弹琴，课堂效果不会好。

第三，应在遴选的若干历史要素之间寻求逻辑关系，并寄托一定的价值观。黑格尔曾经指出，"存在的各个规定或范畴都可用'是'去指谓。把存在的这些规定分开来看，它们是彼此对立的。从它们进一步的规定（或辩证法的形式）来看，它们是互相过渡到对方的"①。甲乙现象斗争生成丙现象，而丙现象中能看到甲乙两现象的因素。这样的辩证法思想，应渗透到我们的教学实践中。一个时代的历史现象固然复杂，但也并非全无规律：人们的实践活动不存在无因之果，也不存在无果之因；冲击与回应、挑战与应战之间存在明确的对应关系。比如有老师这样做过："中华文明的起源与早期国家"一课中，"石器时代的古人类和文化遗存"反映出中国境内的原始遗存"满天星斗"的多元局面，而新石器时代中期以仰韶文化为代表的中原文化就表现出巨大的辐射力；"从部落到国家"中，从五帝到夏王朝体现了文献记载中上古制度文化的一体性；"商和西周"则是二重证据法印证的历史时代，建立在万邦之上的中原王朝留下了丰富的制度文化遗产。这样"多元——体—多元一体"的侧重点，反映了这一课的逻辑。"诸侯纷争与变法运动"一课中，"列国纷争与华夏认同"强调政治变局，"经济发展与变法运动"强调政治变局的经济背景以及统治者的应变，"孔子与老子""百家争鸣"则是在政治经济变革背景下思想文化的飞跃。于是"政治—经济—思想文化"之间的联系就能建立起来。"两宋的政治和军事"一课中，"中央集权的加强"诱发"边疆压力与财政危机"，积贫积弱的危机推动"王安石变法"，宋王朝改革的失败是北宋灭亡的重要原因，最终出现"南宋的偏安"，四个子目环环相扣，逻辑清晰。在此基础上，老师可以引导学生思考，"多元一统的文化格局在中国上古时期是怎样形成的？""东周变局如何催生诸子百家的局面？""宋王朝如何是通过制度建设巩固统治、稳定秩序的？"从而使学生能够理解后世大一统的局面在先秦时期就具

---

① ［德］黑格尔：《小逻辑》，贺麟译，《汉译世界学术名著丛书》，商务印书馆 2018 年版，第 187 页。

备文化基础，政治经济变革能够激发思想文化的飞跃，以及政治制度的改革是一项艰巨而复杂的任务，不可能完美或者一步到位。这样一堂课不仅有较为清晰的逻辑，也能呈现出丰满的教学立意。

第四，老师应通过多种方式呈现教科书上的信息，未必都要悉数展开讲解。比如不少历史现象可以当作大概念的情境出现："中华文明的起源与早期国家"中，"石器时代的古人类和文化遗存"一定程度上可以当作远古时代多元区域文化的情境；"结果纷争与变法运动"中，孔子周游列国招收门徒可以当作政治经济变革与儒家学说的情境；"两宋的政治与军事"中，"边疆压力与财政危机"可以当作"中央集权的加强"与"王安石变法"的情境；等等。这些信息没有必要详细阐释，但它们的呈现方式应当是直观生动的：或是情节，或是图片，或是纪录片，学生才能捕捉到有效信息从而成功地解读。对于繁杂的历史现象，老师如果找不到能够覆盖它们的情境，通过列表、示意图乃至老师言简意赅的表述等简明扼要的方式将信息呈现出来，也是合理的做法。比如春秋五霸、战国七雄史事，魏晋南北朝政权的更迭，经济重心南移的背景过程，最好用列表或者示意图显示。①这些做法都能大大节省教学精力。

第五，应改变"毕其功于一役"的教学思路，不可能把三年乃至多年的历史教学任务放置在一年，甚至一节课上。不拥有一定量的历史常识，中学生就不可能对历史情境有敏感度，在情境下运用知识探究问题就成了空中楼阁。记忆、理解、运用、分析、综合、评价要在课内完成，还要大多数学生参与，这样的教学任务难度可想而知。对于涉世不深、对历史知识了解甚少，甚至毫无兴趣的高一学生来说，他们在一堂历史课上能被某个情境打动，从而掌握一些重要的历史常

_____

① 情境化的教学，较之于非情境化的教学而言有着不可取代的合理性，这一点不言自明。但是在实际教学中，对某个内容一旦情境化处理，即调动学生已有的知识解决情境下的问题，就要耗费相当的教学精力，这样的话老师们势必要把情境和重点内容结合起来，而非重点内容就会一笔带过。这样的做法是符合情理的，辩证法表明有情境化就意味着也有非情境化。

识，思考一两个关键问题已属不易。就此而言，老师在高中一年级课堂上讲授《中外历史纲要》，不过是把学生引领到一个中华文明与西方文明的大博物馆，同学们泛观博览已然目不暇接，如能对史学方法掌握一二更是难能可贵。这里我们不能忽视，高一一年课堂之上的学习只是高中历史学习的一小部分，高一课堂之下、高二乃至高三大量的时间仍旧是建构历史知识体系并涵育素养的关键时期。[①] 比如课上讲不完的内容，也可以布置学生课下自己阅读教科书完成，更可以用纪录片、录像、讲座片段等资源弥补课堂教学细节的不足。这样一节课的信息量也能减轻，腾出精力围绕大概念设置探究问题。

三　种种转变

总而言之，在体量巨大的历史知识面前，历史老师的身份和任务都不得不有所转变：原先是历史教育工作者，现在不仅是历史教育工作者，也是历史书写者；原先是中规中矩教教科书，现在是遴选材料提炼主题教大概念。[②] 这意味着老师的自由空间加大，更考验老师的史识：老师既不能对教科书亦步亦趋、掉进琐碎的细节中，也不能以论代史、空谈框架与素养，重要的是老师要对历史有自己的观点，要叩问"我为什么要这么讲历史""这样的讲法说明了什么道理""我

---

① 古人历史教育经验也表明，历史知识的掌握不可能一步到位，而是一个漫长的过程。比如我们都耳熟能详的《三字经》说："经子通，读诸史。考世系，知终始。"古代经、子和史一样，都包含着大量的历史知识，但是教育的侧重点不同。通过这样一遍遍的学习，才能打下比较稳固的文史基础。

② 现代不少史学理论家认为，叙述对于历史的呈现意义重大。海登·怀特以及安克斯密特就主张，事实没有独立于文本之外的实在性，解释主导和支配着事实，但是解释和事实没有截然分界线的同时，却又可以相互转换。路易斯·明克认为，故事是被讲出来的，而不是人们实际生活过的，没有任何为历史记载所见证的特定的事件构成一个明显完成了的或完备的故事；我们是通过在回顾中赋予我们的生活以故事的形式，来给生活赋予意义。参见刘家和"序"，载彭刚《叙事的转向：当代西方史学理论的考察》，北京大学出版社 2017 年版，第 24 页。这样的观念一定意义上和大概念教学合拍。

能给学生的价值观带来怎样的转变"等一系列问题。① 这对古今史家
与历史教育工作者来说都是有挑战的事情，但也是很有意义的事情。
为了具体说明这一问题，本章附录部分列出邢秀清老师、杨红丽老师
的两个教学分析，可供读者朋友参考。

---

① 这也即柯林武德所说，历史的价值在于自我认识。

第九章 再论历史教学中的大概念：以《"事为之防，曲为之制"——两宋的政治和军事》为例

　　2017 年版高中历史《课标》指出："重视以学科大概念为核心，使课程内容结构化，以主题为引领，使课程内容情境化，促进学科核心素养的落实。"在统编新教材《中外历史纲要》的教学实践中，海量的历史信息迫使老师们另辟蹊径，探寻完成教学任务的新策略、新方法。突出大概念从而抓大放小，就成了比较行之有效的教学途径。我们认为，大概念或是重大历史现象本身，或是提供某个历史问题的解决方案，或是实现学生价值观转换的途径；我们应该叩问"某历史现象是什么"，也应该思索"在某特定的历史情境下人们如何解决问题""这样的历史现象给我们带来怎样的启迪"等解释性的宏观问题，从而展开大概念。它包含若干重要的知识，而这些知识拥有一条明确的主线并包含价值观，不是杂乱无章的知识大杂烩。基于此，我们借助首都师范大学附属回龙观育新学校沈旺老师的《"事为之防，曲为之制"——两宋的政治和军事》一课来作进一步说明。

一　教学分析

　　《课标》要求："通过了解两宋的政治和军事，认识这一时期在

政治、经济、文化与社会等方面的新变化。"本课立足于两宋政治与军事，但思路不应拘泥于政治军事事件，而是以之为载体分析宋代历史。教材通过宋初专制集权的加强、边疆压力与财政危机、王安石变法、南宋的偏安四个子目讲述两宋时期政治、军事和民族关系等概况，跨度很大，内容繁多。

要处理大量的历史信息，还要涵育素养，这给教师提出了很高的要求。围绕着"宋代统治者如何进行制度设计的"这一问题，老师进行一定的取舍。宋初的集权政策，以及王安石变法，属于叙述宋代历史不得不说清的重大历史现象，故设计为重点；这两个内容体现的宋代制度设计思路，属于本课的难点。依据宋初的集权政策、王安石变法及其反映的制度设计思路，以历史解释为核心设置相关探究问题，才有可能把史料实证、时空观念、家国情怀等学科核心素养落到实处。

二 教学过程

导入部分

北宋统治者结束了五代十国的分裂局面。鉴于唐后期以来军阀割据、政局动荡的历史教训，宋太宗及其臣僚对于宋太祖的政治实践，概括为"事为之防，曲为之制"八个字。请看材料：

> 先皇帝创业垂二十年，事为之防，曲为之制，纪律已定，物有其常，谨当遵承，不敢逾越。①

这是宋太宗即位之初的诏书。"事为之防，曲为之制"，这不仅概括了太祖一朝的政治原则，也反映出新统治者所着意努力的方向。它是什么意思呢？邓小南先生指出：

---

① 李焘：《续资治通鉴长编》，中华书局1995年版，第382页。

　　所谓"事为之防，曲为之制"，亦可称作"事为之制，曲为之防"（《汉书·礼乐志》），长期以来被认为是周代"礼经三百，威仪三千"所体现的治国之法。颜师古对于这八个字的解释是："言每事立制，委曲防闲也。"这种凡事委曲防闲的精神，在宋代可以说得到了充分的发扬光大。①

　　"事为之防，曲为之制"意味着什么事情都要以防为主，所有的方面都要有严格的管制，这种防微杜渐的精神是宋代"祖宗之法"的重要内容。宋代政治演进与这样的思路有着怎样的联系呢？

（一）宋初专制集权的加强

　　众所周知宋初皇帝是不折不扣的军人（赵匡胤和赵匡义），与此前的汉、晋、隋、唐的开国之君相比，赵家兄弟的武夫色彩更加纯正。但是正因为他们是武人，对武人之弊体会就更深。由不断的兵变产生出来的王室，终于觉悟军人操政之危险，于是就有了"杯酒释兵权"的故事。这件事就发生在太祖即皇帝位之第二年。进而文官就得到了重用，于是形成了重文轻武的传统。有历史常识的同学不禁会问，北宋统治者为什么会忽视严重的边患问题？北宋不正是亡于金人南侵吗？事实上宋代统治者有着自己的逻辑。宋太宗说：

　　　　国家若无外患，必有内忧；若无外忧，必有内患。外忧不过边事，皆可预防，惟奸邪无状，若为内患，深可惧也。②

　　内忧是致命的，前几代王朝都亡于内忧；外患往往是不致命的，可以预防。"人民，本也；疆土，末也。五帝三王未有不先根本者

———————————

① 邓小南：《祖宗之法——北宋前期政治述略》，生活·读书·新知三联书店2006年版，第263页。

② 李焘：《续资治通鉴长编》，中华书局1995年版，第719页。

也。"（《宋史·张齐贤传》）宋初统治者充分吸收唐、五代弊政的历史教训，在"事为之防，曲为之制"的原则下，为了严密防范文臣、武将、女后、外戚、宗室、宦官等各种势力，制定出一整套集中政权、兵权、财权、立法与司法权等的"祖宗之法"。请同学们阅读教材，宋初这一套措施有哪些表现？这些措施是否奏效？请看材料：

> 三代以下称治者三：文景之治，再传而止；贞观之治，及子而乱；宋自建隆（宋太祖年号，960—963）息五季之凶危，登民于衽席（泛指卧席），迨熙宁（宋神宗年号，1068—1077）而后，法以敹（败坏），民以不廉。由此言之，宋其裕（宽裕）矣。①

明末大儒王夫之认为，宋初的治世从太祖到神宗，持续的时间远远超过了文景之治与贞观之治。他继而提出了宋代"称治"的原因：祖宗家法的约束矫正，以及祖宗政教的熏陶。甚至王夫之感叹，自汉光武以后，帝王中只有宋太祖具有突出的声望。王夫之具备历史的眼光，从他的赞许中我们可以看出，宋初的政策很大程度上实现了"事为之防，曲为之制"的目的。宋王朝将从前所有的毛病都消弭了，女主、权臣、外戚、宦官似乎都没有造成太多的麻烦；一系列巩固统治的措施有效地预防了内部动乱因素，巩固了宋王朝版图内的统一和安定，强化了专制集权。但我们也应当看到另外一面：建立了一个格外强调文治的王朝，完成"强干弱枝""守内虚外"制度的建设，势必付出高昂的代价，从而造成其他一系列问题。有学者指出：

> 权力之间的相互牵制和制衡在宋朝达到了极为精微的程度，灵活运用权力的空间被降到了极低的限度。以对外的战争为例。

---

① 王夫之：《宋论》，中华书局1964年版，第25页。

北宋在外带兵的将帅是没有便宜行事权的，就是说不能根据战场情况的变化做战略甚至战术上的调整。北宋的将帅出去打仗一般都带着钦定的阵图，有变化要及时上报朝廷，不能自己做主。而那时候通讯效率又低，所以北宋对外战争方面的弱，是制度选择的结果。这样想也不能说全无道理，但历史常常充满了戏剧性，北宋最终却亡在了外患上。[1]

从杨立华先生的总结中，我们能发现宋代"事为之防，曲为之制"带来了哪些问题？无疑，制度束缚过死，权力分割过细，影响了行政效率，助长了保守疲沓的政治风气；也正是由于这种防微杜渐、守内虚外的态度，使得两宋在与北方少数民族的交战中少了主动性，边疆压力与财政危机越发严峻。

（二）边疆压力与财政危机

请同学们阅读教材内容，指出北宋与周边少数民族政权的关系如何？北宋王朝又是如何处理民族关系的？承认辽和西夏政权的合法性，以巨额的"岁币""岁赐"换得边防的稳定，既是古代王朝处理民族关系的常用手段，也是宋初政治"事为之防，曲为之制"的抉择：一方面用安抚的手段维护边防，才可能腾出手来防范内乱，不至于腹背受敌；另一方面诚如宋人王旦所说，"国家纳契丹和好已来，河朔生灵，方获安堵，虽每岁赠遗，较于用兵之费，不及百分之一"[2]。而维系对外安抚辽夏、对内"强干弱枝"的状态，造成了财政危机。请同学们阅读教材内容，指出北宋的财政危机是如何形成的？对辽夏的开支，加上三冗的不断严重，宋政权处于风雨飘摇之中。这些现象是宋初政治顶层设计两弊相权取其轻的结果，但积弊日久，有识之士意识到，宋王朝不改革不行了。

---

① 杨立华：《宋明理学十五讲》，北京大学出版社 2015 年版，第 25 页。
② 李焘：《续资治通鉴长编》，中华书局 1995 年版，第 1578 页。

（三）王安石变法

钱穆《国史大纲》曾说："宋朝的时代，在太平景况下，一天一天的严重，而一种自觉的精神，亦终于在士大夫社会中渐渐萌苗。"①所谓"自觉精神"，正是读书人发自内心的力挽狂澜的使命感；它同样体现在对"事为之防，曲为之制"的祖宗之法的理解上。范仲淹等人实施的庆历新政过于凌厉，触及了诸多大地主的利益，最终以失败告终。但范仲淹等人深谙"祖宗之法"，他上书仁宗皇帝："仲淹深练世事，必知凡事难遽更张，故其所陈，志在远大而多若迂缓，但欲渐而行之以久，冀皆有效。""（富）弼性虽锐然亦不敢自出意见，但举祖宗故事，请陛下择而行之。"② 范仲淹等执政者对"祖宗之法"持怎样的态度呢？他们深知改革时政之艰，不得不如履薄冰，"志在远大而多若迂缓，但欲渐而行之以久，冀皆有效"。在涉及根本性问题，涉及君臣关系的方面，范、富等人相当慎重。而这种时候，针对时政需要"举祖宗故事"，成为改革的可行的手段。③

庆历新政后问题依然没有解决，变法势在必行，过了不到三十年，王安石继而起之。他的变法得到宋神宗的支持，但还是遭到不少重臣的反对，其中不乏韩琦、司马光等大人物。他们各自都以"祖宗之法"作为盾牌。从这里可以看出"祖宗之法"在宋代的深刻影响。但在神宗的坚持和王安石的"三不足"的精神支持下变法还是推行了。我们不禁要问，王安石为什么有勇气挑战"祖宗之法"，甚至站到"祖宗之法"的对立面上？

事实没有那么简单。王安石变法颁行之后，众多士大夫要求恪守祖宗法度的声浪不绝于耳。而对于"祖宗法度"的理解却见仁见智，

---

① 钱穆：《国史大纲》，商务印书馆 1994 年版，第 558 页。

② 赵汝愚编，北京大学中国中古史研究中心校点整理：《宋朝诸臣奏议》，上海古籍出版社 1999 年版，第 826 页。

③ 邓小南：《祖宗之法——北宋前期政治述略》，生活·读书·新知三联书店 2006 年版，第 426 页。

改革派与保守派都会拿防微杜渐的"祖宗之法"当作盾牌。因为"祖宗之法"并非确切的词条，而是内容庞杂的大杂烩；其主旨通过防范弊端保住祖宗基业，但具体做法模糊，诠释空间很大，谁都可以在"祖宗之法"的丰富资源中取我所需。王安石的态度是，通过有为的、发展的角度对待"祖宗之法"，这比"祖宗之法不可变""祖宗法制具在，不须更张以失人心"的见识高出一筹。请看材料：

> 熙宁三年二月，时判大名府的韩琦针对青苗法进奏，反对兴利扰民。他举述"祖宗百年仁政"，建议仍"依常平旧法施行"。王安石以"周公遗法"竭力解释，却终于难使神宗完全信服。五年后，韩琦建议倚阁（按指搁置、暂缓）预买绸绢，王安石则不仅强调用度所需，而且对以"自祖宗以来未尝倚阁"，堵塞了商量的余地。[①]

王安石是如何为自己辩护的？他一方面借助宋初的"祖宗之法"；另一方面他还以周公孔子与儒家学说作为改革的理论依据，使其精神与"祖宗之法"不相矛盾。请同学们阅读教材，学习王安石变法的措施，思考哪些内容和儒家思想与"祖宗之法"相关？

总体而言，王安石变法目的在于富国强兵，缓解"三冗"和积贫积弱的局面。改革的内容也并非全是王安石原创，其精神能在古代典籍找到痕迹。首先儒家思想不仅是伦理道德之学，也是政治学；"内圣""外王"两者是统一的，"经世致用"一直是儒家思想的落脚点。其次，"使民以时""薄税敛""百亩之田，勿夺其时"、限制土地兼并等内容属于儒家仁政的范畴，王安石青苗、募役、方田均税等做法与之有密切的联系；均输、市易、保甲、兵农合一等内容能在周秦汉唐历史中找到依据；而王安石把《三经新义》当作考试的范本也能折

---

① 邓小南：《祖宗之法——北宋前期政治述略》，生活·读书·新知三联书店 2006 年版，第 436 页。

射出其改革的经典依据。更重要的是，王安石变法同样是为了防微杜渐，与"事为之防，曲为之制"的"祖宗之法"并不矛盾，这就是王安石敢言"三不足"的重要原因。

围绕变法问题，统治集团内部的分裂日益严重，党争加剧。我们从王安石与司马光往来交锋的信件中可以看出两派政治势力的巨大分歧，但也能看到其共性：正如司马光《与王介甫书》中所说，王安石"方欲得位以行其道，泽天下之民"，司马光"方欲辞位以行其志，救天下之民"，"光与介甫（王安石）趣向虽殊，大归则同"。这里"救天下之民"的"大归"，也和"事为之防，曲为之制"的考虑并非二物。变法初衷是好的，但执行过程中激化了社会矛盾，加剧了党争，北宋逐渐走向衰亡。金人铁蹄之下，宋统治者不得不偏安于南方。

（四）南宋的偏安

请同学们阅读教材内容，指出两宋是如何更迭的？宋金关系是如何演变的？

想必"祖宗之法"已经在大家头脑中留下印象，宋代君臣受其深刻影响，才在历史上呈现出宋代独有的历史面貌。

> 有学者指出，北宋的很多问题都在于其过度成熟的政治文化。北宋以前上千年的郡县制国家的文明积淀，使得这种政治所有危险的可能性都已经尝试过了。各种各样危险的可能性像一面镜子，处处透出暗示和提醒，从而"事为之防，曲为之制"；对这些危险的警醒，导致了北宋政治文化根柢里的疑忌精神。[1]

我们如何看待宋代"事为之防，曲为之制"的"祖宗之法"呢？

---

[1]　杨立华：《宋明理学十五讲》，北京大学出版社2015年版，第25页。

是好事，还是坏事？如何才能化害为利，维护长久的稳定呢？

从以上的讨论中，我们不难发现，国家制度的顶层设计不是一件简单的事。人不是神，制度设计初衷是好的，可现实世界中有太多不可控的因素，一旦付诸实践，总会碰到这样或者那样的问题。人的力量是有限的，只能两害相权取其轻，抓某一方面而淡化其他方面。就此而言，宋初杜绝唐五代以来一系列问题的"祖宗之法"，就具有很大的合理性。但随着边疆压力、财政危机的凸显，"祖宗之法"的弊端暴露无遗；此时则需要因时论事，才能找到长久之法，但这一步宋王朝彻底失败。所以"穷则变，变则通，通则久"是永恒的辩证法。

三　解读

历史教学面临的两个重要任务是，一是架构学生的历史知识框架，对人类社会的更迭轨迹有基本的认识；二是通过历史现象激发学生思考，涵育素养，教化心灵。但这两个任务在海量的历史知识面前，都面临着很大的挑战。拿本课来说，两宋三百余年的历史需要在一节课中完成，如果每一句都用相当数量的史实进行阐释以求讲透的话，那么完成以上两个任务都是不可想象的。我们势必要提纲挈领、抓大放小，便于学生建构框架，更要为教师开展探究性活动提供起码的空间。这样，本课的教学就突出了大概念，有了明确的针对性。

第一是提纲挈领。我们说，大概念除了重大历史现象本身之外，还可以是某个历史问题的解决方案。后者对于教学来说更有实践意义，因为它不仅能有效地实现学生的认识转换，而且能把凌乱的历史现象串联起来。历史现象错综复杂，规律性差，它们不同于理论科学中内涵外延清晰明确的概念，不容易轻松地寻求到上位理论。但既然是政治制度，就有其背后的指导思想；固然人们对这样的思想会存在千差万别的理解，并产生一系列违背这一思想的社会现象，然而这一思想毕竟贯穿于历史发展过程中。古人尤其重视制度背后的指导思想，一方面基于儒家经典文献的精神，重德保民，敬天法祖；另一方面针对当时的具体社会需要将古代政治理论进行遴选，并使之自洽与系统化。"事为之防，曲为之制"的"祖宗之法"就有这样的作用，它发挥了古代"礼仪三百，威仪三千"礼乐文明中防微杜渐的因素，针对唐五代以来的权臣干将乱政的局面进行纠正。"每事立制，委曲防闲"（《汉书·礼乐志》颜师古注），把内政中的各个层面的漏洞琢磨得很透彻。这样的思想成为宋代制度建设的根本性原则。人不仅生活在一个各种"事实"的世界里，也同时生活在一个各种"思想"的世界里，历史学家寻求的是思想过程。[1] 我们可以对具体的历史现象赋予一定的情境，更可以把历史现象背后的脉络放置在历史背景中考量。这样整节课就有了丰满的教学立意。

第二是删繁就简。既然提纲挈领，就势必要抓若干重点，对本课的非重点内容一带而过；否则就是流水账，不大可能提纲挈领。[2] 针对历史教学的需要，我们强调叙述某一阶段历史不可无的大概念，也意味着要淡化数量相当的历史信息，大小概念辩证相生，深度与浅度相辅相成。本课抓住了宋初专制集权的加强以及王安石变法这两个重点，不仅是因为它们为叙述宋史不可无，更是因为它们是渗透"祖宗之法"这一主线的要件。而对于边疆压力与财政危机，以及南宋的偏安，本课淡化处理，是因为内容烦琐、信息量大展不开，当作两个重点内容的结果呈现。而诸如宋初集权与王安石变法的具体措施，某些层面可以让学生自学，老师简要补充简要的历史信息，不陷入烦琐的概念中。我们认为，高中三年的教学内容不可能一步到位，应丢掉"毕其功于一役"的思想，许多内容可以留到

---

① ［英］柯林武德：《历史的观念》，何兆武、张文杰译，商务印书馆1997年版，第303页。
② 柯林武德曾经批评罗列材料、剪刀加糨糊的史学是流水账，不成为历史学。参见［英］柯林武德《历史的观念》，何兆武、张文杰译，商务印书馆1997年版，第358页。

课下和以后完成。①

　　第三是重视细节。有学者指出，历史最重要的是有大纲领（the great outline）兼具有意义的细节（the significant detail），必须避免的是无谓的叙事（irrelevant narrative）。不作无谓的叙事，只有在叙事与解释冶于一炉时，才大致能做到；历史不流于年鉴（chronological anna）或断烂朝报，胥系于此。② 无疑，生动具体有过程的内容在历史教学中会发挥巨大优势，但诸如制度、思想等内容很多环节找不到理想的过程性的细节，这就需要退而求其次，尽可能寻求当事人的所思所想，知人论世来处理问题。本课运用了大量宋代文献，尤其宋太宗诏书中"国家若无外患，必有内忧；若无外忧，必有内患。外忧不过边事，皆可预防，惟奸邪无状，若为内患，深可惧也"这样能反映当事人权衡利弊、去取予夺的思想性文字，最能反映逼真的历史场景。而材料中王安石用"周公遗法""祖宗之法"反驳韩琦的意见，反映了当事人借助有利条件逢源应对的灵活态度。正如柯林武德所说："历史的过程不是单纯事件的过程而是行动的过程，它有个由思想的过程所构成的内在方面。"③ 这样的细节不仅是历史叙述的吸引人心之处，也是设置问题涵育素养的重要空间。

　　第四是涵育素养。我们认为，历史学科素养需要渗透到教学过程中，而不是贴标签或者大卸八块。素养好比人体需要的维生素、矿物质和碳水化合物，只有在人的成长过程中才能发挥作用；单拿出任何一种营养元素，脱离人的成长，都是无意义的；历史学科素养只有在历史叙述和历史解释的过程中才能行之有效地涵育。郑林等学者指出，学生的历史学科核心素养主要体现在解决新情境下的历史问题的能力。能力不能靠知识的灌输形成，只能在综合运用历史知识、探究

---

① 李凯：《新高中历史教学应重视大概念》，《历史教学》（上半月）2020 年第 2 期。
② 杜维运：《历史方法论》，北京大学出版社 2006 年版，第 167 页。
③ ［英］柯林武德：《历史的观念》，何兆武、张文杰译，商务印书馆 1997 年版，第 302 页。

历史的方法解决历史问题的过程中得以综合的发展。^① 本课并没有机械地对某个素养和某个知识点进行贴标签，而是通过运用知识解决情境下的问题来形成素养。比如基于宋太宗的诏书设问"北宋统治者为什么会忽视严重的边患问题？"这需要学生对唐五代以后的政治乱局、北宋的边患、古代对少数民族的怀柔政策以及诏书中的信息综合考察，言之有据、合情合理地形成历史解释。"王安石为什么有勇气挑战祖宗之法？"这需要学生对王安石在改革中的处境、他的知识结构和宋初的制度建设一系列问题综合考察，才能形成妥帖的历史解释。

第五是呈现历史复杂性。恩格斯指出："历史是这样创造的：最终的结果总是从许多单个的意志的相互冲突中产生出来的，而其中每一个意志，又是由许多特殊的生活条件，才成为它所成为的那样。这样就有无数相互交错的力量，有无数个合力的平行四边形，而由此就产生一个总的结果，即历史事变，这个结果又可以看作一个作为整体的、不自觉地和不自主地起着作用的力量的产物。"^② 宋代的历史发展脉络能说明这一点：固然宋代的制度建设有着宋代君臣的顶层设计思路，这是针对宋初政局进行防微杜渐的结果；随着积弊的加深，人们对"祖宗之法"产生了分歧与斗争，在内忧外患的各种因素的推动下导向北宋灭亡、南宋偏安这一结局。宋初的集权和王安石的改革态度，无不体现了历史"合力"的复杂性。在具有复杂性的历史情境中，我们能够看到各种力量的斗争博弈，从而更好地呈现出历史感。尤其是在一节课的结尾，教师通过"如何化害为利"的问题引领学生思考，认识到制度建设的话题渗透着穷则思变的辩证法的精神（社会

---

① 高水平的历史学科核心素养往往是综合的，不能简单将其拆分为唯物史观、时空观念、史料实证、历史解释和家国情怀。每个单一的素养，只有在和其他素养配合、共同解决陌生、复杂、开放的问题时，才能达到高层次的水平。历史问题的解决，最终是对历史作出合理的解释；因此五个素养的综合运用是以历史解释的形式来实现，即以唯物史观为指导，以史料为依据，在特定的历史时空背景下完成对历史的解释，在解释中渗透家国情怀，表现出国家认同、民族认同、国际理解等。参见郑林、赵璐、孙瑞《基于学科能力的高考命题研究》，《中国考试》2019 年第 8 期。

② 《马克思恩格斯全集》第 37 卷，人民出版社 1971 年版，第 461—462 页。

科学中真理不可能一蹴而就，人们对各种信息进行归纳，在获得了这一范围内的规律之后，能够暂时地改造世界，此即"正题"，宋初的集权措施即可如是观；一旦社会发展，先前小范围内成立的规律就未必合理，即出现"反题"，北宋中叶的社会危机即此；人们不得不改弦更张，在更大范围内探索规律从而应对挑战，即产生"合题"，王安石变法即此。这正是人类认识的辩证法）。这样的道理至今都没有过时。这样综合的素养自然在思考的过程中形成。

　　本课的信息量很大，并且有学术深度，需要学生有一定的历史基础，否则理解历史现象、探究问题都有障碍；教师的历史叙述还可以用更简单、更通俗的语言表达，文言文与专家学者的论述可以适当地缩减；很多信息通过教师口述而不是课件文字呈现，学生应该更能接受。这仅是一种尝试，为我们完成教学任务的同时涵育学科素养提供了一些思考方向。

第十章　漫谈唯物史观：以历史真实性与时势造英雄问题为例

　　唯物史观是重要的方法论，也是当下国家制定的《普通高中历史课程标准》中核心素养的重要内容。历史教育并不是一件简单的事。它不仅要求我们求真求实，把科学性的工作做好，给学生建立起正确的知识结构；还需要我们潜移默化地浸润思想，把人文性的工作做好，让学生有情怀的升华。这就少不了历史观的作用，历史观即人们对社会历史的根本观点、总的看法。愚以为唯物史观的特征在于，一是历史的发展有其自身固有的客观规律，不是无头绪的，也不以人的意志为转移；二是历史发展的根本动因在于物质的丰富程度，人是历史中的人，受各种客观条件的制约；三是人类能用实践搭建物质世界与精神世界之间的桥梁，而且人类的实践也是历史性的。它能让人们在历史长河中审视自己，理解社会，有助于发挥历史学的教育作用。

　　所以正确的、进步的历史观的树立是极其重大的学术问题。历史教育工作者应经过"启蒙"，为学生树立理性的历史观。当然，这又是很复杂的问题，它不可能像理科思维那样一刀切，也不可能立竿见影、一劳永逸。我们现在是信仰唯物史观的，但也不敢确保我们的所有实践都符合唯物史观，都能实事求是。人们不仅要占有大量的知识和信息，也需要不断反思我们的认识是如何得出的，以及这样的认识在历史长河中的价值。孔门大贤曾子"三省吾身"就很高明，因为经过如是审辨，能够裨补阙漏，增强可信度。

中国上古历史尤其应该如是，因为这一时期不仅资料少，而且不少内容是后人的追记。《史记·十二诸侯年表序》中，司马迁讲春秋时代齐、晋、秦、楚几个诸侯大国的霸权的兴起，说道："四海迭兴，更为伯（霸）主。"春秋霸主是时代的宠儿，不仅值得深入研究，而且推动人们思考许多深刻的话题，特赘述如下。

一　关于历史的真实性问题

历史类书籍的撰写、课堂的讲授，当然要追求历史的真实。然而真实的历史是不可重演的，它犹如绝对真理一样，可望而不可即。人们只能靠近它，但永远不可能走入历史之中，也永远不能复原历史真实。然而，人们的兴趣却往往不满足于此，总想着到历史实际中去看看。有这么一个故事：

有一位著名的史学家给年轻学生做讲座，讲到人们对于历史的兴趣。说是有几个女学生热衷辩说历史，边走边聊，突然间咕咚一声，掉到一个深洞里，这几个女学生发现洞底有一个宽绰的隧道，她们沿着隧道走去。隧道里寂静得很，有人建议就讲讲世上有谁走得最快吧。有人说孙悟空，一个筋斗就十万八千里。有人说不对，还有人比孙悟空快，谁？曹操啊，常言"说曹操，曹操到"，不用翻筋斗，一说就到。有人说你们那是瞎扯，真正走得快的人是梁山好汉戴宗，他腿上绑上四个称为"甲马"的神物，可以日行八百里。说着说着，这几个女生就感觉自己成了女戴宗，在隧道里飞速前行。在她们眼里，隧道洞壁上的画也快速往她们身后飞去，有人喊，看，好漂亮的大观园，晴雯正在那里撕扇子玩。又有人喊，看哪，有人打架。细细看去，原来是孙悟空追打白骨精。再来的画面就是鲁智深把一个胖屠户按在地上痛打。突然，又闪过一片桃园，有三位英雄正在那里结拜叩头。几个女生高兴叫道，咱们最想去哪里？去大明宫！果然，"说曹操，曹操到"。她们一下子就到了唐代的大明宫。几个女生在长安城里畅游几日，又顺原路回到学校，只见同班的室友早已毕业，有的已经成家立业。正是，"洞中方几日，世上已数年"。几个女生说，咱们是不是坐上了传说中的时光机？讲座的专家说，这当然是一个穿越剧的段子，人通过时光隧道之类的办法，回到了遥远的古代。这当然是不可能的事情。但是文学家还是把此事编成"穿越剧"什么的。这个段子说的主旨是，人们，特别是年轻人了解历史的渴望十分强烈。讲座结束时有几个女学生过来问，为什么是几个女学生掉到洞里，而不是几个男的，是不是有歧视女同学的意思在内。专家回答得很好，说这个问题自己没有考虑过。又说这问题很重要，具体为什么，得问编剧。

这个故事听起来很无厘头，甚至还有些荒谬。我们会说，历史书写和教学，一定不是如此路数。然而这个故事背后有没有几分合理性呢？似乎还是有的。首先，我们对历史的探研究诘，往往来自好奇心；可一旦人们钻进去了，下面该怎么办，如何把握方向，会一筹莫展，因为谁也不是圣人，对未知的世界都有忐忑不定之感。故事里的人仿佛是被牵着鼻子走，而现实中哪个学者的思路又是一马平川呢？谁的研究工作不是处处受限？其次，孙悟空、曹操、戴宗和时光机，不过是历史工作者接触古代的途径，我们了解过去是有法子的，但是因人而异、因时而异，每个人又有着自己的脾气秉性和价值观，不太可能整齐划一。再次，故事一会儿桃园结义，一会儿大观园，一会儿大明宫，给人带来穿越剧的感觉，这就是历史研究中的碎片感。我们希望看到古代历史的全貌，但天公不作美，大量古代的资料已经湮没，无法拾取，即便留下吉光片羽也是万幸。就好比小孩子知道大观园、大明宫总比不知道好。资料的匮乏和凌乱，是历史工作者面对的最大障碍，这也是客观事实。另外为什么是女学生钻进洞里，而不是男学生，讲座专家说你还得问编剧，这就说明我们的学术探索有太多的说不清，只能知之为知之，不知为不知，存疑是非常理智的态度。明明不懂或者说不清楚，凭借有限的材料、机械的套路非说自己懂，能说清楚，这也不是唯物主义吧？讲了这么多，一言以蔽之，就是历史学中太多的话题，需要我们承认自己认识的有限性。

中华传统文化的特点之一就是尊重历史。宋代的理学家曾经设想通过制度建设让"人人知道来处"。一个国家、一个民族也是一样，也应当知道"来处"。历史研究应当讲清楚"来处"的问题。对于"来处"的问题，一般讲讲没有多大问题，但要讲"清楚"就难了。而人们偏偏就喜欢"清楚"，那几位冒着危险穿越到唐代长安城的女学生就是例子。她们信奉"传言为虚，眼见为实"的真理，所以要"穿越"到唐朝去看看。小孩子会问自己是从哪里来的。家长有时会骗小孩说他是从后山上捡来的，小孩子小时候会信，大一点就不信了。小孩子问这个问题，说明他关心自己的"来处"，没有耐心的家长是不会给孩子讲清楚的。也有不少的历史学著作，注重讲"清楚"来处的问题。这就是科学性的问题。当然，历史学著作所讲的历史，大体上是"清楚"的。但是，能讲"清楚"来处的事儿，是有限的；即便讲"清楚"，如果深入到细节，人们再盘问，就又说不清了。这样，历史学的科学性内容中，就会掺和进来些模模糊糊的东西，仿佛是面茶里有芝麻，也有芝麻酱。

比如说，周王朝的都城在称为"丰""镐"（在今陕西西安一带）的地方，这是正确而准确的，不能说是不清楚。但"丰""镐"城具体是个什么样子，其中的宫殿建筑、道路、民居是什么样子，就说不大清楚了。可以说历史著作所讲的"来处"，多半是大体清楚，而小处、细部则是朦胧的、不清楚的。历史类的著作该不该把这些历史的具体的细部讲清楚呢？在现代是一个问题。但在上古时代的史官以及左丘明、司马迁等史学泰斗那里倒不是什么大问题。因为他们那里"文史不分家"。

　　可以举出一个例子。《春秋》是鲁国的史官记录，非常真实可靠，但过于简略。如写春秋初年郑国的一件大事，只写了"五月郑伯克段于鄢"这八个字。时间、地点、人物、事件，这些倒是都齐备了，很合乎史官记事准确的要求，但具体过程如何，则难以得知。左丘明以如椽大笔在《左传》中写此事却娓娓道来，甚至写了郑庄公和他母亲在隧道内赋诗和好的情景，此事左丘明不可能据眼见所书，王和先生说这里所写的生动内容，"取自郑史官个人记事笔记"①，是很正确的。然而郑国史官亦不大可能写出眼见之事，谓之史官揣测之辞，可能近是。写这事的左丘明，算是史学家，还是文学家？若查史学史，有左丘明；查文学史，也有左丘明。应当说他既是史学家，又是文学家。文史本来就是一家。

　　再举一个例子。晋国霸业在晋献公时已开启端倪，然而献公宠幸骊姬，误杀太子申生，造成晋国政局混乱，影响霸业进程。《国语》（有人说也是左丘明所撰）写骊姬夜半于枕边哭诉构陷申生之事，这也是左丘明抑或是晋国史官不可能亲见亲闻之事，亦当为史官揣测之辞。即令是后世朝廷专写"起居注"的史官，也不可能站在龙床边上记录皇上的枕边话。《国语》所记骊姬之语，活灵活现，没有人怀疑是"伪造"。但可以肯定，它是史官的揣测之辞。然而，这类记载符合人物的性格特征，也符合事情的必然进程，可以视为史官（或史家）补充的历史细节，至于其真实性如何，也就无人计较了。

　　与《春秋经》的言简意赅相似，《三国志》写三顾茅庐请诸葛亮出山之事，只用了五个字，"凡三往乃见"。到罗贯中笔下就衍化出许多文字，尽写三顾之情景，刘备的求贤若渴，关羽的大度周全，张飞的急躁火爆，让人历历在目。因为写得得体，向来无人说罗贯中歪曲事实。倒是人们认为三顾茅庐之事应当就是这个样子。现在把写《三国志》的陈寿归为史学家，把写《三国演义》的罗贯中算成文学家，

①　王和：《〈左传〉材料来源考》，《中国史研究》1993 年第 2 期。

可见原来的"文史"一家，渐渐分开成为两家。

历史不容虚构，若虚构那就是无中生有，就会与真实的历史背道而驰。然而，若是有中生有呢？郑庄公隧道中其乐融融地赋诗、骊姬枕边构陷申生，此类事情是"有"，抑或是"无"呢？若放在某个具体的个人来说可能是"无"，但若放在大范围来说也可说是"有"。历史的复杂之处在此。

历史要求真求实，不假。但是今天看到的资料大多数是匮乏的，视角也会是后见之明。凭借有限的资料和后见的视角，声称获得的全是客观事实，历史全能实证，就是夸大人们主观能动性的客观主义。客观主义不是唯物主义，它一旦出现就会被人们以各种相反的证据和理论驳斥，从而难以立足；只有实事求是才是唯物主义，那么承认我们得出的结论，往往是意见，而不是板上钉钉不容反思的绝对真理，就是合理的做法。其实历史叙述和教学实践，也不可能是冷冰冰的客观主义，而是往往把人的思考和感情融入实践，表达出人气，这样历史更容易被人们接受。细查起来，古人早就谈论过此事。唐朝的孔颖达作为一位很有学问的大学者，并且是孔子的第31代孙，看到《左传》写春秋时期的史事有详有略。他曾考虑其中的原委。他在给《左传》做疏解时说："人心不同，属辞必异自然。史官有文有质，致使其辞有详有略，史有文、质。史文则辞华；史质则辞直。华则多详；直则多略。"史存在文、质之别，原因有二，一是"属辞"者，亦即写作者的水平和写作旨向不同，不管如何写出来的东西必定与真实的历史实际有距离（"必异自然"）；二是属文抑或是写史，写作的目的、需要不同。文学创作需要丰富的想象，以求接近复原历史场景；叙述史事，则需要准确记载时空、人物等因素，以求历史场景的框架符合历史的真实。对于一般读者来说，执文史不分之理念，读过一本书能够了解或认识真实的历史，不仅增长见识，而且使情感得以升华，这可以说是一种完美的境界了。

历史真实性不仅在于叙述客观的若干历史符号，也在于承认我们的实践存在客观的历史符号之外的东西，这是辩证法，也是唯物主义；只承认若干客观的历史符号，不承认人的因素，不能实事求是，不是唯物主义。在文史不分家的《左传》《史记》的时代，其记载历史的准确可信，人所共赞；其状写人物、事情的栩栩如生，则人所共赏。若无难以考实的虞姬，项羽的英雄形象，便有些缺憾。若无骊姬的枕边谗言，晋献公时代的晋国史便会缺少逻辑的勾连。我们不赞成虚构历史，但把历史写得生动一些，不能老是一副老气横秋的样子，而是让人爱看，则还是必要的。合理的想象与历史的依据交融在一起，谁能一下子判定哪个正确哪个不正确？的确很难说。这不只是从艺术的角度考虑，也是从历史本身的角度考虑的。

二　关于认识过程的问题

辩证唯物主义认识论主张世界可知，人类的认识能力是无限的，世界上只有尚未认识的事物，没有不可认识的事物；人们不仅能够认识物质世界的现象，而且可以透过现象认识其本质。这是正确的论断。但是我们对历史现象的认识，却不是"雄鸡一声天下白"似的一帆风顺。即便是针对人们耳熟能详的大人物、大事件，我们的认识依旧受着资料的限制，许多内容是说不大清楚的；往往人们以为会汗牛充栋的历史现象，却长久以来资料阙如；有了新材料，我们很可能对它的解读也模棱两可。伟人曾说："只是在人们着手考察和整理资料（不管是有关过去的还是有关现代的）的时候，在实际阐述资料的时候，困难才开始出现。这些困难的克服受到种种前提的制约，这些前提在这里根本是不可能提供出来的，而只是从对每个时代的个人的实际生活过程和活动的研究中得出的。"[①] 在浩如烟海的历史文献中徜徉，谁又没有这样的经历呢？

比如近年面世的简帛材料比较多，但关于历史史实、人物等方面

---

① 《马克思恩格斯选集》第 3 卷，人民出版社 1960 年版，第 31 页。

的材料相对较少，特别是关于春秋霸主的材料更为少见，这方面的材料集中见于清华简第二册的《系年》，这批材料中出现了齐桓、晋文、楚庄、宋襄、阖闾等的一些记载，但多没有超出传世文献记载的范围，只有清华简第六册的《郑武夫人规孺子》一篇展现了作为春秋小霸的郑国的一些史实。此篇简文披露了郑武公曾经被迫居于卫国三年的史实，是为传世文献所不见的重要材料。简文说："吾君陷于大难之中，居于卫三年，不见其邦，亦不见其室。"① 陷于卫国三年的这位郑国君主，是作为春秋小霸典型的郑庄公的父亲郑武公。和郑武公同一时代的伟人，就是曾经执掌周王朝大权的卫武公（即共伯和）。卫武公是一位叱咤风云的历史伟人，古本《竹书纪年》说他入周王朝主政 12 年之久，史称"共和行政"。后来他将政权移交周宣王之后，复归卫国，力图使卫国成为雄踞中原腹地的大国，而郑武公在豫西之地，急于开拓疆土，势必与卫武公狭路相逢而明争暗斗，很有可能的是郑武公不知因为何事被卫软禁于卫三年，直到卫武公去世，他才寻机逃回卫国。一国之君，有国不能回，有家不能归，所以简文说他"陷于大难之中"。这一定是个十分曲折复杂的斗争过程。这段尘封已久的历史今得清华简才透露出一点难得的信息，使人可以窥见关于这段历史的一点苗头，而我们对此的认识的确有限。不得不说，在相当一个阶段，我们对事物的认识还终究是一种意见，是介于有知和无知之间的推论，不敢说板上钉钉；这样的状态，受制于材料以及其他因素，很可能焦灼很久。

然而，这并不是说历史不可知。人的认识总是经历后出转精的过程，从无到有，用小到大，从朦胧到清晰，从幼稚到成熟。不少问题随着材料的丰富以及研究的深入，真相逐渐浮出水面。比如新发现的关于春秋霸主的战国竹简资料中，还有清华简第七册的《越公其事》篇，此篇记载越王勾践被吴国打败以后，卧薪尝胆，图谋复国的过程

---

① 清华大学出土文献研究与保护中心编，李学勤主编：《清华大学藏战国竹简》（六）下册，中西书局 2016 年版，第 104 页。

中的一些事情。与现有文献记载有所不同的是，越王勾践在失败归国之后，并不是马上就图谋复兴，振作建设，而是有一个在实践中逐渐摸索的过程。一开始，勾践只是因袭常规，不去检讨战争失败的教训，对于战争的失职者不戮不罚，表现出"懒政"之态，过了三年之后，民众有了怨恨情绪，勾践这才励精图治，提出简文所称的"五政"，即五项改革措施。简文记载，除了大力发展农业之外，勾践还派人到"成（城）市、边还（县）、小大远迩之勾（聚）落"寻访"达士"①（即人才）。这些记载提醒我们认识到，一个伟大的历史人物，即便是勾践这样的霸主之才，也会有其时代的或个人的局限，其所作所为，也不会如神灵一般，绝对正确、完全正确，不会有丝毫的过错。勾践所出现的短时间的"懒政"，就是一个证明。然而有缺点的伟人还是伟人，春秋霸主的每一位可以说皆非"完人"，但其缺点或者失误并不能掩盖他们历史功绩的光辉。他们坚韧顽强的意志，勇于开拓进取的精神，审时度势的历史智慧，是我国优秀传统文化中的宝贵财富。这个例子就说明，不少历史现象我们是可以认识到的；不仅可以认识它的某一个侧面，也可以认识它的发展过程。人们的认识虽然不是线性发展，甚至可能有反复，但是前进性和曲折性相统一，也是不争的事实。缺乏前进性，就是历史不可知论；缺乏曲折性，就是夸大事实和主观臆断，都是大不可取的。

三　关于时势造英雄的问题

按照历史唯物主义，社会的系统架构与组成社会的各个要素，共同构成了社会存在；它决定了社会系统架构内的思想观念，即社会意识；而这一社会的一系列亟待解决的问题，形成了社会需求，为这一时代的英雄与精英提供了巨大的舞台。关于英雄与时代的关系，早在战国时期孟子就曾讲到过。孟子游齐，未被重用。离开齐国的时候，

---

① 清华大学出土文献研究与保护中心编，李学勤主编：《清华大学藏战国竹简》（七）下册，中西书局 2017 年版，第 137 页。

他的学生问他是否有些不愉快，孟子说，才不会。他说："五百年必有王者兴，其间必有名世者。……夫天未欲平治天下也。如欲平治天下，当今之世，舍我其谁也？吾何为不豫哉！"我们往往被孟子的气魄所震撼，惊讶孟子在逆境中为何能如此坦然。是不是有什么神秘的力量在支持他？事实上不是，孟子对鬼神很不大感兴趣，孟子所说的"名世"者，跟后来赵翼所说的"才人"意思相近，皆指英雄、圣贤一类的杰出人才。这种人才，不是年年有，时时有，而是"代有"，即"一个时代"才会有若干突出的人才，才会有真正的英雄出现。依孟子所说这个时代的周期是五百年。

这就值得后人深入思索，孟子说的人到底是谁，为什么又要强调五百年？孟子说"由尧舜至于汤，五百有余岁""由汤至于文王，五百有余岁""由文王至孔子，五百有余岁"。孟子是从儒家巨人（"王者"）的角度立论的，在他看来每隔五百年都是由乱到治、拨乱反正的时期。在此期间出现的"名世"，是帮助"王者"的人。春秋时代虽然群星璀璨，但最为杰出的"名世""才人"、英雄，当属春秋霸主。他们是时代的伟人，是可以影响历史进程的英雄。然而，春秋霸主，只能属于他们所在的那个时代，其前不行，其后也不行。为什么？根本原因就是唯有时势才能造就真正的大英雄，这就是孟子强调五百年的原因。上古三代的发展速度比较慢，社会的变革是漫长历史积累的产物，文化制度与思想观念的生长成熟都需要时间。五百年出现大的历史动向，是可以理解的。

在那个时间轴的节点上，春秋时代终于到来了。用长时段的眼光看，中国文明史上有两个千年未有的大变局的时期。头一个就是春秋战国。这个时期，夏商西周三代相传的王权渐次跌落，霸权兴起，用司马迁的话来说便是"四海迭兴，更为伯（霸）主"，虽然周天子仍是"天下共主"而为人所景仰，但实际影响却退居于历史舞台的边缘。居于历史舞台中央先是春秋五霸，然后是战国七雄。战国七雄纷争的结果是秦王朝横空出世，傲然屹立。这种政治演变的根本原因在于经济基础的深刻变革。最为主要的就是氏族宗法制度趋于解体，井田制在战国时期被以国家为主导的授田制所代替。再一个千年未有的大变局就是辛亥革命推翻帝制以后一直延续至今的巨大社会变革。在这两个大变局的时代，可歌可泣的英雄人物、文化巨人比之于其他时期更为集中地涌现。这是时代的需要，也是时代造就的结果。

清代学问家赵翼在他的《瓯北集》里有题为《论诗》的四首诗，其中第二首是：

李杜诗篇万口传，
至今已觉不新鲜。
江山代有才人出，
各领风骚数百年。

这首脍炙人口的小诗，特别为人称道的是它的后两句。这两句讲的中心意思是各个时代都会有自己的英雄，会有独树一帜的杰出人物。赵翼所说的"风骚"，不限于个别的人，而是指一个时代的气象，一个时代的最高成就。真正的杰出人物，会引领时代风尚，能够影响一个时代的社会历史进程。这种人物于春秋时代，非霸主莫属。春秋霸主的天空云蒸霞蔚，万千气象灿烂而绚丽。预示着时代风云的变幻。我们的工作，是试图让当世人接近那个时代的历史真实，望见引领那个时代前进的历史伟人的身影。

历史既是现实的渊源，又是现实的一面镜子。我们要不断叩问：我们的工作是否实事求是，我们的认识是否接近真相，我们的解释是否在历史环境中能立足。只有如此，历史教育工作才有可能入脑入心。

第十一章　实证与存疑：历史教学的张力

实证是历史研究的基础方法，也是历史教学的重要内容。它如同其他认识世界的手段一样，在无知和有知之间起到桥梁的作用。对此，无论是中西史家，还是广大的历史教育工作者都有清晰的认识。但我们也应该看到，实证作为一种方法论，在落实过程中存在许多掣肘的因素。正如马克思所指出，实证科学"与哲学不同，它们绝不提供适用于各个历史时代的药方或公式"①。就人类的认识而言，提倡实证方法的同时，就意味着在不少内容面前实证的方法难以奏效；就历史长河而言，可实证的内容只是极其有限的一部分，更多的内容淹没在历史长河中，或不为人所知，或疑窦重重。如果我们的历史教学只看到了可实证的内容以及实证方法的有效性，忽略不可实证的内容，漠视实证方法的局限，就背离了科学的方法，从而很容易得出错误的结论。为了避免错误，历史教学中势必要落实存疑的精神，实证与存疑、已知与未知之间就构成了方法论上的张力（tension），这也是中西史家的良好治学传统。② 当今的中学历史教学界对实证予以

① 《马克思恩格斯选集》第 3 卷，人民出版社 1960 年版，第 31 页。
② 比如孔子曾说，"多闻阙疑，慎言其余，则寡尤"（《论语·述而》），荀子也说，"信信，信也；疑疑，亦信也"（《荀子·非十二子》）。刘知几也认为"古文载事，其词简约，推者难详，缺漏无补"，"今故讦其疑事，以著于篇"（《史通·疑古》）。而西方史学也有着悠久的存疑的传统，希罗多德的《历史》在估量史料和处理史料时，就充分表现出了求真存疑的批判精神；直至今日，众多西方史家对史料的解读都非常谨慎，纯粹客观主义的乐观态度并不多见，存疑精神渗透在西方史学的许多角落。

高度重视,① 但对存疑的价值欠缺充分的认识。只有形成历史教学中实证与存疑的张力,历史学科中的科学精神才能落地。为裨补缺漏,故此为文。

一　在历史的复杂性中寻求张力

历史是复杂的。有历史哲学家指出,历史是由许多单一的事件和过程组成的无限杂多,在时间上没有明确的开端和终结,在空间上没有明确的边界。这主要表现在三个维度上:其一是历史现象本身是复杂的,人们会对事件、制度、思想"横看成岭侧成峰",而任何一个角度捕捉到的都有可能是事实,但往往不能被确证。其二是历史现象是合力造成的结果;不同视角的人群,对造成历史现象的不同力量各执一词,能自圆其说,但对其他力量知之甚少,甚至毫无所知。其三是历史现象会造成方方面面的影响,在特定时段中对甲事物的影响会比较大,对乙事物的影响会比较小;但时过境迁,这一历史现象对甲的影响会小于对乙的影响;在其他历史时段,对甲乙的影响都可能淡漠,对丙的影响会上升。显而易见,第一个维度就历史现象本身而言,后两个维度就历史现象的成因和影响而言;但也不可否认,人们都会从自己立场出发认识世界,所以对历史现象本身及其成因影响的了解,不过是大道之一隅。这样,人们的视野势必要处在实证与存疑的张力中;如果夸大其中实证一极,就会与事实背离。

第一个维度表明,历史是多面的。人们会从不同的角度捕捉某一信息,且言之凿凿,但雾里看花、真伪难分,有可能是历史现象的不同维度。历史教育工作者明乎此,才能看到历史现象的多棱面,不至

---

① 比如新修订的《普通高中历史课程标准》就把"史料实证"和"历史解释"列为历史学科核心素养,强调"对获取的史料进行辨析""用可信的史料努力重现历史真实""以史料为依据,对历史事物进行理性分析和客观评判",参见中华人民共和国教育部制定《普通高中历史课程标准》(2017 年版),人民教育出版社 2018 年版,第 5 页。但并没有提及存疑的态度。

于非黑即白，把历史简单化。比如中学教材里常见的尧舜禅让和禹传子家天下，古代文献的记载分歧就很大。《史记·五帝本纪》反映了儒家的立场，认为尧舜都推行了选贤举能的禅让制度，而禹传子是因为"益之佐禹日浅，天下未洽"，故而"诸侯皆去益而朝启""启遂即天子之位"。与之不同的是古本《竹书纪年》，其力主"舜囚尧于平阳""益干启位启杀之"，也就是说，不仅尧舜之间存在着血腥暴力，而且否定禅让的合理性，把禹的合法继承人益和禹子启的斗争说成"干启位"。出土文献上博简《容成氏》补充了一些细节，看法也有不同，认为"禹有子五人，不以其子为后，见皋陶之贤也，而欲以为后。皋陶乃五让以天下之贤者，遂称疾不出而死。禹于是乎让益，启于是乎攻益自取"，政变的责任不在益而在启。这若干说法孰是孰非？

古代不少学者站在儒家经典的角度，坚持禅让的观点，认为"舜囚尧于平阳""益干启位启杀之"之类的说法晚出，缺乏文献佐证，"世人多不之信也"。但唐代史学家刘知几从文献中找到尧子丹朱作为旁证："据《山海经》谓放勋之子为'帝丹朱'，而列君于帝者，得非舜虽废尧，仍立尧子，俄又夺其帝者乎？"进而推论："观近古有奸雄奋发，自号勤王，或废父而立其子，或黜兄而奉其弟，始则示相推戴，终亦成其篡夺。求诸历代，往往而有。"刘知几认为启之诛益，也合乎情理："益手握机权，势同舜、禹，而欲因循故事，坐膺天禄。其事不成，自贻伊咎。"（《史通·疑古》）而《容成氏》的说法尤其耐人寻味：大禹在让位伯益之前，曾要让位给皋陶，可是皋陶"乃五让以天下之贤者，遂称疾不出而死"。皋陶这种表现耐人寻味：是他真的有隐居山林的许由之志？还是他已经预料到即使即位，也将面临和启之间的最高权力之争？[①] 所以一团和气的礼让背后，很可能存在激烈的权力博弈；后人基于不同的价值观来观察这一事件，自然会面

---

① 陈丽桂：《谈〈容成氏〉的列简错置问题》，《上博馆藏战国楚竹书研究续编》，上海书店出版社 2004 年版，第 343 页。

貌迥异，而这些可能是同一历史现象的不同侧面，都存在合理性。

但有一点势必注意，这些合理性大部分是基于情理的推测，刘知几所谓"以古方今，千载一揆"，被确凿地证实必定如此的内容少之又少。比如古代学者盛赞的禅让学说，虽有儒家大量文献，以及文化人类学的资料支持，但欠缺考古资料佐证。顾颉刚先生就认为禅让学说起源于尚贤的墨家，而战国儒家经典构筑的古史系统并不可据。① 就今日而言，顾先生的看法也并非无道理。而古本《竹书纪年》的若干血腥说法也并非板上钉钉，李学勤先生就曾指出，为战国现实政治而改造历史是古本《竹书纪年》的一个思想倾向。"益干启位，启杀之"同"舜囚尧于平阳，取之帝位""后稷放帝朱于丹水""伊尹放大甲于桐，乃自立也；伊尹即位放大甲七年，大甲潜出自桐，杀伊尹"的故事极其相像，"带有战国时期游说的那种意味"。李先生以伊尹为例："以伊尹一事而言，殷墟卜辞所见对伊尹的祭祀非常隆重，如果他是曾废太甲自立，后来又被太甲诛杀的罪人，怎么能享有那么隆崇的地位呢？"② 清人马骕批评"益干启位，启杀之"一句为"此好事者为之也"③。连依据《竹书纪年》更改《史记》之讹误的钱穆先生，也对"益干启位，启杀之"的说法采取存疑的态度。④ 我们也曾结合西周金文中不少带"益"的人名进行推测，宗法森严的西周时代，把一个乱臣贼子的名字当作人名常用字可能性并不大。⑤

第二个维度考察构成历史现象的合力，合力纷繁复杂，人们往往偏执一隅，把种种公式当作金科玉律，只看到合力中"常"的一面，忽略了公式中"变"的一面，于是"蔽于一曲而暗于大理"（《荀子·解蔽》），成为"不该不遍"的"一曲之士"（《庄子·天下》）。

① 顾颉刚：《战国秦汉间人的造伪与辨伪》，《古史辨自序》，河北人民出版社2003年版，第104—105页。
② 李学勤：《走出疑古时代》，辽宁大学出版社1997年版，第50—51页。
③ 马骕：《绎史》第1册，齐鲁书社2003年版，第143页。
④ 钱穆：《先秦诸子系年版》自序，商务印书馆2002年版，第23页。
⑤ 李凯：《豳公盨与益启关系的再认识》，《东南文化》2007年第1期。

历史教育工作者对历史合力有清晰的认识，才不会把历史现象作简单化的诠释。恩格斯说："历史是这样创造的：最终的结果总是从许多单个的意志的相互冲突中产生出来的，而其中每一个意志，又是由于许多特殊的生活条件，才成为它所成为的那样。"① 从恩格斯的话中，我们不难发现影响历史现象的合力充满了变数，无论是"单个的意志"，还是"许多特殊的生活条件"，都体现了合力的复杂性，绝非千人一面。而那些只强调物质条件而忽略人的实践，把历史发展的动因归因到经济决定论的做法，正是恩格斯所批评的机械唯物主义："如果有人在这里加以歪曲，说经济因素是唯一决定性的因素，那么他就是把这个命题变成毫无内容的、抽象的、荒诞无稽的空话。"② 从这个意义上看，机械唯物主义者把经济因素的作用过分夸大，无视人的意志情感等一系列因素的能动作用，就是在历史现象成因的角度抹杀实证与存疑、已知和未知的张力。在历史教学中，最容易被人误会的是"时代创造英雄"的观点：社会每当需要一个伟人时，他就总会被找到。于是就有人反驳："为什么 19 世纪的中国和印度，没有一个伟大人物起来团结全国反对西方列强呢？鸦片战争、甲午战争、八国联军侵华时，中国的伟人隐藏在哪里？当 1921 年的意大利、1923 年的德意志在客观上已经具备了革命条件时，伟人在哪里？那时不需要他们吗？"这样的看法，错在把英雄人物的伟大之处，全部归功于历史的必然性，丝毫不顾人物的卓越才能，故授人以柄。的确，马列经典强调时代对英雄人物存在巨大需要，历史没有拿破仑，也会有另一个人扮演其角色；但并没有说拿破仑和拿破仑的替代者必须等质。固然拿破仑的替代者也会完成欧洲革命，但他的资质、才能乃至时运和拿破仑相比都存在着巨大不同；这样看，拿破仑的替代者即便完成欧洲革命，其结果也和拿破仑千差万别，也就是说，拿破仑和拿破仑的替代者的历史合力不同，构成历史合力的平行四边形不同，结果也不

---

① 《马克思恩格斯全集》第 37 卷，人民出版社 2012 年版，第 461—462 页。
② 《马克思恩格斯全集》第 37 卷，人民出版社 2012 年版，第 460 页。

同。我们知道，鸦片战争、甲午战争、八国联军侵华战争时期，中国人民进行着不屈不挠的反抗，涌现出一大批民族英雄；但这一时期尚未出现孙中山、毛泽东这样登上历史舞台力挽狂澜的人物，是因为这一时期社会条件不成熟，也是因为孙中山、毛泽东有着他人不可替代的人格魅力。把历史唯物主义定位在机械唯物主义的层面上，就夸大了公式化的教条，没看见历史合力中人的变数从而破坏了张力，不能不说是遗憾。

第三个维度，是把历史现象的影响放置在长时段的历史环境中考察，而不是空谈影响，漠视影响发生的历史环境。或者说，历史现象成为过往，但历史现象的影响在特定的历史环境中发酵，产生具体作用；同时不排斥这一历史现象在别的历史环境中产生其他作用。历史教育工作者如此处理，就不会平摆浮搁地罗列条目，而是在动态的发展过程中，就能反映出历史现象已知作用和未知作用之间的张力。历史教学中经常见到这样的问题，比如清代闭关锁国的评价。清初海患严重，海上不仅有反清势力，还有西方殖民者；而中国自给自足，对资本与科学技术缺乏社会需求，统治者的世界观致使其不可能对未来历史发展两害相权、作出准确判断，则"闭关锁国"就有一定的合理性，某种程度上它稳定了社会秩序，对殖民侵略起到了防范的作用。但鸦片战争以后，"闭关锁国"阻碍中国商品经济发展与西方科技文化传播的消极作用日增，清王朝陷入无知、自大、落后的状态中，清初统治者方向性错误在近代百年屈辱史中愈发凸显。再如孔子学说的价值。孔子在世四处碰壁，其学说问津者少，但也有同时代人称孔子为圣人，认为其学说仰之弥高、钻之弥坚；孔子身后，孟子、荀子视孔子之言为救世至理，而商鞅、韩非视儒者为社会蛀虫，秦王朝把孔子学说视为专制主义的对立面，董仲舒以后统治者却神化并改造孔子，儒家学说发挥了正统意识形态的作用；近代一度又被看作现代化的障碍，21世纪的今天又被人们当作民族复兴的文化基因。又如西方自然科学的作用。西方自然科学自古希腊罗马时代滥觞，相当一个时期，包含在哲学与宗教之中，不过是边缘化的内容，并未充分发挥其作用；经历中世纪的沉寂，近代以后形成自然科学体系，使人们对世界的了解豁然开朗；两次工业革命表明，科学技术能够创造巨大价值。康熙皇帝热衷于西方天文历算，但乾隆皇帝不屑一顾；魏源、恭亲王、李鸿章视西方科技为清王朝的救命稻草，而倭仁等清流视之为奇技淫巧。还有人文主义思想的影响。古希腊普罗泰戈拉、苏格拉底、柏拉图、亚里士多德等哲学家有惊世骇俗之论，可在当时的神意世界中影响微弱；中世纪千年的淹没，终于迸发出文艺复兴、宗教改革，启蒙运动时人的理性成为时代呼声，人文主义成为资本主义上升时期反封建的理论基础；但随着资本主义秩序的确立，现代思想家们意识到，应警惕人力量的过分膨胀：纵然人类破除了偶像，可没有依托、没有畏惧，人类处于荒原之上也无法生存。这些历史常识能够说明：原先的闲棋冷子，日后也许会派上大用；但时过境迁，声色犬马也会成为明日黄花；即便同一时期，同样的历史现象对不同的人群作用也不同。社会在变，人们的需求在变，同一事物的作用也在变。就某一历史现象而言，我们能确知的影响终究是有限的。

一言以蔽之，历史的复杂性和人类认识的有限性形成矛盾，"譬如耳目鼻口，皆有所明，不能相通"（《庄子·天下》）。历史教育工作者必须认识到，人们已实证的、已确定的历史信息是冰山的一小角，只在其合理范围内发生意义；在其之外仍旧有大量的待证的、未知的内容；一旦超越历史现象的合理范围，就破坏了认识的张力，一定会产生谬误。

二　在考据叙事的过程中寻求张力

考据和叙事是人们诠释历史的重要根据，但说对史料竭泽而渔，逐一考定真伪就能实现纯粹的客观主义，应不现实。貌似很客观的考据叙事工作，结论会千差万别。正如刘家和先生所指出，正是这种以为凭着绝对的客观主义便可以得史学绝对之真的绝对主义的主张，引出了它的对立物——相对主义的史学理论：主张后一种理论的史学家彼尔德嘲讽说，那种纯客观主义的求史学之真，原来不过是一个"高尚的梦"①。人们考据叙事依据的史料不仅纷乱复杂，而且会相互抵牾；即便同样的材料，也见解不一。历史教育工作者势必要明确以下问题。

第一个问题是，历史的复杂性，就意味着史家获得的史料再汗牛充栋也是稀缺的；虽然能"挂一"，但可能"漏万"。历史教育工作者势必清楚，老师给学生呈现的知识，引领学生探究的问题，不过是历史长河中若干碎片；老师能勾勒出规律性认识，但这些认识也未必能找到可靠证据。比如老师讲新文化运动，常常用到这两个材料：

材料一　1913 年江苏第一师范学校招生，应考者三百余人，皆中小学生。校长杨月如先生嘱各举崇拜人物，以表其景仰之诚。统计结果如下：

序号	崇拜的人数	被崇拜者
1	153	孔子
2	61	孟子
3	17	孙中山
4	11	颜渊
5	8	诸葛亮、范仲淹
6	7	岳飞
7	6	王守仁
8	4	大禹、陶侃、朱熹、华盛顿等
9	3	程德全
10	2	苏轼、康有为、袁世凯等

① 刘家和：《史学的求真与致用问题》，《学术月刊》1997 年第 1 期。

续表

序号	崇拜的人数	被崇拜者
11	1	伯夷、周公、苏秦、张仪、秦始皇、张良、萧何、韩信、司马迁、马援、班超、韩愈、司马光、程颐、徐光启、顾宪成、史可法、曾纪泽、苏格拉底、亚里士多德、马丁·路德、培根、卢梭、梁启超、武训、安重根等
12	23	无崇拜者

——据《考师范之笑话》上海《时报》1913 年 7 月 1 日

材料二 1923 年，北京大学校庆 25 周年纪念的一份民意测验中，有"你心目中国内或世界大人物，是哪位?"的问题，回答者大多数来自学生，答案却大相径庭，结果如下：

1923 年北京大学校庆 25 周年民意测验统计表

姓名	票数	姓名	票数	姓名	票数	姓名	票数
孙中山	473	陈独秀	173	蔡元培	153	段祺瑞	45
胡适	45	梁启超	29	吴佩孚	27	李大钊	25
章太炎	10	冯玉祥	7	袁世凯	5	康有为	3
黎元洪	1	孔子	1	庄周	1	诸葛亮	1
曾国藩	1	汉武帝	1				
合计		1056					

姓名	票数	姓名	票数	姓名	票数	姓名	票数
列宁	227	威尔逊	51	罗素	24	泰戈尔	17
爱因斯坦	16	威廉二世	12	杜洛斯基	12	华盛顿	11
甘地	9	杜威	9	俾斯麦	9	林肯	9
托尔斯泰	7	路易·乔治	6	马克思	6	马丁·路德	1
合计		497					

——据朱务善《本校二十五周年纪念日之"民意测量"》，
《北京大学日刊》1924 年 3 月 5 日

老师设计了以下问题："从整体上看，材料一和材料二的调查结果各有何特点？你认为什么因素导致了民意测验的结果的差别如此之大？"显而易见，老师的意图在于，借助数据让学生归纳出先前崇拜人物和后来崇拜人物之间产生了多么大的区别，从而让学生意识到这是新文化运动的作用使然。但设计者忽视了这两个表格样本是个案，一个是1913年的江苏第一师范学校，一个是1924年的北大，跨度十年，两者之间没有必然的逻辑联系。北京大学是当时中国最大限度接受西方民主科学思想的阵地，但江苏第一师范学院是否在新文化运动之后产生洗心革面式的变化？从情理来看，新文化运动是针对国人精神痼疾的思想解放运动，而不是教育工作者开展的教学活动，是不大可能留下运动前后的统计数据；即便胡适、吴虞、冯友兰等学人描绘新文化运动前后自己的思想变化，也不是大样本的数据统计。

第二个问题是，即便有史料支持能让我们的工作"实"起来，但多大程度能做到"证"？历史教育工作者需要清楚，老师习惯于堆砌相关材料，摆出貌似确凿的样子，但材料内容和观点之间还有很大距离。比如上文所说，禅让在古代不少典籍中言之凿凿，是否就能确证其在尧舜禹之时发生过？"舜囚尧于平阳""益干启位启杀之"和众多记载格格不入，是否就能论证其在尧舜禹之时不会发生？恐怕都不能这么说，毕竟这些记载距离尧舜禹时代太远。即便是当事人留下的一手资料，也不应该过分解读，否则起不到"证"的作用。如有老师讲武王伐纣，用了西周初期青铜器利簋铭文中"武王征商，唯甲子朝，岁鼎"的记载，说明周武王克商日是在公元前1046年1月20日。这样的解读明显不对。事实上，武王克商在前1046年1月20日，是夏商周断代工程的成果。但武王伐纣时间，古往今来的推算有44种，最早为1130年，最晚为1078年，其间相差112年。专家之所以确定这一日期，也是依据20世纪末能见到的一系列资料仔细考量的结果，得出武王克商的合理范围在前1050—前1020年，而前1046年、前1044年、前1027年三说都在此区间内；又综合西周金文历谱以及《尚书·金縢》中武王在位年，前 1046 年的密合度最大。① 即便如此，也有不少学者持其他意见，尤其是 21 世纪出土文献大量涌现，武王克商年代还须进一步深入研究。② 只能说，利簋铭文提供了周初可靠的天文历法资料，但武王伐纣的具体日期并未根本解决。

历史发展过程包含了多维度、多层次的内容，而史料作为历史遗存并不万能，它只是过往某维度某层次的产物，不可能说明超越其维度与层次的问题。历史学能反映历史过程的客观性，比如经过发掘与研究安阳殷墟就是商王朝后期的都城，甲骨文能够印证《史记》记载的商王世系大体无误，但这样的客观性总是在一定方面和一定层次上的。商早期的都城在哪里，殷墟之外的方国面貌如何，殷墟和甲骨文就提供不了太多的信息。这种求真的限度不仅是历史学与人文学科独有，自然科学上的真又何尝不是在一定方面和一定层次上的呢？所以，对于历史学家来说，清醒地认识到史学之求真总是有限度的，总是在一定的方面和层次上的，这也很有必要。③

第三个问题是，即便"实"与"证"都能落实，我们又有多大把握自己的论证就没有问题？按照美国学者库恩的范式（paradigm）理论，所有科学都是科学家按照一定共同因素进行的活动，它们就构成了范式：包括基本理论、基本方法等一系列世界观。想要成为科学家势必要接受范式，但这样的世界观也会形成制约思想发展的成见。正如库恩所说，要想获得进步，"只有通过放弃某些以前的标准信念或程序，同时用其他新成分代替原先范式中的那些原有成分"，"从现代编史学的眼界来审视过去的研究记录，科学史家可能会惊呼：范式一改变，这世界观便随之改变"④。历史学自有其范式。比如古希腊史

① 夏商周断代工程专家组：《夏商周断代工程 1996—2000 年阶段成果报告》（简本），世界图书出版公司 2000 年版，第 38—49 页。

② 王辉：《商周金文》，文物出版社 2006 年版，第 34 页。

③ 刘家和：《史学的求真与致用问题》，《史学、经学与思想》，北京师范大学出版社 2006年版。

④ ［美］托马斯·库恩：《科学革命的结构》，金吾伦，胡新和译，北京大学出版社 2003年版，第 66、101 页。

家赫卡泰乌斯（Hecataeus）的著作《谱系志》（*Genealogies*）曾对希腊传说表现出谨慎的态度，主张"我所记载的内容，为我所信以为真者"，而对自己不相信的内容则不加记载。赫卡泰乌斯的裁断标准，是"我所信以为真"。司马迁认为"中国言六艺者折中于夫子"（《史记·孔子世家》），是诉诸权威。历史教育工作者须知，的确这两种范式能解决不少问题，但它们都不能说是客观无误的标尺。荀子曾指出，能让人们产生成见从而受蒙蔽的因素很多："欲为蔽，恶为蔽，始为蔽，终为蔽，远为蔽，近为蔽，博为蔽，浅为蔽，古为蔽，今为蔽。"甚至"凡万物异则莫不相为蔽"，这就是"心术之公患也"（《荀子·解蔽》）。史学工作者在传播历史信息的同时，就一定渗透价值观，难免传播成见。

受成见蒙蔽的例子，在历史叙述中不胜枚举。不少人认为儒家学说主张禁欲、为君主专制张本，就带有对儒家思想的成见。新文化运动中，易白沙在 1916 年《新青年》上的《孔子平议》认为，而历代"独夫民贼"之所以能利用孔子，是因为孔子学说本身存在四大缺陷，即："孔子尊君权，漫无限制，易演成独夫专制之弊"；"孔子讲学不许商榷问题，易演成思想专制之弊"；"孔子少绝对之主张，易为人所借口"；"孔子但重作官，不重谋食，易入民贼牢笼"[1]。但这几点都不合实际。孔子的确强调君臣之义，但并不是尊君权漫无限制，"君使臣以礼，臣事君以忠"（《论语·八佾》），"君君，臣臣，父父，子子"（《颜渊》）也表明君臣之间有相互约束的关系，当时专制主义中央集权的统一王朝并未到来；《论语》内容多是孔门师徒讨论的结果，孔子说"起予者商也"（《八佾》）、"吾与点也"（《先进》）、"偃之言是也，前言戏之耳"（《阳货》），师生探讨其乐融融；说孔子少绝对之主张也非事实，孔子对"礼"的捍卫就非常坚决，"正名""复礼"是孔子一生的追求；孔子的确重做官，但并非不重谋食，言"足

---

① 易白沙：《孔子平议》，载蔡尚思主编《中国现代思想史资料简编》第 1 卷，浙江人民出版社 1983 年版。

食，足兵，民信之矣"（《颜渊》）、"节用而爱人，使民以时"（《学而》），这是让弟子在为政者的位置上切实改善民生。易白沙著此文，一定是"我所记载的内容，为我所信以为真者"；但应看到，易白沙著文的时代，正值袁世凯复辟，此文的现实针对性非常强，难免依据政治需求书写历史，即荀子所说的"欲为蔽"。

再如有人讲司马迁，引《后汉书·蔡邕传》中王允之言"昔武帝不杀司马迁，使作谤书流于后世"，认为《史记》是"谤书"，这也是一种成见。的确汉武帝和司马迁之间有矛盾，甚至《史记》一百三十篇中有若干篇很可能不是司马迁的原作，但这不能说明《史记》就是站立在汉武帝的对立面上的"谤书"。《太史公自序》中，司马谈临终对司马迁说："今汉兴，海内一统，明主贤君忠臣死义之士，余为太史而弗论载，废天下之史文，余甚惧焉，汝其念哉！"司马迁也说："臣下百官力诵圣德，犹不能宣尽其意。且士贤能而不用，有国者之耻；主上明圣而德不布闻，有司之过也。且余尝掌其官，废明圣盛德不载，灭功臣世家贤大夫之业不述，堕先人所言，罪莫大焉。"不难发现，司马迁带有非常明显的为汉家天下"诵圣德"的责任感，汉武帝在司马迁接受宫刑后还把他留在左右，并允许《史记》绝大多数内容传下来，原因也应在此。专家指出，秦汉帝国时代出现了具有完备体例的国家史，以《史记》为代表的纪传体史书，虽然还有着一些氏族史、宗族史的因素，但其主体已是秦汉帝国的全面的社会历史载体，其中国家结构、国家制度与国家史事的翔实记载等方面的内容，都是前所未有的创造。① 说《史记》"谤书"，貌似言之凿凿，有理有据，实际上是出于"想当然"的以偏概全，即荀子所说的"浅为蔽"。

三个问题表明，史家的考据与叙事，不仅因为史料稀缺使人们做不到纯粹的客观主义，而且在方法论上也存在相当的掣肘因素。人的

---

① 晁福林：《从先秦历史观念的变化看中国古代人类精神的觉醒》，《河北学刊》2006 年第 3 期。

能力总是处于一定的条件以内，所以历史学的实证也是有限度的实证。鉴于此，历史教育工作者不该盲目夸大人们的认知能力。只有遵循实证与存疑之间张力，把握好说话的分寸，考据与叙述才可能少犯错误。

三 逻辑应用的历史性与张力

平常人们习惯用逻辑思维分析问题，通过因果、归纳、分析等手段揭示事物之间的联系。但问题在于世界是复杂的，往往人们眼前的事物杂乱无章、不成逻辑。于是人们用逻辑分析问题时，复杂的现实条件会给研究工作带来障碍：人们自以为因果律、归纳法应用在合理的范围内，但也许早已经超过其合理的范围。当人的认识发展，获得越来越多的资料，才会意识到原先逻辑应用的局限。比如今天人们通过苹果落地的现象可以推知万有引力的存在，但在欧洲中世纪人们能从中推导出上帝的万能。由此可见，人们的逻辑的应用带有历史性。这样的例子在历史教学中很常见，参见以下各例。

（一）以偏概全

历史教学中老师习惯于解析案例来说明问题，试图以小见大，呈现出种种历史趋势；然而案例难免以偏概全。这样表面上的思维活动，实际上难以立足。比如关于春秋战国时生产力的飞跃，有老师举的证据是商西周时期的青铜农具，到了春秋战国被铁农具取代。但问题在于：其一，商西周时期的青铜农具多是礼器，在大量的青铜器之中只占极小的比例，并不应用于农业生产；其二，商西周时何地出现的青铜农具，战国时何地出现的铁农具，两者是否有取代关系，设计者没有考量。毕竟中国幅员辽阔，各个地区的发展是不平衡的，两个孤立的点不能说明问题。汉代由于盐铁官营，铁器昂贵劣质，仍存在"贫民或木耕手耨，土耰淡食"（《盐铁论·水旱》）的现象，我们也不能借此说明汉代生产力水平低下。再如有老师讲安史之乱的背景，强调唐玄宗天宝年间朝政腐败，把开元年间皇帝的政绩与《长恨歌》中"从此君王不早朝"形成对比。须知《长恨歌》系文学作品，皇帝起居非白居易所能见到；且《旧唐书》《新唐书》中《玄宗纪》中，在天宝十四载安史之乱爆发前皇帝政务频仍，"君王不早朝"的情况即便发生恐也是个案。前文所言，拿 1913 年江苏第一师范学校与 1924 年北大的学生情况作对比，也属此例。

（二）以"论"代"史"

历史教学中，也有把前人之"论"作为替代历史叙述的做法，但"论"本身不是"史"，违背了对具体问题进行具体分析的原则。《汉书·食货志》中记载周代土地"田里不鬻"，言之凿凿；在相当一个时期里，这句话在历史课堂上广为引用。但如今发现的西周时代的许多长铭文，涉及贵族土地买卖，在为数不多的西周经济史资料中占有相当的比例，应该说土地买卖应不是偶然现象。[①] 这些出土文献让学者们反思，"田里不鬻"的说法，应该是汉代人基于当时严峻的土地兼并情况假想出的理想世界。周代土地已经被周王分封给大小贵族掌控，那么周王只掌控着名义上的土地主权，实际土地已经归各级贵族所有，买卖也非偶然。日益丰富的出土文献，让学者们开阔了视野；人们意识到拘泥于"田里不鬻"的成说，就是以特定历史背景下的"论"取代应有的"史"的叙述。

（三）诉诸传统

传统做法或者观念在很长的时期被许多人信以为真，但它们依然欠缺现实基础。比如教学中，尧舜禅让及其政绩被人们称述，但我们至今还没有能力确证尧舜存在，更不能说明那个时代是太平盛世，至

---

① 沈长云：《金文所见西周王室经济》，《上古史探研》，中华书局 2002 年版，第 83—110 页。

少古本《竹书纪年》的说法就和儒家文献不一样。韩非曾说："孔子、墨子俱道尧、舜，而取舍不同，皆自谓真尧、舜，尧、舜不复生，将谁使定儒、墨之诚乎？""殷、周七百余岁，虞、夏二千余岁，而不能定儒、墨之真；今乃欲审尧、舜之道于三千岁之前，意者其不可必乎。"（《韩非子·显学》）尧舜渺远难知，儒墨两家勾勒出的尧舜，不过是他们眼中的理想罢了。到中国近代疑古思潮兴起，大量事例摆在人们面前，学者们意识到今天看到的历史，的确有后代"层累"的痕迹。所以即便是后代广为流传的看法也未必可靠。

（四）错误二分

人们往往会有非黑即白、把历史脸谱化的做法。不可否认，历史因素中存在非黑即白的现象；但不能说所有的现象都非黑即白：你若非喜欢它，就是不喜欢它，但你完全可以对它无所谓；他如不是有罪，就是无罪，但他也可能是有一些过错谈不到罪。比如说教学中讲纣的罪恶罄竹难书，周文王的德行令人敬仰，就有二分之嫌。子贡说，"纣之不善，不如是之甚也。是以君子恶居下流，天下之恶皆归焉"（《论语·子张》），纣的恶典型地被脸谱化了。随着古史辨派史学的发展，人们认识到纣的身份有层累的因素，纣的暴政越往后越多，越离谱，正是"天下之恶归焉"[1]。郭沫若先生就曾指出，殷纣王经略东南，开拓淮河流域和长江流域，对我们民族的贡献很大；中国的统一是殷纣王开其端，而秦始皇收其果，[2] 这也是历史的一面。而周文王也非大德无私，实际上有其老谋深算的一面。周本是不属于殷的独立国族，只是因为殷的武力威胁或文化影响才成为从属于殷的方伯，周对殷的服从是形式上的服从；周文王在纣的政治强压下忍辱

---

① 顾颉刚：《纣恶七十事发生的次第》，《顾颉刚古史论文集》第 1 卷，中华书局 2011 年版。
② 郭沫若：《中国古代社会研究》，《郭沫若全集·历史编》第 1 卷，人民出版社 1982 年版，第 452、487 页。

负重、韬光养晦，早已树立了觊觎之志。① 历史纷繁复杂，二分思路在很多场合都会犯错。

可知逻辑带有历史性，当认识发展之后，人们会意识到逻辑的应用是有条件的，某一逻辑也只在其所处的特定环境中发生作用。进而人们产生了认识上的飞跃，原先的成说就有可能被颠覆。比如清代考据学成熟，流传很久的《古文尚书》被阎若璩考证为东晋伪作；文艺复兴后科学精神的发展，《君士坦丁的赠礼》也被证伪。相反，一度被人们怀疑晚于庄子，甚至晚到西汉文景时代的《老子》五千言，在郭店楚墓竹简《老子》出土以后，学界一致认为不应该晚于战国中期。可以推知，历史学中的可靠，也带有其历史性，即现阶段证据、逻辑还不足以动摇它的真实性。这样看，历史教学中，许多结论也不是板上钉钉，从逻辑的应用而言，仍需遵循实证与存疑之间的张力。

四　历史教育的定位与张力

是否承认实证与存疑之间的张力，其实代表人们对历史教育的不同定位。一种定位是，历史教育是一种价值观教育，应当以确凿的史实承载国家、民族、社会、个人的种种信念，这样历史课呈现的内容应该是客观准确的；学生听讲、记录、背诵史实，代表了他们对史实承载的意识形态的认同，就能够完成历史课程价值观教育的目的。这样的做法，广大的中国学生应当不陌生。事实上不仅是中国，美国教育学者诺克斯（Jeffery D. Nokes）也曾经说，历史学家专业活动和学校中的传统教学方法差距之大，为其他学科所未见。基于此，中国台湾学者林慈淑也认为，学校课程中生物学课，学生需要进行实验解剖；数学课学生要时常演练计算；地理课学生得学习测量和实查；体

---

① 刘家和：《关于殷周关系》，《史学、经学与思想》，北京师范大学出版社 2006 年版。

育课学生得经常练习运动技能；英文课学生必须练习写诗作文。只有在历史课堂中，学生最典型的学习方式是听讲和背诵"史实"①。另外一种定位是，历史教育是一种建构历史学知识的教育，它带有历史学家的研究和思考，试图引领学生模拟学者的工作，通过收集、阅读和解析资料，从中寻求解决学术疑难问题的证据，并详加论证，尝试建构历史。随着新资料的涌现和研究的深入，人们的视角与想法也变动不居。这样整个学科的不确定性大于确定性，确凿的定论就少之又少。类似的做法在欧美习以为常。事实上两种定位都有其合理性，前者易于宣传一个民族精神与国家意志，后者易于训练学生的历史学术素质；前者能提供国民必备的历史常识与知识体系，后者能提供学者式的思维方式。但很明显，前者强调板上钉钉，客观性与实证的因素较强；后者认识到了思维的主观一面，不确定性与存疑的因素较强。

从今天中国历史教育的现实看，结合两种定位，是切实可行的做法。从学理而言，固然求客观之真是历史学的重要任务，但学术研究不可能完全排斥主观。因为主观的认识与客观的历史是辩证的矛盾，人们不可能抹杀其中一方面，否则学术也就不成为学术。正如刘家和先生所说，一旦史学家的角色是完全被动的反映的工具，还有什么史学的发展可言？如果清醒地认识到史学的求真总是有其具体的方面和层次的限度的，或者说总是在其一定的发展阶段上的，那么即使在我们对于一个具体的史学领域或问题取得求真的胜利的时候，我们也不会以为史学求真的任务有可能在一时一举告成的。② 从中国历史教育的现实而言，的确我们长期以来重视知识的积累，并且知识的积累为培养国民性以及历史学科能力打下了坚实的基础，但 21 世纪以来，发展学生的核心素养，培育学生应具备的、能够适应终身发展和社会发展需要的必备品格及关键能力成为时代需求，进而在复杂的情境下

---

① 林慈淑：《历史知识特质与历史教育方向》，载李帆、马卫东、郑林主编《21 世纪全球历史教育的发展与挑战》，社会科学文献出版社 2018 年版。

② 刘家和：《史学的求真与致用问题》，《学术月刊》1997 年第 1 期。

应用所学解决问题就格外关键。问题是，复杂的情境下的信息杂乱无章，能被实证的已知内容少之又少。有教育心理学家指出，往往学生在学校中遇到的许多问题，都是"结构良好问题"（well-structured problem），即问题有良好的解决方法。还有一类是"结构不良问题"（ill-structured problem），不是说问题本身有什么错或不适当，而是没有明确的解决途径，充满了模糊性。比如论文撰写时就经常遇到"结构不良问题"，真正的研究过程与人们曾经学过的理想化的科学过程往往不吻合，真正的研究方法远不及理想的科学方法那样有组织性。这个情况更普遍，更接近能反映的真实情况；"结构不良问题"需要"顿悟式思维"（insight thinking）来解决：人们打破束缚，以新颖的方法进行思考，多次对这个模糊的问题进行定义，直到找到可行的办法。① 这样的方式，带有非常强的不确定性；并且能够解决的问题也是有限的。"结构良好问题"能实证的因素多，而"结构不良问题"则很大程度上需要存疑，否则违反客观性。

调动学生已有的知识背景解决力所能及的一系列问题，兼顾国家意志与历史学科素养，故呈现出实证与存疑之间的张力，在我国历史教学中极其关键。有学者主张，历史教学势必要改变见物不见人的错误做法，不仅要发现创造历史的人和记载历史的人，也要发现解读历史的人，② 切中肯綮，但窃以为第三者在教学中最为欠缺。事实上，这里强调实证与存疑之间的张力，也是要发现解读历史的人。解读历史的是人不是神，就注定人们能够凭借努力解决问题的同时，也有一大批问题悬而未决。否则，不承认这一点，就是在历史解读这一维度上目中无人，历史就像反光镜一样易于被人捕捉到真理，这样也很容易陷入机械唯物论的渊薮之中。

---

① ［美］罗伯特·J. 斯滕伯格等：《教育心理学》，姚梅林、张厚粲译，中国轻工业出版社 2003 年版，第 288、289 页。

② 张汉林：《在历史教学中发现人》，《教育学报》2016 年第 2 期。

第十二章　史料遴选应是中学史料实证的重点

史料实证是历史学科素养的重要内容。新公布的《普通高中历史课程标准》指出："史料实证是指对获取的史料进行辨析，并运用可信的史料努力重现历史真实的态度与方法。历史过程是不可逆的，认识历史只能通过现存的史料。要形成对历史的正确、客观的认识，必须重视史料的搜集、整理和辨析，去伪存真。""辨析""运用可信的史料""整理和辨析""去伪存真"都说明求真是历史学的第一要务。在时下，史料实证在一线教学中出现的频度相当高，大有泛化的趋势，仿佛历史课上出现的所有内容都可以在教学中得到实证、做到无懈可击，仿佛学生上完历史课就能完成历史学家的研究任务，但恐怕并非如此。窃以为，就一线教师而言，中学教学应在史料遴选上下功夫，这样史料实证能有的放矢。

一　史料实证须分清不同层面

不少一线教师与教研员都反映，史料实证的落地，是实践中亟待解决的棘手问题。比如有老师在说课时大谈史料实证，教研员就问，您如何理解史料实证这一素养及其层次划分，并结合您的课，说明您是如何落实某一层次的史料实证素养的，这个老师竟然哑口无言。这样的情况并不是个案。史料实证非常复杂，它包含的内容很多，不同内容的要求也不同，如果只是笼统地说史料实证，无疑是难以下手的事情。史料实证的不同层面，我们势必要加以区分，问题才能讲清：

第一层面是论从史出，即不说空话，以常识自圆其说。

第二层面是甄别史料，即搜集材料，依据一定的历史知识在众多材料中有筛选，从而支持自己的观点。

第三层面是史料考据辨伪，针对某一材料，在大量证据的基础上论证其真伪，探讨其学术价值。

从学术性而言，三者由浅入深。第一层面是中学历史教学要求学生养成的思维习惯。第二层面是老师在中学一线教学中每天都要遇到的重要问题，是老师的必备素质；学生在中学经老师的引导下，也能具备这样的水平。第一、二个层面，中学生、中学一线教师以及有历史学科知识的一般人是可以做到的。但第三个层面，更多意义上需要专家学者完成，甚至专家学者也完不成、不得不存疑的例子也比比皆是。因为考据史料真伪，绝非一件简单的事情。这至少需要三个复杂的环节：

一是在现有的条件内，对这一问题的已知信息竭泽而渔，形成知识结构。

二是依据知识结构，利用一定的方法证实或证伪史料中的内容。

三是史料真伪的结论也非一成不变，如遇新史料再作新认识。

就此三点而言，一个人既需要有渊博的学术背景，又需要具有敏锐的鉴别力，更需要日常更新的知识结构。以考据著称于世的史学大家陈垣先生，谈论自己的治学经验时说："一、凡事之传说，不论真伪，必各有原因；二、凡研究讨论一事，如证据未充分时，决不可妄下断语；三、读书遇细微异同之处，亦不可忽略。"① 这样的工作相当之精专，中学一线教师，或者面对其研究领域之外内容的学者，缺乏相应的学力与经历，都是难以承担的。即便对专家学者而言，对其研究领域内某个问题进行辨伪，也要经历一系列抽筋扒皮式的思维撞击，毕竟历史留下的资料是非常有限的，并且历史是多面的，谁也不敢说自己所持的方法论就万无一失，越是古代史就越是严重。比如《史记·周本纪》中周武王大分封的记载，就与20世纪以来先秦史的研究成果不一致：大分封不在武王而在成康之世。司马迁的确是渊博的掌故达人，也是有深刻洞见的历史学家；但商末周初的历史，距离司马迁已经过去了千八百年，历次战火之后周代文献大量亡佚，且战国以后人们对周初开国历史进行过美化，使得汉代人看周代已经是云里雾里。这一点并不能责怪古代史家，因为古代史家也不是神。纵观史学名著，考证性的著作总被人们视为弥足珍贵的干货，道理就在这里。故此，历史学科中就有一句名言："说有易，说无难。"提出某一说法，作为一家之言，学者们习以为常；但用现有的证据，依据恰当的方法论予以考据，证实或证伪某问题，却难能可贵；即便考据获得结论，也不是一劳永逸，看似定谳的结论在新材料面前翻案的事也屡见不鲜。我们看一看古史辨派学者关于一系列古书的定论，近半个世纪以来随着出土文献的丰富屡屡被动摇，就能说明考证真伪的工作复杂之极；学者们掌握的史料、拥有的方法论都可能随时修正。这样的说法，应非夸张之辞。

　　新《课标》的制定，专家无疑是考虑到了这样的问题，在"学业质量水平"3—3中指出"能够对史料进行整理和辨析，并判断其价值"；4—3中指出"能够比较、分析不同来源、不同观点的史料"

---

① 陈垣：《顺治皇帝出家》，载陈乐素、陈智超编校《陈垣史学论著选》，上海人民出版社1981年版，第489—490页。

"能够在辨别史料作者意图的基础上利用史料""在评述历史时，能够对材料进行适当的取舍"①。这里的"整理""辨析""判断""比较""分析""辨别""利用"，还都是强调在若干条史料的对比下，遴选更为妥帖的内容，并没有上升到考据辨伪的高度，因为考据辨伪太难。我们教学的方向必须明确，否则工作勤苦而收获难成。许多专家学者总结治学经验说，做学问要"打得赢就打，打不赢就跑"，这不失为一种明智的态度。中学教学中能做到的，基本上属于上述第一、第二个层面。而第三个层面上，老师们没有必要"犯其至难、功其至坚"，因为一线实践中有太多教学任务需要完成；这样遴选并介绍学术大家的经典成果，为教学所用，是常见的做法。如果史料实证分解成论从史出、史料遴选和考据辨伪三个层面，突出中学历史教学该做什么，则有助于让老师们明确方向，找到核心素养的落脚点。

二　中学教学应在遴选史料上下功夫

不管是论从史出、甄别史料还是考证真伪，都要求教学中教师要细心分析研究、谨慎地汲取学术成果，否则教学实践就和史料实证的精神背离。三者中，论从史出主要涉及的内容是常识层面，人所共知或随手可查，老师出错的概率相对小一些，学生经训练也容易掌握；而亲自上阵做考证真伪的文章，并不是中学教师的长项，老师借鉴成果即可。所以甄别史料的工作，在一线教学中尤为关键，但这又是实践中的薄弱环节，因为不仅是学生，老师也很容易出问题。更多的情况是，不少老师习惯堆垒某些相关材料，忽略其典型性乃至真实性，讲不出何以选取此材料而非其他材料的理据。学生无疑会被老师牵着鼻子走，如果史料遴选不慎，就形成错误知识，不仅培养不了学生的史料实证素养，老师自己就和实证精神相背离。上述《史记·周本纪》中周武王大规模分封的记载，不少老师在教学中使用，原因不外乎两个：一是这一材料简洁直白，信息量大，涉及分封的诸多内容，正好符合教学的要求；二是想当然认为武王伐纣之后天下升平，理应存在大规模分封。于是对司马迁所说不加思索，未进行学术背景的考量，产生史实上的偏差。但遴选史料的偏差通过下功夫是可以避免的。平常教学中，老师会让学生养成鉴别史料可靠性的能力，分清一手史料、二手史料，用历史常识挑材料的漏洞，这些实践自然没有问题。但老师课上的教学，对学生有着明显的引导作用，只有老师自己不出硬伤，才可能引领学生走向正轨。窃以为，除上述鉴别史料的经验之外，对老师来说，以下三方面尤其要引起我们的注意。

其一，遴选史料不应欠缺学术背景。在 21 世纪的今天，学术已经下移到中学，老师们一般都能在实践中应用学术信息作为教学的支撑。但拥有学术信息，未必拥有学术背景。前者是支离破碎的、不成系统的信息堆垒，后者是成系统的、结构良好的、处于不断发展中的知识体系。教学所引史料是否正确，并非一般人能一眼看出，势必要借鉴相关的学术背景。像周初分封的历史问题，20 世纪的先秦史、考古学研究，已经给人们带来比较清晰的认识；名家对此的讨论洋洋大观，学术界很少有学者相信司马迁所说武王时代存在大规模分封。绝大部分西周史研究的著作，都能呈现出这些知识结构，包括武王灭商后短命而终、周公辅政成王、三监之乱爆发、周公东征平叛、分封亲戚功臣等系统的内容。如果一线教师拥有这样的学术背景，也就不会出现上述偏差。的确，拥有完备的知识结构是很不容易的事，更多的老师习惯于照本宣科，已形成思维定式；在师范生的教学过程中，我们也发现，即便在校大学生，能够把学术资源转化为教学资源的学生也是少数。比如有师范生讲秦的暴政，用杜牧名篇《阿房宫赋》说"六王毕，四海一，蜀山兀，阿房出。覆压三百余里，隔离天日……"竟然"楚人一炬可怜焦土"，感染力非常好。可是《阿房宫赋》毕竟是文学作品，不仅虚构的情节很多，而且也和近年的学术研究不吻合。2002—2004 年中国社会科学院考古所等单位的考古工作人员对阿房宫前殿遗址进行勘查，细密勘查面积达 35 万平方米，未发现一处被大火焚烧过的痕迹；如果阿房宫大规模被烧，应该有大量的草木灰才对。最可能的解释就是阿房宫根本就没盖成，项羽烧的应是咸阳宫，在咸阳宫发现大片被焚烧的遗迹，并且《史记》等较早的文献都说的是项羽火烧咸阳宫，而不是阿房宫。① 所以在课堂上使用《阿房宫赋》就应该谨慎。再如有老师在讲战国合纵连横时，会举苏秦和张仪斗争的故事，《史记》等文献说得天花乱坠，两人将天下玩弄于股掌之中。但《马王堆纵横家书》的出土颠覆了这一点，学术界主流观点认为张仪和苏秦不是一个时代的人，张仪比苏秦要早 30 年，张仪是秦惠文王时期的人，苏秦是齐闵王时期的人，② 于是战国许多史实得以澄清。不少教材也赞同这一成果，我们上课就不应该不参考。有当代考古学家指出，应用考古学材料及研究成果，为社会服务，这些实践并不乐观。现在的中小学历史课本内容一般落后于我们的考古学研究水平三十年，还有不少是落后五十年。"合着我们研究历史和考古，累得吭吭哧哧的，都白忙乎了。"在学术研究光辉灿烂、学术背景愈发完善的今天，这种现象不能不说是很大的遗憾；搜罗学术信息已经不是什么难事，养成学术背景确是一个长时间的工作。我们的时代越来越呼唤学者型的老师，拥有良好的学术背景，能够把学术的知识结构转化为教学资源，这样我们的课堂能进一大步。

其二，老师选取史料时，应尽可能减小对历史现象想当然的成见。一线教学中，不少人习惯按照先入为主的成见搜罗材料，但这也许就和史实相悖：毕竟我们的成见是现代人的思考。荀子说，"凡人之患，蔽于一曲而暗于大理"（《荀子·解蔽》），头脑里有成见的同

---

① 阿房宫考古工作队：《阿房宫前殿遗址的考古勘探与发掘》，《考古学报》2005 年第 2 期。

② 唐兰：《司马迁所没有见过的珍贵史料》，载马王堆汉墓帛书整理小组《战国纵横家书》，文物出版社 1976 年版，第 126 页。

时已经产生排他性。比如形成对周武王大规模分封的错误理解，就和几个成见有关。第一是受《封神榜》等民间故事的影响。《封神榜》故事中武王灭商以后姜子牙封神，自然而然会有人比附成大规模分封。民间故事的渗透力，远比文献典籍带来的历史知识要大。第二是受战国古史观的影响。《吕氏春秋·慎大览》与《礼记·乐记》都记载，武王克商之后散马于华山、散牛于桃林，刀枪入库，俨然一片天下太平、兵不复起的景象，应当说这是战国人的古史构想，既不符合史实，也不符合常理。不仅伐纣的战事"血之流杵"（《孟子·尽心下》引《尚书·武成》），而且武王灭纣之后的形势还十分凶险，按照比较可靠的文献《逸周书·世俘》记载，在甲子商纣自焚后，武王向四方征讨，战端频仍，绝非歌舞升平。第三是司马迁《史记》的名头太大，人们拿权威言论当作真理。事实上司马迁已经距离周初千八百年，许多问题已经说不清了。其实在平常教学中，"蔽于一曲"的成见不少见，很多都是没有深入了解学术"大理"所致。如不少人先入为主，认为"罢黜百家"钳制思想，用董仲舒的"道之大原出于天，天不变，道亦不变"来说明其保守性，但这的确是不翻书导致的误解。如果我们看董仲舒《汉书·董仲舒传》中《举贤良对策》的语境，就会发现在这一句之后，董仲舒引申说："是以禹继舜，舜继尧，三圣相受而守一道，亡救敝之政也，故不言其所损益也。繇（由）是观之，继治世者其道同，继乱世者其道变。"董仲舒指出尧舜禹是治世，所以不必改革；但乱世一定要改革。他强调，汉得天下以来，常欲善治，而至今不可善治者，"失之于当更化而不更化也"。董仲舒恰恰是让汉武帝"退而更化"。也有人用董仲舒的"屈民而伸君，屈君而申天"（《春秋繁露·玉杯》）来说明董仲舒"罢黜百家"背离民本思想，也是先入为主的成见，学者经过仔细考辨，指出这一句不能说明董仲舒反对民本，这里的"民"应该指的是诸侯国君，老百姓没有权力，不能和中央王朝对抗，只有诸侯国君有实力和中央王朝对抗，"屈民而伸君"正是亲历七国之乱的董仲舒总结出的历史教训，旨在维护统一；"屈君而申天"有讨伐无道昏君的汤武革命的意味，本身就包含了民本思想。[①] 当然，我们的历史知识结构，是通过经验架构起来的，经验在流传过程中就不可避免地带着成见，以偏概全、移花接木甚至无中生有的事司空见惯。但是把握好学术资源，老师自身形成知识体系，就距离历史面貌越来越近，在很大意义上削减我们的成见。

其三，前代留下的史料基本上是碎片化的，能够完全迎合教学需要的、和《课标》乃至教材重难点内容极其一致的史料，在浩如烟海的文献之中，是凤毛麟角的。明晰这一点，我们在教学中遴选碎片化的，但能提供逼真的历史情境的史料，就是较为稳妥的做法。在实践中老师都有这样的体会：翻书找半天，也找不到几条能拿到课上用的资料。也有学者戏称，找资料是"上穷碧落下黄泉"，但结果是"两处茫茫皆不见"。那些和我们教学意图严丝合缝的文字，也可能是人们出于特定的目的捏合而成，未必可靠。《周本纪》中武王时代大分封的资料，也系司马迁以前战国时人捏合"褒封"以及周公、成康时代分封"亲戚"的古史而成，营造出周初开国后封赏功臣的盛世色彩，带有比较明显的理想化意图。这样的内容有前代的史影，更有后人的移花接木，虽然巧合于中学教学中分封制的大部分信息，但可靠性比较差。又如有的老师讲授《古希腊民主政治》时，用一个叫"帕帕尼"的雅典公民当资料，帕帕尼去开公民大会，参加陪审团，看到陶片放逐等，但这个材料应是人们为了串联起教材内容而虚构的，闹出了笑话。再如有的老师为了讲授工业革命的影响，采用了1851年伦敦世博会上，外国人批评中国手工艺品落后的故事，从而导出近代中国的积贫积弱，可这与史实明显不相符，因为1851年世博会上中国产品很受外国人青睐。还有老师讲授明末清初三大思想家顾炎武、黄宗羲、王夫之，虚构了三先生谋面的经历，使三先生对

---

① 周桂钿：《董仲舒天人感应论的真理性》，《河北学刊》2001年第3期；王永祥：《董仲舒评传》，南京大学出版社1995年版，第351页。

话，但这毕竟是缺乏文献依据的臆想。契合教学意图的材料在典籍文献之中之所以罕见，是因为《课标》和教科书是现代人编的，与古人的经历和知识结构基本上不是一个体系。典籍文献或学术著作中，关于中学教学的某一事件、概念的记载，是支离破碎、语焉不详甚至乱七八糟的，这才是正常的现象。比如，我们看不到周初分封的完整资料，但能通过《左传》定公四年中春秋卫国贵族祝佗之语了解周初分封晋、鲁、卫三国的些许片段，通过《左传》僖公二十四年中富臣之语大体了解"以蕃屏周"的"亲戚"大体有哪些，能通过克罍、宜侯夨簋等铭文了解某一诸侯国受封时的概貌。这就决定了中学教学中史料需要仔细遴选，很多时候都是用典型的碎片来说事。老师要善于解析碎片化的史料，这样做的好处在于，一方面较为逼真地把学生带入历史情境中，少出硬伤；另一方面能够提供较为复杂的历史情境，利于学生思考，因为情境的复杂程度与核心素养的难度成正比。

三　史料遴选的窥一见全

遴选史料在中学的实践中，还遇到的一个问题是，选多少史料才能说明问题？有老师认为，是不是说把《史记·周本纪》《左传》僖公二十四年、昭公二十六年和定公四年等不同时期记载分封的记载，以及青铜器铭文记载等考古资料都在课堂上摆出来，这样占有数量优势才叫史料实证，才能把分封说清楚。这样的看法似乎也不合适。

一方面，所有分封的资料一股脑在课堂上甩给学生，貌似气势磅礴，但是缺乏内在的逻辑。比如《史记·周本纪》和《左传》若干材料的内容就有很大重合之处，涉及分封的青铜器铭文基本是册命，记载内容也是千篇一律，流露的信息是有限的；以为说清楚了，实际上许多问题还是悬而未决。并且这若干材料的信息也有矛盾，《史记·周本纪》说武王分封，《左传》僖公二十四年说"昔周公吊二叔之不咸，故封建亲戚以蕃屏周"，昭公二十六年说"康王息民，并建母弟，以蕃屏周"，定公四年说"昔武王克商，成王定之，选建明德，以蕃屏周"。这几条的时间就不一样，人们会问为什么如此？并且罗列材料也不能保证信息竭泽而渔。所以这样做意义就不大。

另一方面，老师的课时量是有限的。有学者把当今中学历史教学活动分成两类，一类是讲授式教学，其中穿插若干探究活动；另一类是探究式教学，讲授只是其中串联的线索。前者适合于大多数的学科课程体系下的常态历史课，后者适合于研究性学习课程或者综合实践活动课程。① 之所以这样，是因为试图解决某个问题并不是一件简单的事，而课时是有限的，探究性活动要耗费大量的时间精力。这样知识的体系性势必受到冲击，就形成了探究活动与知识体系性之间的矛盾。如果直接甩给学生一堆古文献乃至铭文，不要说吃透，就是厘清字面的内容都是个艰巨的工作。

所以，教学中遴选典型的片段，窥一见全，以学生易懂的语言表达出来并深入剖析，就能深入情境，起到史料探究的作用；而一节课上出现若干探究活动，以老师的讲授将之串联起来，就能顾及体系性的同时，不失探究的深度。

比如有老师用《左传》僖公二十四年的富辰所说"昔周公吊二叔之不咸，故封建亲戚以蕃屏周"一句，来说明分封的问题，就值得借鉴。老师出示材料，略加解释：周武王死后爆发了管叔、蔡叔参与的反周的三监之乱，给周政权重创。这时武王之子成王即位，周公旦辅政。平息了三监之乱后，周公旦有感于管叔、蔡叔的不善（"不咸"），试图改变沿袭商代外服制的做法，推行分封制（"封建亲戚"），使之屏卫周室。老师设问："周公吊二叔之不咸"，周公旦从中得出的历史教训是什么？老师引导学生往三监之乱前的国家结构上思考，周初沿袭商代外服制，国家结构松散，外服异族离心离德，所以管叔、蔡叔勾结殷民导致三监之乱。只有改变外服的格局，才能实

---

① 郑林：《历史课程教材教法研究》，社会科学文献出版社 2018 年版，第 10 页。

现长治久安。周公旦这里分封的主要是哪些人？老师引导学生把握住"亲戚"二字。"亲戚"是指和自己有血亲和姻亲的人，唐朝学者孔颖达对认为，"亲"指族内，"戚"言族外。前者是周人的同姓，即"兄弟之国"；后者是与周人联姻的异姓功臣，即"甥舅之国"。他们构成了分封的主要力量。周统治者分封自己的同姓与功臣，为什么能实现"以蕃屏周"？分封制与商代的外服有什么不同？老师引导学生从分封的实质思考，分封的推行，是通过周人自己的血缘政治纽带，取代先前外服制盘根错节的地方势力，使得异族势力难以反叛，从而实现了不同族群的杂居。

这样一方面呈现出典型的、符合历史实际的史料，以简练的形式表达出来，学生易于融入具体情境；另一方面老师窥一见全，基本能把史料背景信息吃透，抠住若干关键信息深入挖掘，不浪费材料，体现历史学科的深度。这样的做法，在实际教学中更行之有效。

第十三章　史料研读与历史感的建立

史料研读是历史教学的重要任务，但在一线教学中我们常常见到这样的现象：老师处心积虑把课上用的材料印成卷子，带领学生逐条研读；但一堂课下来呼应老师的学生屈指可数；即便是参与研读的学生，一节课后让他复述学到了什么，不知所云的也大有人在；更有学生抱怨史料研读枯燥乏味，甚至希望老师好好讲课。我们面临的一个瓶颈是，学生对史料研读的热情不高、参与度不大，进而引领学生融入历史情境、运用知识解决问题、涵育素养的工作难以落实。究其原因，除了老师的教学设计与实施策略有问题之外，所选材料本身的问题也不容忽视。如果老师呈现的材料脱离了历史感，为走过场而用材料，就大大降低了教学活动的魅力。我们说，历史感应让学生融入历史环境中，体会到"人事有代谢，往来成古今"的穿梭变迁之感。拥有历史感的好材料应包括几个特征：一是材料应以史料为主，有力地反映当时的社会面貌，具备充分的可信度。二是材料是过程性的"史"，能够反映特定场景中历史的变迁，而不是静态的"论"。三是材料须具有一定的吸引力，呈现方式应该多样化，能够较容易地把学生带到历史场景中。四是材料应运用学生已有历史知识与生活经验有效地进行解读。五是材料不应当贴标签，可有可无，应结合背景深入剖析。在教学中，如果教学材料能够传达清晰的历史感，历史课的气氛应是另外一个样子。

一 材料应以史料为主

史料实证是当下历史学科核心素养之一，但在实际教学中大量出现的并不是史料（source），而是材料（material）。但两者的差别在于，对于某一历史现象而言，前者应是一手的，可以逼真地呈现它发生场景的某一侧面，是根源（source 即根源）；后者可以是后人对这一历史现象的叙述与看法，例如教学中大量采用的论文与专著（它们只有在研究论文与专著作者的学术思想时才能称作史料；广义上后者包含前者，故本章出于方便多用材料一词）。我们习惯于后者，甚至无材料不讲课；但论文、专著的大量内容是学者的"论"而不是当时的"史"，并且它们带有学术研究的概括性、理论性与枯燥性。比如有老师用谢和耐《中国社会史》相关内容来呈现宋代的城市生活：

> 7—8 世纪的其他重要城市首先是贵族和官府的城市，那里的国家政权极力将所有的商业活动都置于其严格的控制之下，但开封却提供了商业生活和消遣娱乐活动占突出地位的居民区的第一个例证。政权机构及其人员从这个时代起就与大部分是由平民组成的典型城市居民保持着直接接触，而经济发展高潮也突破了所有那些倾向于使城市保留其贵族特征的古老规则。开封从 1063年起取消了灯火管制，大家于夜间可以自由行走。贸易和消遣地点（瓦子，即后来于杭州获得了巨大发展的娱乐区）直到黎明都始终开放。但将商业和手工业活动限制在特定区域（厢坊）中的规章似乎失效得更早：店铺和作坊建立于整座城市中。

这样的材料问题在于：一是文段已经接近三百字，占 PPT 满满一版；学生的阅读量非常大，势必要硬着头皮读，但能否看得清都是问题。二是谢和耐是当代法国汉学家，他对宋代社会的描述明显不是史料，而是基于文献记载的提炼。三是文段概括性很强，前半部分基本属于作者的评论，甚至"开封却提供了商业生活和消遣娱乐活动占突出地位的居民区的第一个例证""政权机构及其人员从这个时代起就与大部分是由平民组成的典型城市居民保持着直接接触""而经济发展高潮也突破了所有那些倾向于使城市保留其贵族特征的古老规则"等语句很拗口，带有西方人特有的叙事风格；后半部分介绍开封的夜生活与城市结构的新变化，但仍是缺少历史情节的结论。这些内容其实没有呈现出太多教科书之外的新信息，也很难形成学生运用历史知识进行解读的生动情境。故此这段材料完全可以替换成带有生动细节的史料。有老师进行了有益的尝试。例一：

　　今天北京前门外还有"大栅栏"的地名，你知道其中原因吗？明清不少城市的胡同口都有大栅栏，参考清代北京城绘制的清院本《清明上河图》中就出现过胡同口的栅栏，这说明当时推行夜禁制度，通过关闭栅栏限制人们的夜间活动。但在宋代画家张择端的《清明上河图》中，偌大汴京城找不到任何一处栅栏；反映汴京与临安风貌的《东京梦华录》《武林旧事》《梦粱录》等文献也没有"栅栏"或类似设施，这说明了什么信息？很显然宋代汴京临安等大都会的夜生活繁荣，和明清很不相同。

例二：

　　宋人蔡绦的笔记《铁围山丛谈》记载：天下人以蚊子叮咬为苦，唯独汴京的"马行街"没有蚊子。因为蚊子厌恶燃烧的烛油，而马行街是"京师夜市酒楼极繁盛处"，"人物嘈杂，灯光照天，每至四更鼓罢，故永绝蚊蚋。"这与唐初长安城市面貌相比，出现了怎样的变化？

例三：

> 张择端《清明上河图》中，汴京城外"脚店"（供人临时歇脚的小型客栈）以及城内的"孙羊正店"（上规格的豪华酒店）门口都竖立着书写店铺名称的"灯箱"，这是为什么呢？显然是夜间营业的需要，这和今天的霓虹灯广告已经相差无几，说明宋代都市夜生活异常活跃。

这三个事例有着共同的特点，都不是材料而是史料。《清明上河图》的学术价值自不必赘述，蔡绦是蔡京的小儿子，目睹两宋之交的历史变局，其《铁围山丛谈》在宋代笔记中是非常重要的一种，素为历史学家所重。这样的内容能够提供更多历史现象的可信场景，诸如宋代汴京不设栅栏、马行街无蚊虫之扰以及汴京店铺已有"灯箱"等信息是后人难以捏造的，大大充实了我们对历史现象的认识。这样能够有效地避免材料带来的隔靴搔痒、语焉不详的局限，把学生引入古人社会生活的丰富世界中，从而有效地落实历史感。

但史家与一线教师面临的一个棘手的问题，就是针对某一久远的历史现象我们找不到可靠的史料，能够找到若干材料支持已属不易，这在中国上古史领域非常明显。我们只能退而求其次，在力所能及的范围内寻找关于这一现象的较早、较合理的记载。顾颉刚先生提出层累地造成中国古史时说："在这一点上，我们即不能知道某一件事的真切的状况，但可以知道某一件事在传说中的最早的状况。我们即不能知道东周时的东周史，也至少能知道战国时的东周史；我们即不能知道夏、商时的夏、商史，也至少能知道东周时的夏商史。"[1] 传说中最早的状况，是退而求其次的材料而非史料，但并非全无依据，虽经古人口耳相传可能产生背离史实之处，但我们不可否认它带有相当的

---

① 顾颉刚：《与钱玄同先生论古史书》，载王煦华选编《顾颉刚选集》，天津人民出版社1988年版，第102页。

史影；况且古代史官有法，晚出的资料很多时候会保存很古老的信息。像五帝到夏王朝的文献记载，无疑都是东周以后的追溯；但文献记载表明上古文化虽然多元但存在一体性。正如严文明先生所指出：中国"分裂时不忘统一，统一时努力维护统一"，其中原因很多，"最重要的原因就是存在一个文化中国的基础"。"先秦乃至史前时期存在一个文化上的早期中国，或早期中国文化圈"，"这个文化上的早期中国萌芽于新石器时代中期的公元前 6000 年，而正式形成于新石器时代晚期的公元前 4000 年前后，直至商代晚期以前"①。于是教学中我们完全可以利用种种史影来解决问题，比如五帝谱系、尧舜禅让和大禹治水都能表明，中国早期文明的传承不仅没有中断，而且中原王朝的权力愈发加强。

二　材料应是动态的"史"

教学中我们习惯于把专业文献中反映当事人所思所想的材料呈现给学生，这种实践是有效的，但是须注意区分当事人的"论"与"史"。材料是过程性的"史"，能够反映特定场景中历史的变迁，而不是静态的"论"。静态的"论"从概念到概念，从理论到理论，脱离了具体的历史背景与历史现象的演变过程，带有去历史化的倾向，不能不说是历史教学的忌讳。有老师针对董仲舒的"大一统"，呈现《汉书·董仲舒传》相关资料并予以诠释：董仲舒向汉武帝建议，孔子《春秋》"大一统"是"天地之常经，古今之通谊（义）也"。唐代学者颜师古对此的解释说："一统者，万物之统皆归于一也。《春秋公羊传》：'隐公元年，春王正月，何言乎王正月？大一统也。'此言诸侯皆系统天子，不得自专也。"所以"大一统"就是中央加强对国家政治、经济、思想文化、军事等各方面的统一领导，形成高度中央

①　严文明："序"，载韩建业《早期中国：中国文化圈的形成和发展》，上海古籍出版社2015 年版，第 1 页。

集权的政治局面。这种诠释并非不对头，但问题在于：一是，董仲舒的"论"是静态的，如果不是放置在动态"史"的环境中，学生就难以形成深刻的认识；二是，在上述"论"中，一堆信息没有理清，"大一统"何以是"天地之常经，古今之通谊也"，《春秋》和"大一统"有什么关系，《春秋公羊传》中的"春王正月"是怎样的意思，"归于一"的"一"又指什么，并没有讲清，老师也不容易解释明白。窃以为，种种晦涩费解的"论"，固然是古人的可靠说法，但学生接受起来并不容易；即便老师花大力气把这些信息讲清楚，学生也会晕头转向。与其如此，不如在历史环境中讲出"大一统"的始末。有老师阐述的入手点就很到位。

例四：

《汉书·董仲舒传》记载，董仲舒在回答汉武帝策问提出"大一统"理论后，被汉武帝派到江都王刘非那里当相。刘非是汉武帝的哥哥，骄纵暴躁。但神奇的是他并没有虐待董仲舒，因为董仲舒德高望重，名满天下。此时刘非把董仲舒比作管仲，这说明什么？他有野心，希望董仲舒辅佐自己，就像管仲辅佐齐桓公一样，以对抗朝廷。但董仲舒应用《春秋》"大一统"理论对刘非的言论进行了规劝，指出"夫仁人者，正其道不谋其利，修其理不急其功"，即仁人端正社会的大义而不谋求自己的小利，修治社会的公理而不急于私人的成就。你能从中捕捉董仲舒的理论针对谁？为什么董仲舒会以《春秋》为载体？董仲舒"大一统"理论的意义何在？不难发现董仲舒的理论针对诸侯王；而相传孔子写定的《春秋》不仅是刘非等当时人熟悉的历史书，也是寄托着统一秩序的政治蓝图；董仲舒主张"大一统"从上古到汉代都一以贯之的规律，不得违背，从而伸张君权，对诸侯王的势力形成了思想约束。

　　这一事例中，老师的教学活动优点很突出：避免了太费解的文言语词与抽象理论概念，采用文白交错的语言，力图通过叙事呈现出比较生动的历史场景，防止从概念到概念的去历史化论证。老师突出的是，"大一统"理论背景不是泛泛的、大而化之的，而是拥有历史针对性的；"大一统"理论的价值不是通过说理性文字呈现，而是通过董仲舒与刘非交锋的具体斗争呈现；蕴含着丰富政治智慧的《春秋》，其内容为汉代人熟知，自然成为思想家阐述观点、说服人心的重要载体。这样比较枯燥的理论在历史发展过程中显得有血有肉。

　　再如我们经常用《后汉书·蔡伦传》的记载"元兴元年（105年）奏上之，帝（东汉和帝）善其能。自是莫不从用焉，故天下咸称蔡侯纸"来说明纸的普遍使用，或以唐张怀瓘《书断二·左伯》"汉兴有纸代简，至和帝时，蔡伦工为之，而子邑（左伯字子邑）尤行其妙"作为佐证。但应注意，《蔡伦传》这里的"自是莫不从用焉，故天下咸称蔡侯纸"是古人的"论"，并非确凿的"史"，而左伯纸的适用范围也是非常有限的。因为汉魏时期简牍帛书作为官府公文的主要书写材料迟迟没有退出历史舞台，它们不仅取材方便，也比纸张更能持久保存。长沙走马楼吴简等大批出土资料表明，《三国志·魏书·曹植传》中"功铭著于鼎钟，名称垂于竹帛"的记载是客观的，纸张取代简牍帛书是一个漫长的过程。这就不如老师用"史"来澄清这一问题：虽然蔡伦改进造纸术，也产生了一定的影响，但是当时大量使用的还是简牍帛书；直到思想文化非常活跃的魏晋时期，简牍帛书已经不能满足人们的书写需求，纸张才大幅度普及，《晋书·左思传》言豪贵之家竞相传写左思的《三都赋》使得"洛阳为之纸贵"就是一个缩影。通过"史"来表达"论"，呈现出历史变迁的流动感，是历史学科独有的特色。

三　材料呈现方式须多样化

　　在实践中我们往往会形成错觉，认为研读史料一定是钻进故纸堆里，下功夫整理大量文字资料。不可否认，史家的确要长期面对枯燥乏味、七零八碎且浩如烟海的文献，但这不应该是中学史料研读活动的常态。因为老师面对的是涉世不深、心灵娇嫩且未经学术训练的中学生，他们以后成为历史学者或从事历史学术研究的可能性并不大，甚至相当数量的学生对历史学科的理论与方法不感兴趣。所以历史课堂上研读的资料，势必要有一定吸引力，能够比较轻松地把学生带入历史情境。史料的呈现方式应该是多样的，绝非史家阅读大量的文段一种。像前文所说把海量材料印发给学生的做法可能是欠妥的：一方面分析材料需要大量精力，一堂课信息量大，老师安排探究活动的空间很有限；另一方面学生也未必感兴趣，他们的阅读能力和分析能力都是有限的，如果参与者寥寥无几，这样的探究无疑低效或者失败。只要能够传达正确的知识，并且生动有效，形式应不拘一格。

首先，老师叙述材料中的情节，应是呈现材料的重要方式之一，绝不应该视为填鸭。大历史学家何兹全先生曾经指出，给初中学生讲历史可以不讲大理论，"一个朝代，选一些事，讲生动，讲清楚就行。人与人之间的斗争，思想斗争，有血有肉，生动形象"①。固然教材可以叙事，但是历史教学中最重要的叙事主体就是主讲人。这里的讲，不是不问青红皂白满堂灌，而是结合教学需求和学生特点，老师用生动的叙事性的语言把具体的历史信息陈述出来（而不是概括性文字），前文所述老师铺陈《铁围山丛谈》以及《汉书·董仲舒传》相关内容就是很好的例子：在叙事过程中展开历史情境，到一定时机抛出有深度的问题。这样一方面能够有效提升课堂的吸引力，做到何先生所说的"有血有肉，生动形象"；另一方面能减少学生对材料的畏惧感。如果多年后历史课还在学生头脑中有印象，老师讲好史实就是其中关键的因素。

---

① 何兹全：《著名史学家谈中学历史教材问题——何兹全先生访谈录》，《历史教学》2002年第11期。

其次，通过图片、影像等直观材料呈现历史信息，也是呈现材料的途径。较之于阅读文字与聆听讲述而言，图片和影像材料有着非常明显的优势：一是更能吸引人们的眼球；二是提供语言文字难以描述的更为丰富的信息；三是呈现出历史的复杂性，为问题的探究提供了广阔空间。进而挖掘古代文物、绘画等具象信息，寻求和课堂教学的结合点成为合理的叙述手段。前文中老师挖掘《清明上河图》细节，运用已有的知识与经验来解读宋代社会风貌，就产生较好的教学效果。更值得称道的是，不少老师能巧妙地挖掘教科书中图片的历史信息为教学服务。比如引领学生分析后母戊鼎的图片，解释后母戊铭文意谓商王祭祀母亲戊，说明商代统治者对祖先神灵的祭祀是无以复加的，表现出商代王族思想观念中的尚鬼之风与重视血缘的色彩。这样能很好地消化教科书知识，挖掘深度，但不给学生增加额外的信息压力。

最后，可以通过学生的讲述呈现材料。在不少老师的课堂上，学生的参与度非常高，不仅是老师预设问题的应和者，还能提供一定的材料和老师展开讨论。比如老师讲宋代澶渊之盟，就有学生能补充寇准在澶渊之盟中力主宋真宗亲临前线的史实。这样也能分担老师的教学压力。老师须确认学生所说的内容属于正确的知识（也可以在课前布置相关同学查阅资料课上呈现），针对学生所说内容中和教学重点相关的部分进行分析解读。

窃以为，材料之所以在教学实践中出现，目的在于有力地提供历史情境供学生思考；倘若因为提取信息造成不必要的障碍影响思考，就不能不说是历史教学的掣肘因素。我们主张材料不在多而在精，一节课能出现三五个激发学生思考的好材料就很成功，没有必要各个历史现象都出材料，也没有必要所有材料都以文字形式呈现：能叙述清楚的材料就不出文字，能用图片影像呈现的就可以减少叙述，这样一节课会更加简洁紧凑。

四 材料能用历史知识解读

既然一节课的时间很有限，那么材料的遴选一定要与教学重点一致，否则就本末倒置。每一段材料都应该仔细解析，并针对历史情境设计有效问题；学生能够把材料中的历史信息与自己的常识相对应，运用历史知识解读新信息从而涵育历史学科素养。但问题是平常教学中，有相当的材料学生并不具备常识，或者难以用常识进行解读，这样老师也难以设计有效问题。比如《中外历史纲要》第一课《中华文明的起源与早期国家》，有老师用某种大学讲义《中国古代史》来说明炎黄故事："黄、炎两族最初居住在今陕北的黄土高原上，后来向东移。黄帝族的迁能路线偏北些，东渡黄河以后，沿着中条山、太行山的山边地带直到今冀北地区，炎帝族的迁徙路线稍偏南，顺着渭水和黄河两岸发展至今河南以及冀南、鲁东北一带。他们在迁徙过程中曾与所迁地区的部落发生过斗争。《逸周书·尝麦》说炎帝族和鲁、豫一带的蚩尤族发生冲突，并被打败。黄帝族应炎帝族的请求而与蚩尤族展开战争并赢得胜利。但炎帝族却图谋对各部族的主导地位，于是黄帝与炎帝战于阪泉之野，炎帝族战败并归服了黄帝。此后黄帝族与炎帝族联合，在我国广大的中原地区占据了主导地位，影响广泛。"这一材料对于高一学生来说有难度，一是因为上古时期部族迁徙是学术界的难题，文中出现了大量地名，学生在脑海中要对它们有清晰的定位才能明白材料说了什么；二是炎黄历史扑朔迷离，相当的问题学者们也莫衷一是，学生对其中史影更是缺乏相应的知识结构，故此这样的材料是很难形成有效的学生活动，即便是老师读一遍，不少学生也听得云山雾罩。与其如此，就不如不出材料，老师用几句简练的语言澄清黄帝战蚩尤与阪泉之战的梗概，把精力留到商周历史这样有话可说、可以形成有效设问的内容那里。还有的情况是，老师呈现的材料的确是学生有话可说的话题，学生之所以不能解读，是因为材料交代的背景知识不够。比如讲班超经营西域，老师只用材料交代了投笔从戎的故事，班超经营西域的背景仍无从得知。老师势必要指出（出材料和讲述皆可，后者为上），西域诸属国因王莽改制失败激化了社会矛盾与民族矛盾，纷纷脱离中央王朝管辖，为北匈奴所控；北匈奴得到西域的人力物力之后有恃无恐，屡屡进犯河西边地，各族人民深受其害。所以永平十六年（73 年），奉车都尉窦固等人奉命出击北匈奴，班超随之远征。这样把班超经营西域放置在两汉之交的社会背景中，学生才能体会到历史感，从而有话可说。前文所举用《清明上河图》细节以及宋代笔记来探究宋代城市风貌的例子就比较成功，学生能够依据知识储备与生活经验解读生动的新信息，在运用知识形成素养的过程中发挥了历史学科的作用。

五 材料不应贴标签

无材料不上课，一个现成的结论匹配一条或者几条资料，而不去深究其深层次的历史内涵，则只是用材料装点课堂，势必会造成材料的形式化。这种情况在英国学者柯林武德那里被称为"剪刀加糨糊"的史学：它"依赖权威的证词"，"实际上根本就不是历史学，但是我们对它又没有别的名称"。"它所赖以进行的方法，首先就是决定我们想要知道什么，然后就着手寻找有关它的陈述"，"在这种陈述中找到了与他的目的有关的某些东西之后，历史学家就摘抄它，编排它，必要的话加以翻译，并在他自己的历史著作中重新铸成他认为是合适的样式"。柯林武德重申指出："它并没有满足科学的必要条件。"①处处贴"史料实证"的标签、步步留痕但都轻描淡写不深究，不仅形式就大于内涵，而且会产生硬伤。比如有老师把西汉中山靖王刘胜墓中的金缕玉衣当作地方权力威胁中央的证据，以为一般只有皇帝的玉

① ［英］柯林武德：《历史的观念》，何兆武、张文杰、陈新译，北京大学出版社 2015 年版，第 254 页。

衣才能用金缕，而刘胜明显是僭越。貌似能当作诸侯权力膨胀的证据，但深究起来这一说法明显是先入为主的臆断，其中很重要一个原因就是缺乏科学性的"剪刀加糨糊"。一是金缕、银缕、铜缕玉衣的等级制度在东汉正式形成，西汉时期尚未如此明确，考古资料表明西汉诸侯王、列侯的玉衣多用金缕，也有使用银缕、铜缕、丝缕者。[①]二是西汉下葬制度非常严格，朝廷对诸侯王葬制有明确的规定，不轨的诸侯王死后不能使用玉衣。比如汉武帝时期畏罪自杀的济北王刘宽，死后就没有使用玉衣，下葬非常草率。[②] 三是《汉书》等文献说"日听音乐，御声色"的中山靖王刘胜并无不轨的行为。刘胜使用金缕玉衣下葬，表现出对朝廷制度的尊重与恪守，也反映出朝廷对遵纪守法诸侯的首肯与赞许。这样中山靖王刘胜墓出土的金缕玉衣非但不能说明诸侯势力威胁中央，反而意味着中央对地方诸侯的有效控制，所以完全可以当作汉武帝加强中央权力的佐证。

史料研读是建立历史感的重要手段，但这并不是一件容易的事。宋代大儒吕祖谦谓："列子曰：人之所游，观其所见；我之所游，观其所变。此可取以为看史之法。大抵看史见治则以为治，见乱则以为乱，见一事则止知一事，何取。观史如身在其中，见事之利害，时之祸患，必掩卷自思：我遇此等事当作何处之？如此观史，学问亦可以进，智识亦可以高，方为有益。"[③] 我们相当时候是吕祖谦所批评的"见治则以为治，见乱则以为乱，见一事则止知一事"的机械层面，只有摒弃了种种去历史化的因素，实现了"观史如身在其中，见事之利害，时之祸患"，深刻地体会到历史现象的真切感与复杂性之时，才能叩问"我遇此等事当作何处之"，进而成功落实了历史感，并教化心灵，启迪思考。

---

① 卢兆荫：《试论两汉的玉衣》，《考古》1981 年第 1 期；卢兆荫：《再论两汉的玉衣》，《文物》1989 年第 10 期；赵化成、高崇文：《秦汉考古》，文物出版社 2002 年版，第 98 页。

② 任相宏：《双乳山一号汉墓墓主考略》，《考古》1997 年第 3 期。

③ 王梓材、冯云濠编，沈芝盈、梁运华校：《宋元学案补遗》卷 51《东莱学案补遗》"林汪门人成公吕东莱先生祖谦"之《东莱史说》，中华书局 2011 年版。

第十四章　例谈史料实证的限度

史料实证是中学历史教学渗透的重要方法论。2017 年版《普通高中历史课程标准》指出："史料实证是指对获取的史料进行辨析，并运用可信的史料努力重现历史真实的态度与方法。""历史过程是不可逆的，认识历史只能通过现存的史料。要形成对历史的正确、客观的认识，必须重视史料的搜集、整理和辨析，去伪存真。"① 需要注意的是，实证主义（positivism）需要以经验（experience）为基础，证据材料（evidence）是人们把握经验的立足点，通过对确凿的证据材料进行严密归纳可以得到较为科学的规律。既然是经验，就有着人类认知的限度，所谓确凿、严密、科学都是在一定范围内存在合理性；超越了这一限度，人们的认知就和客观性渐行渐远。

如何让证据材料确凿、怎样能做到归纳严密、在怎样的范围内能得到较为科学的规律，是史家探索的关键问题；学者们针对它们，形成了一系列方法技能，而且不断反思实证方法的限度，把纯粹客观主义的理想因素降到最小，这些有益的思考应当被中学教学吸纳。笔者曾言，中学历史教学中史料实证存在不同层面的任务：第一层面是论从史出，即不说空话，以常识自圆其说；第二层面是甄别史料，依据一定的历史知识在众多材料中进行筛选；第三层面是史料考据辨伪，

① 中华人民共和国教育部制定：《普通高中历史课程标准》（2017 年版），人民教育出版社 2018 年版，第 5 页。

探讨其学术价值。① 三个层面中，中学历史教学和论从史出、甄别史料关系最密切；而考据辨伪的工作，主要由学者来完成，老师学生只能进行有限的尝试。本书亦从以上三个层面展开讨论。

一 论从史出的限度

论从史出在历史教学中很常见。老师会用若干材料来支撑自己的观点，学生也会遵循这一原则调动已有的知识作出结论。但这样做势必要考虑到论从史出的限度问题，否则就会冒很大风险。

其一，老师出于教学的需要，会先入为主找教学重难点需要的材料；但这样可能顾及一面而忽视多面。比如教学中老师用西周金文材料试图说明，西周时期的官员是世袭的，重视血缘而不重视才干德行，这样就能和战国以后重视贤能的官僚制度形成对照。但这一说法就有曲解材料之嫌，西周政治以宗族势力为基础，当时推行血缘色彩浓重的世官制度不假，但臣子如果继承先祖的职位则需要天子的再任命，诸侯与其下属之间同样存在这种再任命关系；② 这实际是在大小贵族中遴选人才，而遴选的标准是"德"，分封宗法制度中的大小贵族都被纳入"德"的大纛之下，③ 足见西周选官并非只世袭而不顾其他。又如讲授尧舜禅让，人们会依据《史记·夏本纪》选贤举能的经典陈述，呈现出战国以后儒家学者的古史观；但古本《竹书纪年》与《韩非子》主张，尧舜之间通过政变的方式完成了权力过渡，表现的是战国时法家的古史观。事实上一个事件有不同的侧面，尧舜禅让既有温情脉脉的一面，也有血腥纷争的一面，有学者把这种矛盾的现象形容成"原始社会末期艰难的'禅让'通过暴力才得以实现"④，这

---

① 李凯：《史料遴选应是中学史料实证的重点》，《历史教学》2018 年第 5 期。

② 许倬云：《西周史》，生活·读书·新知三联书店 2012 年版，第 237—238 页。

③ 晁福林：《先秦时期"德"观念的起源及其发展》，《先秦社会思想研究》，商务印书馆 2007 年版。

④ 李学勤主编：《中国古代文明与国家形成研究》，云南人民出版社 1998 年版，第 318 页。

样的看法是恰如其分的。围绕这一故事儒家与法家各取所需，并针对
具体情节予以放大。为了避免"蔽于一曲而暗于大理"的现象，老师
则需要系统地梳理学术知识，不能把历史事件简单化。

其二，论从史出的落足点往往是用材料来说明问题，但容易忽视
材料的时代性。材料在历史场景中才有价值，只能从某一角度有限度
地说明问题；忽视这一角度就一定会犯错。这表现在两个方面：一是
须注意文本中当事人的初衷与老师教学意图会不一致。比如教学中老
师们常用伯利克里在阵亡将士葬礼上的讲话来说明雅典民主政治的特
点。但仔细抽绎文本，不难发现伯利克里演说的意图："这就是这些
人为它慷慨而战，慷慨而死的一个城邦，因为他们只要想丧失了这个
城邦，就不寒而栗；很自然地，我们生于他们之后的人，每个人都应
当忍受一切痛苦，为它服务。因为这个缘故，我说了这么多话来讨论
我们的城市，因为我要很清楚地说明，我们所争取的目的比其他那些
没有我们优点的人所争取的目的要远大些。"① 这里伯利克里尽力鼓吹
雅典民主制度的优越性，甚至主张城邦公民为之忍受痛苦乃至捐躯。
其主旨与其说是讴歌民主制度，不如说是为自己在伯罗奔尼撒战争中
的责任开脱。又如人们用苏格拉底"认识你自己"来说明他的人文思
想，但这一命题来自德尔菲神庙的神谕，同样是神意的表现。二是学
者观点和历史现象本身不应混淆。历史学者针对某一历史现象的看
法，和历史现象会有吻合之处，但也带有鲜明的个人意见。比如蒋廷
黻《中国近代史》在历史教学中经常被人引用，作者认为林则徐虽有
世界眼光，"但他怕清议指摘"，"让主持清议的士大夫（即抱着旧观
念空发议论的官员）睡在梦中，他让国家日趋衰落，而不肯牺牲自己
的名誉去与时人奋斗"；"倘若同治、光绪年间的改革移到道光、咸丰
年间，我们的近代化就要比日本早二十年，远东的近代史就要完全变
更面目"，"为什么道光年间的中国人不在鸦片战争以后就开始维新

---

① ［古希腊］修昔底德：《伯罗奔尼萨战争史》，谢德风译，商务印书馆1985年版，第
133页。

呢？……中国士大夫阶级（知识阶级和官僚阶级）是缺乏独立的大无畏精神。无论在哪个时代，总有少数人看事较远较清，但他们怕清议指摘，默而不言，林则徐就是个好例子"①。这样的看法，与作者西化的知识背景是合拍的。蒋廷黻把中国当时没有发生改革运动的原因归结于林则徐的个人素质，而不是当时的社会条件限制，明显是有违史实的个人看法。更复杂的情况是，史家在叙述史事的过程中依据个人好恶进行了剔除，比如古本《竹书纪年》的"舜囚尧与平阳"，《韩非子·说疑》的"舜逼尧，禹逼舜"就是带有战国思想家成见的选择性叙述，和历史现象本身有较大距离。②

其三，为了培养论从史出的思维习惯，老师往往会依据常识或给出材料，让学生归纳出简单的规律；但由于材料信息有限，归纳结论就不免背离史实。比如针对西方人文思想的起源，老师在讲授古希腊早期自然哲学、智者学派以及苏格拉底柏拉图之后，学生的认识是，在古希腊人文主义就已扎根，甚至大放光彩。这样的看法就不合实际，因为古希腊罗马神话戏剧渗透的一个重要精神，是人类主观意志在神意与命运面前的无助；古希腊罗马文化中的主流仍是神本主义，因此苏格拉底的罪名也是"蛊惑青年"与"引入异邦的神"。而只借助有限的材料推断材料之外的知识，则更为危险。有老师基于若干材料设计学生活动：如果苏格拉底的案件发生在罗马或者中国，会是什么样子？于是有学生做出结论，因为《十二铜表法》中的"神圣法"只涉及葬俗，并且《唐律疏议》等文献中也没提及渎神罪，所以苏格拉底在罗马与中国应该判定为无罪。这样的推论就很有问题，一是《十二铜表法》与《唐律疏议》是特定时代的产物，囊括不了罗马法系和中华法系的所有内容；二是今日所见《十二铜表法》并非全本，

---

① 蒋廷黻：《中国近代史》，世界出版集团、上海古籍出版社2006年版，第11—12页。

② 李学勤先生就曾指出，为战国现实政治而改造历史是古本《竹书纪年》的一个思想倾向。李先生以伊尹为例："殷墟卜辞所见对伊尹的祭祀非常隆重，如果他是曾废太甲自立，后来又被太甲诛杀的罪人，怎么能享有那么隆崇的地位呢？"参见李学勤《走出疑古时代》，辽宁大学出版社1997年版，第50—51页。

许多内容都已亡佚，其中"神圣法"没提渎神罪不代表当时没有，至少耶稣就被罗马总督处死；三是中国古代对少数民族与外国人往往采取"顺其土俗"的政策，苏格拉底案如果发生在中国，很可能按照雅典人自己的办法处理。可见从有限的材料中寻求规律，并不容易。

其四，历史教学中为了突出论从史出的原则，出现了"无材料不成题（学生活动）"的做法，但材料和结论之间如果是忽视逻辑关系的牵强对应，则是无效的活动。比如教学中有老师设计活动，用金文利簋来确证武王克商之年为前1046年。但这一问题极其复杂，历代学者对武王伐纣时间的推算达44种，最早为1130年，最晚为1078年，其间相差112年，就20世纪末期的资料而言，前1046年的密合度最大；利簋只是其中依据之一。[①] 这样的内容远非中学历史课可以完成，所以与其设计学生活动，还不如老师把专家的研究成果介绍给学生。事实上，学术研究中有大量问题依据孤证或者疑证，得出的认识并非定论而只是一种看法。所以一材料必须做出一结论的做法，就应当非常谨慎。

二　甄别史料的限度

甄别史料在老师备课过程中非常关键，老师何以选取此材料而非其他，应符合几点原则。一是真实性，它是当事人或者最接近当事人的资料，应能反映事件的真实面貌；二是典型性，它能保存相当的历史信息，代表那个时代的历史特点；三是可接受性，它不应该过于晦涩费解，对学生来说难度适中、易于理解。但这样的原则操作起来也是有限度的。

其一，所谓真实性是人的感觉，某一材料在众多材料中要么是真实、生动的，要么是被权威认可的，这两点往往是老师们遴选材料的

---

① 夏商周断代工程专家组：《夏商周断代工程1996—2000年版阶段成果报告》（简本），世界图书出版公司2000年版，第38—49页。

原则，但这两点并不绝对。比如《战国策·秦一·苏秦始将连横说秦惠王》中苏秦"锥刺股"、苏秦之嫂"前倨后卑"的故事，经常被当作战国庶民阶层崛起的生动例子被引用。但苏秦为齐闵王、燕昭王时人，并非秦惠王时人；且其中苏秦对秦惠王言说的秦之疆域，在秦惠王时并未属秦。这一文本时、地均有问题，应是晚出托拟之作而嫁名于苏秦者①。而近现代史研究依赖的当事人的日记、书信，固然被人们奉为一手材料，但不同的书写者有不同的习惯和目的。有专家指出，史料的"相对性"不容回避："有的日记写作时即为了给人看，或给皇帝看（李慈铭日记）、或给上司看（驻外使节呈交刊刻的日记）、或给后人看（胡适日记即是要留作史料）；也有的日记写给自己看，多记私密性琐事，公事大事要事反而疏于记录；还有的日记怕人看，所以只记事不议论，或事后加以删削。""书信亦然。汪康年师友书札反映清季史事极多，但其人三教九流无所不交，给不同人写信态度各异，须将同一时期关于同一事件的不同信札前后左右看，才能把握汪康年本人的态度和作为。""近代报刊多有党派背景，还有编辑者的立场。""档案同样如此，外交档案涉及对方，常有夸张与掩饰，须将各方记录比勘。其实档案与其说是史料的一种类型，不如说是保存材料的一种方式。其中各类材料都有，官样文章尤多。"② 可见所谓真实的资料的使用也有限度，读者不仅要看到书写者故意表达的信息，也得留心书写者掩饰的信息与各种史料的局限，否则就很容易陷入泥潭。至于那些被权威称引的内容，人们也不能保证它完全可靠。比如《史记·周本纪》中司马迁描述周武王大规模分封诸侯之事，也被人认为是"典型的、有价值的、有说服力的"史料，但这明显与商末周初的严峻形势不一致，大规模分封应在成康。③ 再如老师讲述西周晚期诸侯坐大、不听王室调遣，《史记·周本纪》中周幽王烽火戏

① 缪文远：《战国策新校注》，巴蜀书社1998年版，第60—61页。
② 桑兵：《傅斯年版"史学只是史料学"再析》，《近代史研究》2007年第5期。
③ 李凯：《周武王大规模分封了吗》，《历史教学》2018年第5期。

诸侯的典故是常用的例子。它为司马迁所称述，且家喻户晓，但真实性也经不住推敲。唐代柳宗元、明代李贽和清代崔述都对此产生怀疑，认为西周灭亡的原因应是西周末叶的社会危机，以及周幽王的用人不当，和褒姒红颜祸水亡国不相关；清代大儒焦循作《褒姒辨》，指出如果如《史记》所说褒姒是周厉王的某个妃子所生，那么她到周幽王时期已经五十岁以上，不大可能得到君主的宠幸。① 并且到春秋列国仍不守关塞，② 西周末叶不大可能出现烽火告急的现象，这一故事应是战国以后人们的附会。

其二，前代留下来的史料，不管是档案、日记、铭刻还是考古遗址，呈现出断裂性和碎片化，与历史教学需要的集中反映某个时代历史特点的典型性资料大相径庭。比如西周时代的钟鼎文，其中能直接和武王伐纣、分封诸侯、国人暴动等周代重大历史事件相对应的资料只占很小的比例；数量众多的是不见于典籍的贵族的册命赏赐，且内容七零八碎。即便是专家学者，通过这些资料构建出西周制度文化，也是极不容易的事。而近现代史研究需要的人物日记、档案虽然汗牛充栋，但它们绝大多数内容只是当事人的生活记录，与重大历史事件的关系甚小。老师们教学中期待的典型性材料，在浩如烟海的文字记载中少之又少。其中的原因也不难解释，往往那些重大的历史事件是历史学家的"后见之明"③，而教科书又是"后见之明"的"后见之明"。历史教学中衡量材料是否典型性，标准是材料能多大程度上与教科书内容有吻合度；但除教科书编写时依据的典籍文本之外，再寻

---

① 李峰：《西周的灭亡：中国早期国家的地理和政治危机》（增订本），上海世纪出版有限公司、上海古籍出版社 2016 年版，第 208—209 页。

② 顾栋高：《春秋大事表》卷九《春秋列国不守关塞论》，台北：广学社印书馆 1975 年版，第 1392—1394 页。

③ 当代美国哲学家丹图的《分析的历史哲学》（*Analytical Philosophy of History*）指出，历史陈述具有种种"后见之明"的特点，比如"于是，三十年战争爆发了"或者"工业革命开始了"这样的一个简单的陈述，就包含了"后见之明"，因为当时人不可能知道这场战争持续了三十年并以此为名，也不可能了解某一事件与工业革命的关联。转引自彭刚《叙事的转向：当代西方史学理论的考察》，北京大学出版社 2017 年版，第 114 页。

求其他典型性的文献并不容易。即便是针对同一个重大事件，比如楚汉之争、文景之治或者汉武帝盛世，像《史记》《汉书》《资治通鉴》的记载就有很大出入。这说明史家各自依据碎片化的材料建构历史，结果会千人千面；这与历史老师想要的典型性材料存在差别。

其三，学生的可接受性并不是史料的客观性。教学中常见老师们为了让学生容易理解，会突出或截取材料中的关键文句、采用白话译文，或者用后代学者较为通俗的概括。但这样会有误读史料的可能性。一是可能断章取义，比如用董仲舒的"天不变，道亦不变"来说明其保守性，就是断章取义，查《举贤良对策》中董仲舒说的是"继治世者其道同，继乱世者其道变"，主张汉继秦末乱世而来，恰恰要"退而更化"。《宋史·王安石传》"论曰"中，朱熹评价王安石"被遇神宗，致位宰相，世方仰其有为，庶几复见二帝三王之盛"，使人误以为朱熹是在赞颂王安石；但下文朱熹话锋一转，批评王安石"汲汲以财利兵戈为先务，引用凶邪，排摒忠直"，为北宋末期的乱局埋下祸根。二是白话译文可能有误。比如有老师引用西周利簋铭文来说明武王伐纣的史实，白话译文是："武王征伐商王纣，在甲子日早晨，是个大好的年份。打败了平素昏庸的商王。时间就在辛未岁。武王在阑地，对军队的阵式进行了调整，形成了金的结构（得以生水，用此方式，回报商曾有的恩德）。以此作为广布天下的宝训，这是祖宗的常命。"其中问题较多：干支在周代并不纪年；铭文中的金指的是青铜，金生水"回报商曾有的恩德"无从谈起；铭文是祭祀祖先的产物，不是"广布天下的宝训"。这样的译文就有悖于史实。三是后代的概括可能偏离文献本意。比如宋儒把孔子"克己复礼"和"存天理灭人欲"等同，但灭欲的思想并不符合先秦儒家的特点，是宋儒的曲解。①

其四，不少可信度高的史料，本身语焉不详、零碎晦涩、不吸引

① 刘家和：《关于文史教材内在深层联系问题》，《历史教学问题》2015年第3期。

历史工作者的眼球；甚至读者的关注点已经偏离了历史学的视野，恰恰经过史家的慧眼显示出它们的价值。这样经过老师的恰当诠释，它们也是历史教学中的好材料。近年大量涌现的秦封泥，本为秦代官吏密封竹简的封条，文字有限、缺乏语境，但经学者仔细梳理，不少大问题浮出水面：如秦封泥的郡县设置复杂，表现出郡县制的发展并非一蹴而就；秦封泥中宦权突出，体现了为皇室服务的特点；秦封泥的地名分布呈现出一东一西的哑铃型，揭示了秦代社会矛盾集中在东方。这些问题涉及秦代官制、地理、国家结构，其中不少内容可以为历史教学提供材料。又如《桃花源记》多被人视为陶渊明的理想世界，但经陈寅恪先生研究，桃花源应与魏晋时期北方的"坞壁"有密切的联系，[①] 这样就成为魏晋经济史教学中的重要材料。陈寅恪先生曾言，他在战火中"取一巾箱坊本《建炎以来系年要录》，抱持诵读""然其中颇复有不甚可解者，乃取当日身历目睹之事，以相印证，则忽豁然心通意会。平生读史凡四十年，从无似此亲切有味之快感"[②]。足见史家匠心独运的解读，完全能够影响史料本身的价值。

三　考据辨伪的限度

考据辨伪是历史学者的重要工作，在历史教学中，也有不少老师通过简单的考据辨伪活动，养成严谨的、科学的解决历史问题的方法。但考据辨伪仍然存在限度的问题。

其一，考据辨伪的难度很大，不仅受制于材料与师生的知识结构，而且还必须谙熟目录、版本、校勘、典章制度、历史地理等一套史家的考据基础知识与方法，经年累月之后方可解决问题；只靠中学教科书上的有限知识、初步的历史学方法与有限的精力，学生难以完成考据辨伪的任务。这样的工作不用说在中学不容易，就是诸多大家

---

① 万绳楠整理：《陈寅恪魏晋南北朝史讲演录》，贵州人民出版社2012年版，第125页。

② 陈寅恪：《金明馆丛稿二编》，上海古籍出版社1982年版，第234页。

也视之为硬骨头，乃至需要终其一生的苦功夫。陈垣先生指出，"我们若是肯从此努力，把我们丰富的史料整理起来，做机械的功夫、笨的功夫，就可以一人劳而万人逸，一时劳而多时逸了"①，足见它绝非轻而易举之事。

　　其二，考据辨伪目的是求真，但"说有易，说无难"仍旧是学术研究的棘手现象。因为实证依据经验，而经验挂一漏万，基于即便是对现有材料的竭泽而渔也不能保证以后出现相反的论据，甚至动摇一系列曾经认为正确无误的辨伪方法。最典型的例子，莫过于中国先秦两汉时期一大批文献在疑古思潮的影响下被认定为"伪书"，但随着20世纪下半叶甲骨金文简帛的大量涌现，人们不得不对曾经的论断做出重大的调整，由此带来学者们对古史系统的再认识；疑古思潮依据的"某时代之书无某事件之称述"遂断定当时无此事件的"默证法"，也多受人们的质疑：毕竟某时代的书没有某事件的记载，不一定就意味着当时没有这样的事件。中学教学中，也有不少这样的问题：甲骨文出现之前中国有没有文字记载，夏商西周时期的王权有多大，中国上古时期文明是不是时间较迟、程度较低？这些内容不仅是学术界进行探索的重大理论问题，也是历史教学不能回避的话题；教学中针对这些问题势必要谨慎，不能断然说有无。比如有老师设计学生活动"夏王朝存在吗"，引领学生形成较客观的认识。如果夏王朝存在，需要说明在哪个程度上存在：考古资料与文献资料在哪些内容上能提供论据（《史记·夏本纪》等文献有夏的记载，周代铭文中有大禹，考古遗迹中有影响深远的二里头文化等），两者又在哪些角度上一致，能说明什么问题（文献中夏王朝的地理范围与二里头文化的范围大体一致，二里头文化的文明程度与辐射力只有文献中的夏王朝能具备等）；如果无，也需要说明在哪个范围内欠缺论据、有待深入研究（夏王朝无文字记载等）。

---

① 陈垣：《中国史料的整理》，《中国现代学术经典·陈垣卷》，河北教育出版社1996年版。

其三，考据辨伪即便按照学术研究的程序方法得出了令人信服的结论，但不同学者完全可以依据不同的资料结论迥异，其论证过程都是有理有据的；不同结论相互抵牾，但谁也说服不了谁。有专家曾指出，在历史研究中，给出一幅让人认为可接受的（acceptable）、说得通的（plausible）或者"对"的（right）的图景，远非只是该图景中所包含的史料都无可挑剔地为"真"（true）就能做到的；只因为这一点，历史学就无法简单地归之于史料学。① 比如周人来源于山西还是陕西、秦人来源于中国东方还是西方？盘庚为什么迁殷，是去奢行俭、躲避水患还是政治因素使然？古希腊经济是以农业为主，还是以商业为主？越是大问题，越面对这样的现象：言之凿凿，各执一词；莫衷一是的观点都经过详细论证。这仍是因为材料所限。比如古希腊经济是商品经济还是农本经济，世界史学者百余年争讼不断。有专家指出：在认真爬梳了一遍史料之后，发觉现有史实实际上对任何一种概括都不够用。科学的定性分析需要充分的经济分析，其首要条件是充分的、周期性的统计数据，如产业配置、各产业部门的产量、产值、国民收入数据，等等；可是古希腊人却缺乏综合、精确、连续统计的习惯，现有的数字史料不仅为数极少，且水分很大。再加上遗存下来的个别数字集中在某几个国家和若干孤立的时间，根本无法确定这些数字是否具有普遍意义。② 足见诸如此类问题远没到终结分歧的时候，而且这种争论相当一个时期还会继续下去。

其四，考据辨伪工作即便得出结论，也不是一劳永逸；它们的合理性只是在现有的资料范围内。因为这些结论都是依据迄今所见的材料作出的，这些材料也只是冰山一角；在任何时候都可能出现新材料，给原先仔细论证的结论带来冲击乃至颠覆。如把武王克商定在公元前 1046 年 1 月 20 日，是夏商周断代工程综合 20 世纪 90 年代后期

① 彭刚：《叙事的转向：当代西方史学理论的考察》，北京大学出版社 2017 年版，第274 页。

② 郭小凌：《古代的史料和世界古代史》，《史学理论研究》2001 年第 2 期。

168 第二编 学科素养与教法研究

的资料得出的结论。① 但 21 世纪新出土文献涌现，不少学者主张武王伐纣的具体日期并未根本解决，还可以作以调整，其中不乏参与夏商周断代工程的专家。② 再如《汉书·食货志》中说井田"田里不鬻"，但随着金文资料的丰富，人们发现西周时代贵族买卖土地的长铭文，在为数不多的有关西周社会经济的铭文中占有相当的比例，足见当时的土地买卖不是偶然现象，这动摇了汉代人所说的西周"田里不鬻"的看法。③ 针对古希腊的经济属性，19 世纪和 20 世纪前半叶占优势的是商品经济，繁荣的工商业和市场经济对应着蔚蓝色的海洋文明和特权公民集团的民主政治；随着新材料的涌现与研究的深入，到了 20 世纪后半叶，农本经济变成了主流认识，很多学者主张古代西方经济和黄土地上的经济没有什么质的区别。④

四 结语

在学术研究与历史教学中，实证既然是方法，就意味着人们在看到其适用性的同时，也势必要理解其限度。事实上，历史教学中运用实证方法，应该比学术研究更为谨慎，这是因为：历史课堂上呈现的材料非常有限，仅仅是历史若干片段，浮光掠影；老师需要把古今中外的历史常识讲授给学生，所以不可能在每个领域都有研究，一旦超出自己的知识结构就可能出错；学生即便对历史感兴趣，心灵也较为稚嫩，未谙学者的研究路数。明乎实证方法的限度，才可能得到现阶段较为公允的结论，使实证的方法真正落地。具体而言，老师就需要注意到以下几点。

---

① 夏商周断代工程专家组：《夏商周断代工程 1996—2000 年版阶段成果报告》（简本），世界图书出版公司 2000 年版，第 38—49 页。

② 朱凤瀚：《觉公簋与唐伯侯于晋》，《考古》2007 年第 3 期；彭裕商：《战国青铜器年代综合研究》，巴蜀书社 2018 年版，第 15 页；王辉：《商周金文》，文物出版社 2006 年版，第 34 页等。

③ 沈长云：《金文所见西周王室经济》，《上古史探研》，中华书局 2002 年版，第 208 页。

④ 郭小凌：《古代的史料和世界古代史》，《史学理论研究》2001 年第 2 期。

第一，实证的精神是老师落实在教学过程中的，而不应该是"贴标签"的行为。从常识而言，任何的能力都应当建立在一定的知识结构之上，如同医生不在医学院中进修专业课就不能上手术台、程序员不懂得电脑知识就不可能编程一样，历史学科同样需要大量的知识作为后盾，并且对知识的依赖程度要远远大于其他学科。换言之，"是什么"的问题弄不清楚，就不可能探究"为什么"、推导"怎么样"。只有扎扎实实把学术问题研究透、把教学过程设计好，才可能涵育能力、渗透素养，否则适得其反：脱离知识背景的能力或者素养，就带有"贴标签"的嫌疑，只是沙滩上的高楼大厦，随时都有坍塌的危险。这样看，我们的教学与其贴"实证"的"标签"，不如把"是什么"搞清楚，一是一，二是二，史实既不为标榜理念而夸大，也不因成见而贬低。

第二，教学过程中老师势必要明确，历史材料作为证据（evidence）摆在面前，但它们并不都能有效地说明问题。其中只有逼真地反映当时历史场景的，才是史料（source），也就是源头、原始资料；而其他表达后人看法与研究成果的内容，只能是材料（material）。比如《史记》中司马迁讲述父亲司马谈临终把修史大任托付给自己，这样的内容恐怕别人编不出来，可以说是史料；而司马迁记述五帝更迭，只能是材料。因为五帝史实浩渺难知，《史记》的记载就不可或缺，但老师应当明确这只是材料，只能反映司马迁的或者司马迁赞同的后代史家的历史观。这样看，我们与其说用哪些"史料"来"实证"了哪一历史现象，还不如说用哪些"材料"来"说明"哪一历史现象，毕竟后者更加谨慎，风险要小很多。

第三，教学过程中老师应当把历史学的实证精神看作动态的过程。与自然科学不同，历史一去不复返，人们依据有限的材料得出的认识会五花八门；但这不意味着历史学科就无真理可言，因为新证据的涌现会使得人们及时调整思路，原先的认识在切磋琢磨中接近真理。新证据出现会给人们的认识带来巨大影响：一是为原先的认识提供佐证；二是颠覆或者修改原先的认识；三是带来了人们原先不知道的信息。就此而言，历史学的实证不是静止的，而是永远发展的；即便说人们依据确凿材料得出某些令人信服的观点，但这并不是终极的答案而是暂时的意见，仅仅是在现阶段没有出现否定它的证据；不仅疑难问题属于待证之列，所有历史学问题都需要接受新证据的检验。

第四，老师要不断更新自己的知识结构。学术发展日新月异，许多陈旧的观点已经不能说明问题。比如《史记·周本纪》说周武王大规模分封诸侯，但是经 20 世纪以来众多学者的研究，周代大规模的分封应在成康之世，不在武王；《礼记·王制》说西周土地国有不可买卖，但西周时期土地买卖的青铜器铭文已经出现多篇；汉代人说商鞅变法承认土地私有可以买卖，但是近几十年的出土文献与研究成果表明，商鞅时代应当推行的是国家"授田"的制度；不少人认为秦灭亡于秦末农民战争，但今天更多学者认为秦与六国反秦势力之间的斗争，是秦灭亡的最重要原因。这样更新知识结构，把近几十年学术研究的成果有效地转化为教学资源，更有利于实证精神的渗透。

第十五章　历史学师范生设问技能的培养策略

进入21世纪，中学历史教学新理论、新内容层出不穷，令人目不暇接。如何使师范生在未来的教学中不迷失方向，发挥历史学科自身特征，扬长避短，就成为师范院校亟待解决的现实问题。笔者试图以历史学科师范生设问技能培养为立足点，针对师范生设问中的具体问题谈一些思路。

一　历史学科师范生课堂教学设问中存在的主要问题

有历史知识的传授，就一定会有设问。但问题在于，设问是否真能起到引发思考、教化人心的作用，避免形式主义？这在我们的教学实践中，尤其是教学经验较为缺乏的师范生培养过程中，是不容回避的话题。

历史课的设问是一个促成思维飞跃的方式。从孔子的"不愤不启，不悱不发"和苏格拉底的"助产术"算起，已经积累了两千多年的经验。但设问并不简单，只要上位理论是建构主义教学活动，很容易出现以下问题；不明乎此，师范生的设问就有可能陷入形式主义。

（一）学生动的不是历史思维

就历史课而言，需要动的是历史思维。有学者曾经对中学历史课堂上的"坏问题"作以概括，认为其中一类"坏问题"就是没有疑问意义，即对学生没有学习上和认识上的作用，如"对不对啊""是不是啊""好不好啊"之类的提问。[①] 这样的问题从逻辑上看就有丐词（to beg your answers）之嫌（即祈求学生得到肯定回答，只要学生不抬杠，都会随声附和），他们的思维没动，自然不是有效设问。我们可以进一步说，即便思维动，也未必是历史思维动。比如有师范生实习时，使用大段文言文或者英文资料，问的问题是语文或者英语层面的问题，和历史思维无关；也有师范生挖空心思，把知识性问题设计成填空式学案，学生只是机械地在历史教科书里找答案，目的是应付作业，这样的做法与抄书无异，也和历史思维脱节。

（二）学生没有相应的学术知识

学生参与到老师的教学活动中，前提是学生不仅有思维，而且对老师的问题有一定的了解；即便他们的认识不成熟、不全面，但不可能一无所知。如果没有一定的积累，孔子不可能"启"与"发"；如果肚子里没有婴儿，苏格拉底也不可能"助产"。曾有师范生在实践中专问学生不知道的、自己知道的问题，就有难为学生之嫌。比如说讲夏商西周的政治制度，有师范生设问，夏代和商代社会特征有怎样的差别，两者又有怎样的共性？不可否认，问题是具备很强学术性的好问题，但这是中学历史课堂不可能回答的，不要说中学生的知识储备，就是司马迁、王国维、郭沫若也莫衷一是，因为后人看到的古史资料太少了，夏文化在哪里都是学界需要解答的问题。再如讲到周代礼乐文明，有老师给出材料："在已发掘的西周早期高等级墓葬中，

---

① 叶小兵：《老师的提问》，《历史教学》2005 年第 11 期。

随葬的戈、矛、剑等青铜兵器大多出现不同程度的毁坏，有的残缺，有的变形，更多的是被折为两截。"老师问学生这种现象如何解释？事实上这个问题也大大超乎了中学生的知识结构。的确这种现象应是当时礼制的体现，学者们称之为"毁兵"葬俗。① 但学生不具备相关的学术背景，并不清楚这些毁坏的兵器，是三千年前的战斗使然、盗墓者毁坏使然，还是当时的习俗礼制使然，就很难做出合理的解释。

（三）学生对老师的问题不感兴趣

在教学实践中，不少师范生问的问题，学生经常不买账，无人应和。究其原因，其中肯定有学生年龄越大越内敛的因素，但就老师而言，原因主要在于问题陈词滥调，学生听烦了，难以激起兴趣；或者是问题太浅，学生不屑回答。比如老师问北宋历史学家司马光，小时候有什么故事啊？他主编了什么书啊？这个话题学生从小到大听腻了。"重庆谈判什么时间？达成什么协定？""内战开始的标志是什么？"这类问题就在书上，很多学生不想回答。即便有人应和老师，也不过是少数几个活跃分子。所以这就要求老师的问题有新意的同时，又有一定的疑难性，能够引发学生的兴趣；但不应古怪，难度也不能失控，学生经思考能够解决。

（四）老师设问指向性不明确

有师范生在课堂上给出的问题，指向性不明确，欠缺问题意识。比如说老师问学生"请你谈谈李鸿章"。问题是李鸿章这一人物非常复杂，老师是要让学生介绍李鸿章的生平履历、所做事业，还是评价李鸿章的功过呢？这样的问题，尤其爱出现在研究性学习课程或者综合实践活动课程上。老师让学生研究某个问题，比如按时间段分小组研究"商务印书馆与近代社会"，学生在课后借助各种资源搜罗资料，

---

① 张明东：《略论商周墓葬的毁兵葬俗》，《中国历史文物》2005 年第 4 期；井中伟：《西周墓中"毁兵"葬俗的考古学观察》，《考古与文物》2006 年第 4 期。

在课上展示的时候，每个时间段的学生代表，以流水账式罗列这一时期有关商务印书馆的历史信息；几个组相互之间并没有思想的碰撞；而大多数学生一旦汇报完毕，坐到台下，就开始走神。这样的问题，并没有给人以思想启迪与情感体验，也停留于形式。

（五）老师在教学活动中的诱导不足

也有人认为，一堂课 40 分钟，老师讲课 10 分钟，剩下 30 分钟全给学生，老师加串词、进行总结就可以了，这才能实现学生主体性。窃以为这种欠缺老师诱导的"大撒把"方式不可取。老师很难保证这 30 分钟内，大多数学生都参与到教学活动中；即便说 30 分钟内，所有学生都融入教学活动中，但学生的思维很可能走偏、离题万里。比如老师设问，讨论英国工业革命的历史作用，学生已经讨论到中国近代的积贫积弱，以及中国的文化特性等问题，不能不说已经大大走题，老师势必要拉回正轨。如果学生已经出现非常明显的错误，老师不予纠正，只顾热闹，那么更是误人不浅，教育的意义何在呢？比如说探讨中国近代衰落的问题，有学生就认为，中国一贯专制、八股取士、经济落后、与世隔绝、故步自封，甚至中国人骨子里不如西方人。这样的看法带有明显的史实漏洞，不仅牵强，而且民族虚无主义的色彩严重。如果老师还将错就错，就不可能把学生引入正轨。

以上五个问题源于两方面因素，一是对学科特征不强、忽视素养，比如设问脱离历史思维、问题指向性不明确，这样的设问很可能流于空洞；二是对渗透学科特征的方式方法把握不当，比如无视学生知识基础与兴趣、缺失老师诱导等短板，这样的设问学生难以正确作答。设问的成功，既要考虑学科特征，也要考虑到学科特征的渗透方法；只有把不利因素消除到最小，富于思想性的一堂好课才会出现。这对于刚刚接触教学的师范生来说，不仅要完善知识结构、积累自身教学经验，而且需要师范院校的引领，把一系列具体的原则落实到位。

二 历史学科师范生课堂教学设问技能的改进策略

2017 年版《普通高中历史课程标准》前言指出，国家"进一步精选了学科内容，重视以学科大概念为核心，使课程内容结构化，以主题为引领，使课程内容情境化，促进学科核心素养的落实。"[①] 以主题为引领，课程内容情境化，使得教学活动能够吸引学生参与；以学科大概念为核心，有利于从问题指向性上把握大问题、调动学生相应的知识结构；落实素养，更能突出历史学科的自身特色。要言之，设问不应该无视学科特征与渗透学科特征的方式方法。这样考量，针对学科特征与学生学情，为改进设问的短板提供了比较明确的思考方向。

（一）师范生的设问应提供鲜活生动的情境

中学历史课堂上不仅要强调情境，更要突出情境的鲜活生动性。这样情境作为历史发展过程的一个片段，不仅是培育历史学科素养的平台，也是历史学科中具象的、富于情节的、有历史内涵的信息的展现。这样的过程对于学生来说，比抽象的概念描述要具备更多的吸引力。师范生由于教学经验比较缺乏，并且在大学的课堂上习惯了抽象化、学术化的概念，不少人初登讲台，不能给中学生提供历史情境，或者情境无聊晦涩，学生往往走神睡觉，低年级学生索性破坏纪律，教学效果不佳。笔者曾经见到过，有师范生讲五四运动的背景，照本宣科，在课件上列举几条：国内经济上，经历民族资本主义短暂春天，无产阶级壮大；政治上，北洋军阀政府独裁卖国；思想文化上，新文化运动传播了民主科学思想，十月革命一声炮响送来了马克思主

---

① 中华人民共和国教育部制定：《普通高中历史课程标准》（2017 年版），人民教育出版社 2018 年版。

义；导火索是第一次世界大战结束，中国作为战胜国，参加巴黎和会
外交失败，列强把德国在山东特权转交给日本，于是五四运动爆发。
这样的讲法倒是能完成教学任务，但是非常乏味，学生不感兴趣。如
果换一个思路，老师以鲜活的情境引出五四运动的背景，效果是不一
样的。有老师以梁启超在"五四"前后的经历为情境，取得了较好的
效果：

> 1918 年欧战结束后，梁启超以中国出席巴黎和会代表团会外
> 顾问的资格，于 12 月 28 日前往欧洲。除在巴黎申述中方的正义
> 要求外，梁还与国内民间组织保持密切联系及时将和会情况报告
> 国内。3 月 11 日，他将段祺瑞政府 1918 年 9 月与日私订密约，
> 致使中国代表在山东主权交涉中处于不利地位的情况，致电国内
> 外交委员汪大燮、林长民等。林长民根据梁启超的意思，起草了
> 一篇题为《外交警报敬告国民》一文，5 月 2 日在《晨报》头条
> 位置以代论形式发表。这篇文章对五四运动的爆发产生了很大
> 影响。①

老师问，梁启超去欧洲，争的是什么？"一战"期间列强在华势
力发生了怎样的变化？日本帝国主义这一时期是如何一步步扩大在华
利益的？在国人群情愤慨的背后，这一时期中国经济、阶级与社会思
想发生了怎样的变化？这样老师通过情境和问题串，把机械的几个内
容串联起来，引领学生产生较深刻的思考。情境越真切，学生参与度
就越强，素养发挥的障碍也就越小。有老师讲授 1897 年德军抢占胶
州湾，就巧妙地利用《时局图》中缠绕在山东半岛的香肠的图像，以
及旁边三色条旗，设问其中的含义是什么？老师解释，三色条旗是德
意志帝国的国旗，香肠上有"德国""野心""香肠"的英文字样，

---

① 崔志海：《梁启超与五四运动》，《近代史研究》1997 年第 1 期。

不难发现这里指的就是德国对山东的野心。这样通过《时局图》的情境来呈现情境，学生能通过已有的历史知识对它进行解读，就比老师空洞叙述要好。在实际课堂上，学生面对大量的历史信息很容易疲惫，长时间的投入是非常困难的；所以缺乏生动历史情境的表达，效果很不理想。老师能用具象的图画、照片展现历史情境，就不必用文字来叙述；能口头描述历史情境，就不必把这些内容显示在课件上；能用具体的、细节性的、有过程的语言描述历史情境，就不必用抽象的语言来传达；尤其要避免堆砌过多、过长、过晦涩的材料（尤其是文言文）；一旦引用材料就要保证材料精到、使用充分。如果一节课上能呈现出若干鲜活有效的情境，不仅学生的参与度大大增加，而且保证了学生动的是历史思维，不至于教学活动走偏。

（二）师范生的设问要考虑到学生的学术知识基础

历史情境的创设与素养的发挥，目的是让学生模拟学者的探究行为，发现问题并试图解决。如果说老师的问题在学生头脑中不存在相对应的知识基础，或者一节课提供的信息支撑不起这样的问题，探究活动也就无意义。比如前文所说师范生问学生夏商两代社会特征异同，就是中学生无论如何都难以回答的问题。故而在素养的环境下，学生的已有知识，是教学活动一定要仔细考虑的因素。同样的情境和问题，面对相关知识基础较好的学生就可以实施，面对相关知识基础不佳、反应沉闷的学生就应另辟蹊径；如果没有这样的认识，探究活动就开展不起来。师范生能明白这一点，就应该有的放矢，能问则问，不能问则先应悉心铺垫。有师范生针对春秋战国时期的官僚制度，选取《韩非子·显学》中的名言当作情境："明主之吏，宰相必起于州部（行政的基层单位），猛将必发于卒伍（军队的基层单位）。"老师设问，材料为什么说宰相和猛将要从基层中选拔，这样的人才才是"明主之吏"？这反映了当时怎样的制度变化？这个问题其实不难回答，老师已经对重点语汇进行了解释，只要学生对春秋战国时期的军功地主取代宗法旧贵族的转变有了解，就会发现韩非在概括从世卿世禄制度到官僚制度的变化。但当时老师面临的学生基础较差，缺乏知识背景，回答不到点儿上。于是老师灵机一动，启迪学生的已有知识。

教师：语文课学没学过《战国策》中的名篇《触龙说赵太后》？学生：学过。

教师让学生复述这个故事的梗概：战国时期秦国大举攻赵，齐国要赵威后的小儿子长安君为人质才肯救赵，但赵威后溺爱长安君执意不肯。老臣触龙因势利导，以国家利益为重说动赵威后，最终赵国转危为安。

老师：当时触龙说动赵威后最重要的理由是什么？

学生：是赵威后疼爱长安君不如疼爱她的女儿燕后。

教师：为什么呢？

学生：是因为赵威后把女儿嫁到燕国当王后，但把儿子长安君留在身边，这样丧失了为国立功的机会，等她死了长安君就没法生存。

教师：这正是重军功和才干的官僚制度，取代重血缘的世卿世禄制度的结果。触龙告诉赵威后，赵国和其他诸侯国，三代以上一直到立国初期的贵族，子孙后代横遭灾难，都没有继承爵位的了。这是因为他们"位尊而无功，奉厚而无劳，而挟重器多也"。而赵威后让"尊长安君之位，而封之以膏腴之地，多予之重器，而不及今令有功于国"，是蹈其覆辙。这说明"有功于国"成为各国统治者最重视的政治条件，而不是旧贵族的"位""地"和"重器"。长安君虽是旧贵族，但也得建功立业，就是这种变化的折射。

经过教师的旁敲侧击，学生获得了相应的知识背景，韩非的话就容易理解了。这个例子中教师具体问题具体分析，使得问题成功解决。这也说明，设问因学生的知识基础而定，如果学生水平距离问题甚远，或者改变问题，或者补充知识背景，教师的做法不应千篇一律，这样才能收放自如；与问题相关的其他推动课堂进程的内容教师也需要具备。这样不仅教学活动有了弹性，能很大程度上避免学生知识不足带来的麻烦，而且能在时空线索中定位历史事件，渗透历史感。

（三）师范生的需要有学术背景

21 世纪的今天，学术已经下移到中学，许多学术资源已经化为教学资源。如太平天国运动这一课，照本宣科不好出新，有老师就借鉴了学者的思路。唐德刚先生《晚清七十年》讲到太平天国运动的失败之时，有过一段精彩的评论："盖我国历史上的草莽英雄，在天下大乱之时，逐鹿中原，他们所追求的最高目标，都只是个简单的'改朝换代'。""不幸自鸦片战后，西风东渐，人类的历史已经由中古进入现代。我国原有那一套政治、经济、社会、伦理等等的传统制度，在西洋的现代制度挑战下，都无法原封不动地延续下去了。因此'时代'和'历史'对我们这新一辈的逐鹿中原豪杰们的要求，就不止于'改朝换代'；他们还得有点'改朝换制'的见识和能力。"[1] 于是老师给出这段材料，在这节课结尾抛出问题："通过分析文献，请你说说太平天国是改朝换代，还是改朝换制，或者两者都有？请说明理由。"这样的问题令人眼前一亮，需要学生通观整个农民战争的特点，并联系当时的世界背景，运用知识形成历史解释。从广阔的时空线索中探索事件的特征，课堂一下子有了深度。

但师范生由于自身经验的原因，照本宣科的、沿用老问题的多，并没有把大学课堂上的学术资源为教学所用；并且即便应用学术信

---

① 唐德刚：《晚清七十年版》，台北：远流出版社 1998 年版，第40—41 页。

息，堆砌资料也很普遍。这些问题都是师范生的短板，也是师范院校应该着力之处。如果说教学实践置学术研究成果于不顾，则情境和问题都难以产生深度，更谈不到新意；支离破碎、不成系统的材料堆砌，说教痕迹依旧很重，对学生益处不大。只有抓住历史信息的本质特征、弄清历史信息之间的逻辑联系，使学术信息在老师头脑中形成系统性的知识背景，教学活动才能出现深度。可喜的是，我们的教学实践中，一批师范生在老师的引导之下，能够在学术资源的基础上提出有深度的问题。有师范生在引导学生探究和平共处五项原则的历史意义时，用中国外交部网站折线图创设情境，让学生观察 1949—1955 年新中国建交国家数量的变化（见图 15 - 1）：

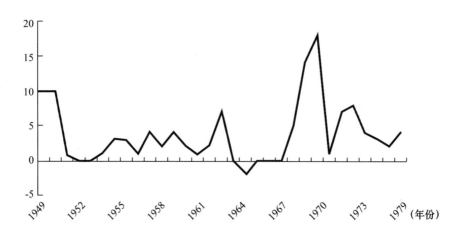

图 15 - 1　1949—1955 年新中国建交国家数量

老师问学生，为什么在 20 世纪 50 年代初，新中国的建交国家陷入低谷？老师引导学生思考其原因，除了当时欧美资本主义国家孤立中国的不利环境之外，还和新中国成立之初外交方针的局限有密切联系。鉴于此，和平共处五项原则已经与新中国成立初期的外交方针相比产生了很大变化。老师爬梳文献，给出表 15 - 1：

表 15 – 1　　　　　**新中国成立初外交方针与和平共处五项原则对比**

新中国成立初外交政策特点	和平共处五项原则特点
意识形态浓厚	意识形态趋淡
阶级革命外交	国家利益至上
封闭半封闭	开放性、多边外交

正是因为这种转变，新中国的外交在 50 年代中后期才开创出新的局面。这说明，在设计者的头脑中，学生们已经把新中国成立初外交方针与和平共处五项原则的本质把握得很好，并且抓住两者间的联系。这些内容教科书上语焉不详，只能通过老师借助学术成果搭建桥梁完成。经过情境的创设以及概念内涵的对比，和平共处五项原则的内涵与意义表现得非常透彻。这样设计问题，有一定的疑难性与新意，在时空观念中体现历史感，在对比中突出事件的历史特征，符合教学规律。学生从而完成探究活动，促成历史学科素养的落地。

（四）师范生的设问应指向性明确，并加以诱导

指向性明确，意味着老师应做到两点：第一，老师不应该只给出人物、事件，就问"谈谈你的看法"这一类大而空洞的问题，这些问题学生回答起来各说各的，碰撞不到一起。第二，老师在表述问题时，每一个字都要经过老师仔细的考量，不应该笼而统之造成歧义。比如，有师范生给出了新中国民族区域自治制度的相关材料后，问这一制度的根源是什么？这样的问题就过于笼统。是要问规定民族区域自治的法律根源，或者其理论根源，还是其社会根源？如果是法律根源，指的是《共同纲领》、1954 年《宪法》与《民族区域自治法》等法律文件；如果是理论根源，指的是马列主义民族理论；社会根源，指的是中国自古就是统一的多民族国家的现实基础。可见问题的核心词汇势必要推敲，否则很可能因指向性不明确而答非所问。指向性一旦明确，老师就要以明确的问题意识展开探究诘的过程。这一

过程中师范生往往容易撒手不管，造成学生的回答过程失控。事实上老师要做的事情很多：一是针对这一问题提供不同的思考方向，争取让更多的同学从各自的角度参与到问题中。这样就能使对这一问题的解答尽可能全面，也避免学生打不开思路造成冷场。比如前文所说巴黎和会外交失败，国人群情愤慨，当时中国经济、阶级与社会思想发生了怎样的变化？老师应该明确提示这些角度，学生才能在短时间内顺利展开思路。二是针对学生的分析进行归纳补充。学生的表述很可能是磕磕绊绊的，即便能自圆其说，也是仓皇成言，很难像做论文一样深思熟虑；甚至不少学生会不知所云、张冠李戴、不着边际。这样老师的归纳补充就必不可少：给回答的同学厘清思路，更正错误，强化重点；让没有回答的学生能够捕捉到清晰、合理的历史信息。三是针对学生离题的回答进行纠正。常态历史课一般是讲授式教学，其中穿插若干探究活动；[①] 一节课的时间是很有限的，探究活动已经占据了不少时间，这时如果再纠结于某些问题的枝枝杈杈，则很可能完不成教学任务。如三国鼎立、拿破仑战争等内容，一旦让感兴趣的学生发言，往往会脱离主题而且控制不住。这时老师就应该接过话题，引导学生围绕问题讨论，不说重复的、无关的话。比如有师范生提问英国宗教改革的背景，就有学生对亨利八世的离婚问题乐此不疲，而老师此时恰当地接过了学生的话题，回到了英国国教建立的主题上。而学生所说的枝杈内容，可以课后或者另找时间来探讨。问题意识明确，老师的设问才会有的放矢，形成逻辑清晰的历史解释，素养的落实不至于七零八碎。

（五）师范生的设问应促成问题的解决

这里说的不确定性，并不是指促成一个问题的多个因素，而是说人们对这个问题存在着不同角度的解释。这些解释哪个有道理，哪个

---

① 郑林：《历史课程教材教法研究》，社会科学文献出版社2018年版，第10页。

没道理，是需要老师引领学生考量的；这里不仅动的是思维，更是历史思维。就如同做论文，对权威的说法也要论证一样，这样的工作是去伪存真的过程。历史老师用设问引领学生诠释历史现象时，缺乏论证的精神就会人云亦云，体现不出历史学科探研究诘的要求。比如古希腊智者学派诞生的背景，不少学生会说多山环海的地理环境、发达的商品经济、自由的政治条件等。但老师应仔细引领学生分析，智者学派之所以在雅典活跃，最主要的原因是当时人们需要演说和辩论来征服人心，进而智者作为职业传授知识和演说辩论技巧的人群受到民众欢迎；其他原因都应该让位于此，地理环境与商品经济均非直接原因。如果老师不引领学生辨析，学生思维就会混乱。再如讲到孔子为开创私学，人们往往会使用《论语·述而》中学生向孔子交"束脩"的材料。于是就要对"束脩"进行解释，查阅工具书，"束脩"大体有三类：一是指十条干肉（《礼记·少仪》郑玄注："束脩，十脡脯也"），二是指"束己修身"（《后汉书·胡广传》："使束脩守善，有所劝仰"，"束脩"即约束自己、提高修养的意思），三是解释成束带修饰（《后汉书·延笃传》李贤注："束脩，谓束带修饰"）。[1] 一般人们只采纳第一种解释，如果有人能举出后两种解释，已属不易，但后两种解释不可信。有老师引领学生对此进行了探究：其一，后两个解释不是针对《论语》的；其二，后两种解释已把"脩"通假成"修"，这样就有改文献之嫌，我们并没有十足的证据说明《论语》中两个字常常通假。这样看"束脩"是十条干肉从字面上看是最稳妥的解释。老师需要学生供养，反而能说明孔子开创私学的艰辛。这样的辨析促成了问题的解决。一堂课能有一两个解决疑难的好问题，学生占有史料、依据知识形成历史解释，完成探究任务，就能把素养落地。

---

① 李凯：《历史这样教：中学历史教学技能》，贵州出版集团、贵州教育出版社 2016 年版，第 155 页。

三 设问是架设在历史学科特征与学生学情之间的动态桥梁

通过以上的讨论，不难发现，出彩的设问并不是轻易完成的。从学科特征到学生学情，老师不仅要顾及方方面面的现实因素，而且要灵活地把握探究活动的尺度。哪些学科知识与问题适合哪些学生接受，老师能通过怎样的情境培育哪个层面的素养，这种对应关系是变动不居的。换言之，设问是由老师架设的、联通历史学科特征与学生学情之间的动态桥梁。

还有一点需要说明。既然我们在教学中强调学生在一定的情境下，模拟学者进行研究，那么学生的活动和学者写论文有很大相似性。但问题在于，毕竟学生不是学者，既不具备学者的知识结构，也不具备学者的研究能力；况且学生的精力是非常有限的，而学术研究却要耗费大量的心血，知识基础再好、再有兴趣钻研的学生，无疑也力不从心。于是这种模拟研究的行为，很可能因为各种掣肘因素开展不下去，教学活动也成了走形式。克服这样的尴尬处境，把握学科特征和学生学情之间的动态关系就尤为重要。

合理的设问是模拟研究行为、落实素养与避免教学活动形式化的关键点。师范生势必要明乎此：老师要掌控问题的方向和深度。情境是否能够打动学生，使之参与到活动中，需要老师仔细考量；情境之下培育学生何种素养，该素养应当实践在哪一层面上，学生从怎样的角度思考历史要素之间的联系，要求老师逐一落实；学生拥有怎样的知识基础，他们是否能以这些知识为后盾来支持自己的观点、按照历史的逻辑诠释一定的问题，老师也必须心知肚明。某种程度上，历史课堂的设问，就是把学者的研究行为简化的途径。情境是否生动有效，问题表述是否简洁明确，问题内容是否具备深度，活动进行是否体现问题意识，活动结果是否能解决不确定问题等方方面面，都需要老师的帮扶和引导，绝不是为设问而设问、为走形式而设问。老师应考虑到学生回答问题的各种干扰因素，才能使设问落地。老师游走于历史学科特征与学生学情之间，这样的认识，应该会给师范生设问技能的改进带来积极的帮助。

第三编 课程思政与教法研究

　　如何发挥历史教育的功用？考试技巧不等于历史教学，历史教学也不等于历史教育。学史明理，学史增信，学史崇德，学史力行是历史教育的落脚点，发挥历史学科立德树人的功用是我们工作的最终目的；而考试和教学都是途径。中国是历史教育传统悠久的国度，长久以来史学遗产在中国文化中发挥着教化人心的价值，这在古今历史上普遍适用。在价值观多元化的今天，尤其是西方文明的强势冲击之下，学生能否形成国家和民族认同，正确地认识历史的特色，并对中国文化公允地作出评价；他们的理解能否符合唯物史观与党中央立德树人的精神，是历史教育研究中最重要的课题。这不仅是中学教学的任务，也是高校历史学科课程思政的关键内容。历史知识不应该是学生的思维枷锁，不应该是考试的敲门砖，而是中华优秀传统文化、革命文化与社会主义先进文化的载体，是学生的精神家园，对其人生导向发挥积极的引领作用。

第十六章　历史教育需要中国话语权

进入 21 世纪以来，教学改革热潮一浪接一浪。但不难发现一个现象：不少学校热衷于外来的大理论，鼓励或者要求老师们围绕这些理论开展教学活动；怕自己的教育理念和工作成绩不被人知，于是频繁举办各种各样的教研展示，把学校搞得热闹非凡。就历史学科而言，教学中出现的各种洋理论也不少，宏大的框架、洋味十足的表述以及令人望而生畏的口号标签，不一而足。然而这样的大理论，总让人产生隔膜或者障碍之感。反思这些现象，愚以为我国的历史教育应当拥有自己的话语体系。

一　种种问题

西方理论在历史教育中起到了巨大作用，它可以澄清历史现象、捕捉规律以及把控认知过程、评价成果、反思问题与成因。然而一旦牵强附会、错误使用却会削足适履，给我们的历史教育工作带来麻烦。

一是它们往往表述晦涩，让中国人感觉大而无当，无从下手。它们欠缺历史学科特征，导致老师们的盲目性很大，难免和我国的历史教育思路两张皮。比如杜威"从做中学"的理论，在当代中国影响很大。它主张所有的学习都是行动的副产品，所以教师应通过"做"推动学生思考。然而这样的口号，似乎并没有明确告诉历史老师该怎么做，所以老师们只能猜想着来。我们不否认历史学科中有可以"做中学"的内容，学生在某些程度上可以模拟学者的研究与思考。但问题在于，历史学科中大量的信息是"做"不出来的，原因非常简单：一是因为一去不复返的历史，不可能通过"做"重演；二是它不是技能性的学科，而是思想性的学科，不像劳技、美术那样，"做"的空间非常有限。即便说模拟学者研究思考以得出结论，其难度也非常大。做学问不用说中学生，就是学者也得"上穷碧落下黄泉"，结果可能"两处茫茫皆不见"。不少层面做不到，就只能故作深刻，老师不得不把学者的结论强加给学生，权当"从做中学"的成果。我们就曾看到过有的老师带着学生分析云梦秦简的内容，但因为竹简对学生来说太陌生、太难懂，应和者寥寥无几，基本是老师转述学者的结论。这样的"做"意义就非常小。更有甚者，不少理论如同格言，和历史教育基本不相关，给历史老师们出了一堆难题。

二是不少理论在西方世界的适用范围被我们忽视。按照历史唯物主义常识，任何思想观念都是在特定历史时空中的产物，无视其历史时空，把某种观念的合理性夸大或者使之错位，就有过度解读乃至误读的可能。在西方学术界，人们会对流行的思想从四面八方提出批评，让它尽可能存在于合理的范围内。这就如同药物的说明书，既有其适应证，也有其副作用与禁忌证。然而不少理论拿到中国来，小概率的事件被当作大概率的事件，局部的教学实践被放之四海，理科、工科的做法被滥用到人文领域，科学主义的思路践踏乃至戕害了人文的起码特征，这就好比服用药物不看说明书瞎吃一样。例如在某种理论指引下让历史老师打破教科书的结构，重组框架，摸索所谓的上位结构或者规律，就是一件非常艰难的事情。自然科学能依据数理逻辑进行推导，能从甲单元推出乙单元的内容；然而历史学科就很难找到这样的推导方式。虽然我们有"鉴古知今""彰往知来"之说，可是我们"知"的、"鉴"的，并不是板上钉钉的规律，而是种种"意见""推论"和"可能",能更大意义上解决问题的是证据或者经验。历史学不是理科,更不是哲学、艺术或宗教,有太多复杂的问题难以用推理窥测,越是想当然越有可能不成立。古希腊罗马文明建立在氏族的废墟之上,而在中国早期文明中氏族是文明的推动力量;西方近代化的路径是思想(文艺复兴与启蒙运动)—制度(英法美德资本主义制度确立)—器物(工业革命);中国近代化路径是器物(洋务运动)—制度(戊戌变法与辛亥革命)—思想(新文化运动),中国推导不出西方,西方也推导不出中国。[1] 学术上不成立的,自然在教学上也不成立,就发挥不了历史教育的作用。[2]

三是旨在培育学生主体性、审辩思维和创新力的各种外来理论,在相当程度上未必能激发学生兴趣。我们经常会见到贴史料教学标签的做法,人们把连篇累牍的文字材料印发给学生,或者呈现在课件上,效果却并不理想。有的课拖沓冗长、抓不住重点;有的课整个一节没讲几段,完不成教学任务;还有的课学生睡倒一大片。如果换个思路,该讲就讲,该问就问,不标榜所谓的史料教学,效果也许会好一些。也有老师在公开课上拿历史剧搞"神入"(Empathy),演"秦的兴亡",一节课结束大部分孩子都不感冒。表演的孩子说太折腾嫌累,看表演的孩子说无聊、不知所措,其中很多学生反映还是老师讲课好。还有的地方搞翻转课堂,所有科目、所有内容上成一个套路:看微课、填学案、讨论答案。这样学生觉得反胃,老师认为张不开

---

[1] 有学者做过这样的类比:"历史是研究变的学术,科学是研究不变的学术。研究原子或禽兽,发现了一个原子,就可以发现所有其他同类原子;知道了一个知更鸟的习惯,就可以知道所有其他知更鸟的习惯。研究人与事就不同了,某人的生平,无法概括任何其他人的生平;某群人的生平,无法概括任何其他群人的生平,人是太复杂,太多变,太具有灵性了。""每一历史时势,皆相殊异,时势出现了,都是以前没有出现过以后不可能再出现的变局。即使较有共通性的历史趋势(historical situation)一种历史时势(trend),持续了百千之久,可能变于匆匆数之间。"参见杜维运《史学方法论》,台北:三民书局1986年版,第48—49页。

[2] 白寿彝先生曾指出:"历史教学,可以说,只是历史教育的一部分。历史教育,在历史教学以外,还可以有各种方式。但无论历史教学或其他的教育方式,都是为历史教育总的目的任务服务的。离开了历史教育的目的任务,历史教学的目的任务是无从谈起的。"参见白寿彝《在历史教学研究会成立大会上的书面发言》,《历史教学》1981年第11期。

嘴、业务废了，意见都不小，希望像原来一样好好上课。这些做法不能不说是费力不讨好，结果事与愿违。

四是外来理论在教学实践中往往雷声大雨点小，虎头蛇尾，经常是在学校举办大型展示活动的时候受人重视，较难在常态教学中坚持下来，一般最后不了了之。有意思的是，某个在西方世界风靡的教育理论或者做法被引进到中国（也可能是我们认为的风靡，西方理论多如牛毛，有的内容并不成熟，探讨不透彻，影响力也不大，甚至西方人已经放弃，但被引入中国当圭臬），人们会跟风走；然而跟风一般生命力不长，待若干年冷却之后可能又带来新的一股西洋风。先前的理论无疾而终，逐渐被人遗忘。这样的现象恐怕也不只在历史教育实践中出现吧。

五是不少贴外来理论标签的教学实践，往往内容却是我们习以为常的。没有洋理论，许多做法在平常的教学过程中照样存在，甚至在中国古代典籍中都很常见，中国人一直在这么做。比如各种淡化老师作用，倡导学生主体性的理论，和我们长久以来的自学就很相似。司马迁说董仲舒"下帷讲诵，弟子传以久次相受业，或莫见其面"，董仲舒的弟子中一堆人见不到他，只能相互授业，不就是发挥学生主体性？不少人力主西方的批判性思维（Critical Thinking），而荀子两千多年前就提出"信信，信也；疑疑，亦信也"的命题，并对一系列战国思想家进行检讨；宋代大儒、乾嘉诸老、古史辨学者更是留下了宝贵的学术财富。所谓探究式学习（Hands-on Inquiry Based Learning），和古人自主发问、求知解惑又有共通之处。无怪乎有老师说我们的课例塞到哪个洋理论中都行。我们总会发现中西教育实践中会有很多共同的话题，侧重点有别，很可能在相当的领域内中国古人的思考更为深刻。无视几千年来的中国教学实践，以为把洋理论叠床架屋就能在当下中国上好历史课，恐怕是缘木求鱼。

六是有人标榜洋理论，会冷落乃至排斥不同于这一种理论的教学实践；不少受冷落或排斥的做法其实长期以来被视为常规，在一线行之有效，现在反而被视为教育理念陈旧保守。在历史学科中这一点集中体现在诟病老师的讲授和学生的知识记忆上，而这两点对于历史教育却至关紧要。有人硬套种种模式，认为历史课老师的讲授就是填鸭；让学生热闹起来，就是违背规律乃至原则的"瞎折腾"；甚至有人主张学生坐成一排排就是陈旧保守，围成一圈圈搞小组合作探究就是现代。殊不知没有讲授，课堂就欠缺铺垫与感染力；没有"是什么"的知识，不可能叩问"为什么"和"怎么样"，课堂再热闹也是空中楼阁，人们热衷的探究、思维、深度、能力、素养都会走形式；围成一圈圈的小组，有多少孩子在真心思考问题，而不是磨洋工？它的效果比常规的启发讲授好在哪里，很大程度上也很难说。这些都未必是历史课应有的样子。不少教研员和一线老师叫苦不迭，各种跟风严重影响了历史教育的正常秩序，历史老师们被乱七八糟的理论干扰得不敢讲、不会讲，该有的学术基础和技能大打折扣，侃侃而谈、绘声绘色、启发诱导等历史老师引以为豪的看家本领大大受限。有老师说，既然这些理论带来的积极作用小，还不如该干吗干吗。

更有甚者，打着西方现代文明的旗号，渗透历史虚无主义的现象也屡见不鲜。有教师称要把学生思维搞乱，颠覆主流价值观就是批判性思维。比如有人主张《南京条约》属于现代文明的国际法，领事裁判权比清代司法制度优越，中国人耿耿于怀反而是狭隘的民族主义。然而近代的国际法带有浓重的殖民性，它为侵略张本，这是不容置疑的事实。用客观进步性掩盖侵略性是诡辩，是历史虚无主义，对学生形成正确的价值观很不利。这样的反常状态不得不令人反思。

二　借鉴外来理论的"度"

不可否认，现代教育学都是西方学术的产物，学说、话语、思维方式都是人家的，今天的历史教育工作与它们密切相关。外来理论有助于我们认识问题，可以弥补我们几千年来建立在经验基础上的教学实践的缺环，从而激发我们的思考；尤其是用现代教育理论审视教学实践的细节，使之精准到位，自然是好事情。然而把西方理论或者做法当成不可置疑的神明、教条，在教学中排斥常规教学，言必称希腊，如邯郸学步、东施效颦（甚至有老师说，被问及如何处理学生的优劣两极分化，不扯上多元智能和差异教学理论，就是不合格）；在教学研究上杜撰问题（并不是解决实际问题，如同没病硬要编出病来），陷入玄学，拿理论吓人，却不怎么解决教学中的疑难问题，不研究历史课上如何让学生买老师的账，自然也就不好了。

辩证法告诉我们，一切实践行为都应当适"度"，借鉴外来理论最应该遵循这一点。这个"度"是什么？愚以为就是能否符合立德树人需求，是否真能解决当下问题，是否真给历史教育带来促进。顾炎武说："凡文之不关于六经之指、当世之务者，一切不为。"① 其中"当世之务"说的是社会亟待解决的问题，"六经之指"说的是中国自古以来普遍适用的伦理道德标准与社会原则。我们的工作也应以解决历史教育的难题和探索真正的规律为方向。有几种情况，似乎就超越了合理范围：（1）牵强附会。编纂新名词、套用洋理论、上马一系列贴标签式的教学活动，学术知识与生活经验不支撑，纯粹流于形式化。我们不禁反思：有多少东西能沉淀下来而不是走过场，有多少教学活动真能推动历史教育落地而不是喊口号，有多少内容学生喜闻乐见而不是作秀或者磨洋工？这样问下来，往往会发现，我们的思路南辕北辙了。（2）烦琐哲学。不是用外来的理论解释我们的实践不对头，而是没有必要绕这个大弯子。事实上很多历史教育问题不套用西方理论，似乎也并非不能解决。比如讲商鞅变法，不管套用项目式学习、深度学习、主题学习、探究学习，都得落实到商鞅变法背景、措施和历史意义等若干具体的探究问题上，都得在老师把基本史事阐述清晰基础上知人论世，但往往我们欠缺之处在基本史事的阐述上。不

---

① 顾炎武：《顾亭林诗文集》卷之四《与人书三》，中华书局 1983 年版，第 91 页。

难发现，历史课采用任何一种外来理论诠释，课堂上的历史学科知识与教学活动往往都还是那些固定的内容（有人形容是"烩玉米、煮玉米还是玉米"）；而同样一节历史课，人们为了应付压下来的差事不得不套上各种理论的帽子（有人形容是"一招鲜吃遍天"）。这并不是因为老师们思维守旧，而是因为历史毕竟是历史，古往今来的历史教育实践有太多相似之处，人们不可能赤裸地从过去走来，谁也不敢保证风行的理论是全新。（3）历史虚无。借鉴形形色色的外来理论，倘若背离了立德树人的原则，抛弃了中华优秀传统文化、革命文化与社会主义先进文化，以颠覆中国人起码的良知、造成国人精神家园的荒芜为前提，代价是异常惨痛的。如果经历一番叩问，我们所持的意见还能够成立，那么它就能说服人。如果不是，我们回归到我们历史教育的正常状态，这是明智的也是必然的做法。陈寅恪先生曾经批评国人把西方思想教条化："窃疑中国自今日以后，即使能忠实输入北美或东欧之思想，其结局当亦等于玄奘唯识之学，在吾国思想史上，既不能居最高之地位，且亦终归于歇绝者。"① 这样的教训我们应当吸取。

三　中国历史教育话语权的若干维度

我们认为，当代历史教育最需要的是中国话语权。习近平同志2016 年在哲学社会科学工作座谈会上指出："要按照立足中国、借鉴国外，挖掘历史、把握当代，关怀人类、面向未来的思路，着力构建中国特色哲学社会科学在指导思想、学科体系、学术体系、话语体系等方面充分体现中国特色、中国风格、中国气派。"② 但从当下历史教育的实际情况看，构建中国特色的历史教育话语权还有相当长的道路

---

① 陈寅恪：《冯友兰中国哲学史下册审查报告》，《金明馆丛稿二编》，生活·读书·新知三联书店 2001 年版，第 284 页。

② 习近平：《在哲学社会科学工作座谈会上的讲话》，《人民日报》2016 年 5 月 19 日第 2 版。

要走。活在 21 世纪的今天，没有国际理解、欠缺多元文化视野显然故步自封，涂民耳目并不是文化自信，而是文化自负。然而，唯西方马首是瞻、不用洋理论舶来品就不是创新、就张不开嘴，显然也不是文化自信，而是文化自卑。古为今用、洋为中用，只有批判继承才能去伪存真；中西学术、新旧文章，通过实践才能检验真理。我们不应该削中国历史教育之"足"适西方理论之"履"，而应该以中国悠久的历史教育实践，检验西方理论是否能令人信服，是否适用于中国尤其是当代中国，是否能解决当下亟待解决的教学难题而不是添堵裹乱。如果洋理论和中国长期以来的历史教育实践矛盾，和中国长期以来的价值观矛盾，与中国统一多民族国家的历史文化认同矛盾，洋理论恐怕得打折扣，甚至要不得。

因此，愚以为历史教育实践中，有相当多的内容应当淡化乃至摆脱洋理论的窠臼，否则中国历史教育的话语权无从谈起，我们的教学实践难以满足时代需求。而几千年的中国历史教育实践，完全提供了中国特色话语权的土壤，至少表现在以下几个方面。

一是"记功司过"的伦理教化功能。《史通·曲笔》说："盖史之为用也，记功司过，彰善瘅恶，得失一朝，荣辱千载。苟违斯法，岂曰能官。"[1] 中国史学以集体伦理价值为基础，"彰善瘅恶"是历史教育的第一要务。古代史家很注重秉笔直书与史书编纂，构建体大思精的史学框架，凸显以史为鉴的道德垂训作用，讲究经世致用，关注国家治乱兴衰，强调史家的才、学、识、德，悲天悯人的情怀饱满深沉。今天我们的历史教育与中国古代史学一脉相承：我们重视历史学科立德树人的作用，为培养社会主义接班人服务；重视教科书的教化人心使用；重视知识传授，以历史常识的叙述表达是非观；重视宏大叙事，尤其是历史阶段特征的总结，以可信的信息搭建国民的历史知识结构，影响学生的人生态度；重视爱国主义、集体主义与家国情

---

[1] 刘知几撰，浦起龙通释，吕思勉评，李永圻、张耕华导读整理：《史通》，上海古籍出版社 2008 年版，第 144 页。

怀；重视教师的引领作用；等等。这样的特点与西方历史教育截然不同：他们重视个人本位，而非集体本位；重视个人角度的理性思考、问题探究，而非集体角度的伦理政治教育；重视细节问题的深入挖掘阐释，而非搭建框架进行宏大叙事；重视学生的多元思考，而非教师独树一尊。我们今天不少人重视后者而忽视前者，但效果不大理想，难免南橘北枳。即便是用大量材料与史实引领学生独立思考，但最终还得把学生带到教科书与课程标准的方向。即便是貌似差异教学、多元认知，最终还得"定于一"（尤其是原则问题）。这里我们不是主张灌输，而是在根本立场、原则问题上须和国家精神保持统一，贯彻中华优秀传统文化、革命文化与社会主义先进文化，反对历史虚无主义；否则的话，《课标》教科书一套，实际教学一套，学生会成两面人。与其贴洋理论的标签而文不对题，还不如明确回归到中国传统史学的教化功能上来。

二是"寓论断于叙事"的表达方式。明末大儒顾炎武在《日知录》卷二十六中指出："古人作史，有不待论断而于序事之中即见其指者，惟太史公能之。《平准书》末载卜式语，《王翦传》末载客语，《荆轲传》末载鲁勾践语，《晁错传》末载邓公与景帝语，《武安侯田蚡列传》末载武帝语，皆史家于序事中寓论断法也。"[1]"寓论断于叙事之中"不仅是司马迁的长项，也是我国古人教化心灵的绝活。《宋史·苏轼传》载："苏轼，字子瞻，眉州眉山人。生十年，父洵游学四方，母程氏亲授以书。程氏读东汉《范滂传》，慨然太息。轼请曰：'轼若为滂，母许之否乎？'程氏曰：'汝能为滂，吾顾不能为滂母邪？'"苏轼的故事说明，情感态度价值观的形成不能靠灌输和贴标签，靠的是叙述中渗透浸润。并且我们很大程度上难以用科学的手段量化价值观，因为情感态度价值观的生成和人们的理性思维往往很不合拍。这样外来理论在涵育情怀上的空间就有限，甚至在某些程度上

---

① 顾炎武著，陈垣校注：《日知录校注》，安徽大学出版社 2007 年版，第 1432 页。

还有瓦解的作用。我国在借鉴国际经验的过程中会过于关注技术层面，淡化了价值层面；然而历史作为一门意识形态鲜明的课程，这样做使得历史教育在很大意义上成了"空壳"。比如教师热衷于培养学生阅读材料的技巧（或者说是解读材料题的应试技巧），而忽略情感态度价值观的养成；教师乐于设计冲突性问题、呈现多元史观，片面追求课堂的热闹而淡化历史学思政教育的功能（这些现象似可以理解为客观主义与科学主义泛滥的结果）。有人以外国人的思维水平层次理论为理论依据，划分素养层次，例言培养途径。然而这样的努力，都只是机械地罗列素养中可视性的要素；历史学科的价值观教育，也并非对照某个列表逐项检查就能覆盖。若干素养中，人文性的情怀因素，却因技术性的因素加强而削弱，这不能不令人反思。而儒家文化与中国传统史学中寓善恶、存褒贬于叙事的做法，易被学生接受、不抵触，能更好地浸润正确的价值观。

三是起承转合完备的历史教学技能。清代学者刘熙载《艺概·文概》说："起、承、转、合四字，起者，起下也，连合亦起在内；合者，合上也，连起亦合在内；中间用承用转，皆兼顾起合也。"[1] 起承转合虽然是古人的艺术理论，但是对历史叙述也非常适用。古人不仅有开头的"起"和结尾的"合"，而且把叙事与解释熔于一炉，用叙事交代来龙去脉，用解释突出某些重点内容。而着重叙述和解释的部分，可以看作"承""转"；它们是重点，却承接开头，引出结尾，组成部分之间一气呵成。比如有学者就以《史记·儒林列传》为例，指出司马迁在为儒家学者写传以前，先对儒学的出现及其发展做了一个概括性的叙述，而儒学兴起之故、传递之迹以及盛衰的关键，皆寄托于其中，叙事与解释的融合天衣无缝。[2] 这是古人突出重点的极好例子。党史大家金冲及先生也指出，中国古人常用"凤头、猪肚、豹尾"形容文章的布局设计。"凤头"就是一上来就能够把读者抓住；

---

① 刘熙载撰，袁津琥校注：《艺概注稿》，中华书局 2009 年版，第 840 页。
② 杜维运：《史学方法论》，台北：三民书局 1986 年版，第 220 页。

"猪肚"是指中间部分要丰满，但很重要的一条是要有层次，有内在的逻辑性，让人一口气看得下去，而不是平铺直叙或杂乱无章的罗列；"豹尾"指结尾干净，"余音袅袅，绕梁三日"，有回味。① 中国几千年来积累了丰富的表达技能与教育经验，这是当今历史教育顺利开展的基础。今天我们上好一节课，在哪些内容上着力，该如何陈述，设置怎样的问题，起承转合如何安排等技术性因素，并不是因为学了西方理论才会如此，而是我们世代传承的经验使然。② 这时西方理论很可能是"后见之明"，甚至"后见"也"不明"，在实操的角度发挥的价值并不大。③ 我们的历史叙述表达需要中国的语言与思维逻辑，尤其是需要用时、地、人等具体信息构建历史现象的前因后果。从孔子以来，重视启发式讲授、提倡对历史问题探研究诘、组织讨论、鼓励学生自主发问等历史教育经验与教学技能，不空洞，行之有效，历来都受人重视，是突出重点的好方法。把某一历史现象剖析透彻，最佳手段是呈现大量相关史事，而并非一堆大理论；人们也很难找到某个"一招鲜吃遍天"的理论来完成历史课的叙述，势必要动手动脚找历史学术资料，并用学生可以接受的语言以及其他方式将之呈现出来。只有史事杂乱无章、呈现缺环时，某些历史理论才会起到启迪思考的作用，④ 但也不能以论带史。司马迁、班固、范晔、司马光要早于西方现代学者上千年，其感染力与叙事本领今天也叹为观止，似乎也能说明我们的叙述能力和西方理论之间有一定距离。

四是"无征不信"的治学原则。《中庸》说："上焉者，虽善无

① 金冲及：《谈谈写文章》，《秘书工作》2005 年第 10 期。

② 中国传统的"政治家"更重政治实践，而非发表空言高论，但这并不意味着中国古代没有政治思想与理论的传承。很大程度上，思想理论渗透在政治实践过程中，所谓"载之空言，不如见之于行事"（《史记·太史公自序》）。

③ 笔者在北京和其他地区都见过，某些据说源自西方理论的程式化的几步法，已经妨碍了历史课的正常进行，老师的历史教育技能发挥不出来，而单调的教法学生也反胃；不少学校热衷于呈现五花八门的洋模式，很多老师也擅长写理论性文章，但并不能上好课，这样的现象也不罕见。我们很难说这样的做法能"明"。

④ 比如进化论与实证主义推动了古史辨思潮的发展；早期国家理论推动中华文明起源的研究；等等。

征，无征不信，不信民弗从。"这是说在上位的贵族即使行为好，如果没有根据，也不能使民众信服。《论语·八佾》中孔子说夏礼、殷礼文献无征，所以他更重视"郁郁乎文哉"的周礼。因为事实搞不清楚，探究为什么和推论怎么样就是空中楼阁。古人的"无征不信"的"征"，可读为"证"，理解为"参验"为妥。它要求"本诸身，征诸庶民，考诸三王而不缪"，是说君子治国之法，先从自身经验出发，看看在老百姓那里是否能得到认可，是否有夏、商、周三代先王的典籍作为依据。古人引经据典，很大程度上也非敢确证典籍中描述的史事绝对存在，而是说某个观点是否有文献的基础、是否符合情理。从某种程度上来说，这恰能纠正我们当今历史教育的过失：一是我们经常提的史料实证，会夸大历史学的客观性，产生了种种硬伤。因为我们的实证并不是自然科学的实验，往往是用材料来说明问题。① 二是我们把西方教育理论与中华文明嫁接，有可能造成形形色色的误读，就需要拿材料来说事。在学生毕业答辩过程中，我们见过有一类毕业论文，就是把西方某个流行的教育理论与中国的历史教育实践相嫁接，用我们的案例诠释该理论的合理性，造成不少削足适履的现象。比如把奥苏伯尔的观点套用过来，试图通过"上位学习"的理论来实现"有意义学习"，所举的例子就是君主专制是中国古代政治制度的上位概念。但问题在于，君主专制的说法在不少学者看来不仅难以囊括中国古代君主制度的特征，而且是否成立也是个问题。② 也有毕业论文套

① 李凯：《例谈史料实证的限度》，《历史教学》（上半月）2019 年第 7 期。

② 钱穆先生在《国史大纲》中批判了近世以来以"专制黑暗"一笔抹杀我国政治传统的观点，提出了我国古代政体的"非专制论"。林志纯（日知）先生曾撰文溯源性地对古希腊人何以产生"东方专制主义"的误解作了全面梳理，更进一步否定了所谓水力帝国、水力专制主义这一为"东方专制主义"站台的说法。参见日知《"东方专制主义"问题：政治学、历史学二千多年版来的误解》，载日知主编《古代城邦史研究》，人民出版社1989年版。阎步克先生从"政体类型学"的视角提出的观点更为持中，提出"中国专制主义"问题，应通过各个同类政权的综合比较，在"系谱"中予以判断。参见阎步克《政体类型学视角中的"中国专制主义"问题》，《北京大学学报》（哲学社会科学版）2012 年第 6 期。侯旭东先生曾就"专制"作为一个概念作了较为全面的、历时性的"知识考古"，指出将中国秦至清的政体定位为专制政体是承自古希腊以来的西方人对东方的偏见（"东方专制主义"）扩大化的产物。参见侯旭东《中国古代专制说的知识考古》，《近代史研究》2008 年第 4 期。

用"深度学习"理论，用多山环海的地理环境来诠释古希腊民主制度的必然性，用大河流域的地理环境来论证中国古代专制制度的必然性，① 误以为这样机械的对比就能实现所谓的"深度"。然而长期的学术研究表明，古希腊的民主，不过是众多城邦中的雅典在某个历史阶段的特定产物；而中国古代制度文化绝不是封闭、落后和专制能够概括的。这些问题产生于生搬硬套，忽视了中国社会的复杂性。如果我们多些"无征不信"的意识，而不是贴某些理论的标签，多查查文献，多问问行家里手，问题是完全可以避免的。

五是中国古代史家的"史识"。唐代刘知几在《史通》中提出史家应具备才、学与识三种素质，尤其以史识为贵。识可理解为识见，在正确思想价值的引导下，针对大量且复杂的史事得出合理的、带有价值观的论断。这要求史学工作者要明辨是非、惩恶扬善，对历史有自己的观点，不能以论代史、人云亦云，也不能掉进只见树木不见森林的细节陷阱。这对我们今天的教育启迪甚大，因为我们课堂呈现的内容不能是一团散沙，需要确立教学立意，即"通过这样的呈现来解决怎样的问题"。这就和古人的"史识"有共通之处。它也不大可能脱离历史现象本身与学术研究成果，靠着某个西方教育理论创生出来；反而应该跳出洋理论的教条，解放思想、实事求是。比如张传玺先生指出，中国古人的政治文明，不应当作为专制皇权的陈渣来批

---

① 有学者指出："长期以来，国内史学界把希腊文明看成是一个手工业和商业高度发达的文明……从这个结论出发，又推出了一系列同历史真实不符合的结论，如梭伦代表了工商业阶层的利益，其改革是对工商业阶层对贵族阶层的胜利，雅典民主政治是工商业奴隶主阶级的民主政治等等。"而从希腊古典作家的记述（农业被看作文明的标志）、古希腊人对农业和其他职业的不同态度（农业最为体面）、公民的经济权利（主要指土地和房产所有权）、雅典城邦土地所有者和农业人口再公民群体所占比重、古希腊人作战方式等角度说明希腊城邦社会的农业特征。参见黄洋《希腊城邦社会的农业特征》，《历史研究》1996 年第 4 期。即使是从古典作家的笔下窥探古代希腊的商业文明，也能发现"在柏拉图、色诺芬、亚里士多德等的著作中，农业在理论上几乎毫无例外地都被摆到了第一位，工商业即使不遭鄙视，也退居第二位。"参见晏绍祥《古典作家笔下的古代希腊商业》，《内蒙古大学学报》（哲学社会科学版）1992 年第 3 期。而自 20 世纪 80 年代以来西方世界对古希腊民主政治的研究即掺杂了与现实政治相关联的政治倾向：突出"以民主政治为特征的雅典代表了世界历史的一个新纪元"，寻求古代民主政治与当前西方世界政体的联系，并在此基础上将民主政体理想化，将其意识形态化。参见黄洋《民主政治诞生 2500 周年？——当代西方雅典民主政治研究》，《历史研究》2002 年第 6 期。

判："难道中国实行的中央集权制度不是中国历史的选择吗？在两千多年中，对民族的统一，民族的团结，经济与文化的发展，从来不起积极作用而只是起破坏作用吗？难道只有专制主义，就没有一点合理的因素吗？我认为中央集权制度的创立，是中国古代社会发展到一定时期的需要，是中国古代史上最主要的政治文明。这个文明虽不尽善尽美，至少它的产生、存在是必要的、合理的。"① 这样的论断就是可贵的史识。教学中，诸如"秦汉制度演进的轨迹是什么？""宋朝制度的顶层设计初衷何在？"等一系列立意高远的话题，都是基于大量史事，借鉴了历史学术研究成果得出的认识。那种"没有洋理论就不能说话"的观点，恐怕不能成立。

六是中国古代史学"经世致用"的使命感。"经世致用"是让学问有益于国民，经邦济世发挥功用。这样的思想能上溯到先秦典籍，明清之际大儒王夫之、黄宗羲、顾炎武等人力主经世之学，认为钻研探索应以解决时代当务之急为务，反对当时盛行的空言心性、故弄玄虚之学。顾炎武说："凡文之不关于六经之指、当时之务者，一切不为。"② 所谓"六经之指"即国人之精神家园，所谓"当时之务"即当时之重大问题。这一学说在后世产生了深远的影响。陈垣先生的名著《元西域人华化考》，即从文学、儒学、佛老、美术、礼俗等角度论述了元代进入中原的西域人逐渐被中原文化所同化的史实，凸显中原文化的生命力，在欧风美雨席卷而来的时间段，以此激发国人的民族自豪感，成为"经世致用"的典范。这一精神在当下历史教育中同样意义重大。很多时候我们的教学流于程式化，不能"经世致用"。机械地填学案、画导图，发挥学生"主体性"的活动实际上是套路，既没有用大量史事厘清历史现象本身，让学生明白其中的道理；更谈不到让历史"活"起来，化作智慧发挥应有的功用。于是学生"虽终其业，其去之必速"，就算能力喊得震天响，历史教育也成了空中楼

① 罗炳良：《张传玺教授访谈录》，《史学史研究》2005 年第 1 期。
② 顾炎武：《亭林文集·与人书三》，中华书局 1983 年版，第 91 页。

阁。只有发挥"经世致用"的价值，历史学科才可能成为有益的精神之学。

七是探研究诘的问题意识。一般认为是战国思孟学派作品的《礼记·学记》说："记问之学，不足以为人师，必也其听语乎！力不能问，然后语之。语之而不知，虽舍之可也。"① 这是说仅能记诵前人的"问"的人，不配担任教师。老师一定要鼓励学生问生成性问题，针对新问题予以解答。如果学生没能力提问，老师可以讲解并教给他如何探究；之后学生如果还是一片茫然，就可以不较真。这说明在战国时期，就在学者中流行大量的"问"，有人还针对"问"做出文字性的解答（此类文字在《论语》《孟子》《墨子》等语录体文献中都屡见不鲜），也有把这类问题背得滚瓜烂熟借此糊口但思维僵化的学者；于是《学记》的作者对此予以批评，并反思探研究诘的价值。宋代大儒朱熹更是大讲特讲"格物致知"，就在"即物穷理"的探索中体现。他推论："盖人心之灵莫不有知，而天下之物莫不有理，惟于理有未穷，故其知有不尽也。"内心的"知"和在外的"理"交汇碰撞，就是探索真理的过程："是以大学始教，必使学者即凡天下之物，莫不因其已知之理而益穷之，以求至乎其极。"当量变积累到质变，"格物致知"的境界也就达成了："至于用力之久，而一旦豁然贯通焉，则众物之表里精粗无不到，而吾心之全体大用无不明矣。此谓物格，此谓知之至也。"古人提倡问真问题，做扎实的学问，其探研究诘精神在今天意义极大。我们虽然在历史教育实践中也问，看似热闹，然而往往预设好答案，甚至是为问而问，探研究诘的深度、广度、生成性与开放性都不及古人。尤其是古人探索学问的勇气与毅力，更值得我们钦佩和学习。

除此以外，"多闻阙疑"的质疑态度、"举一反三"的启发教学、以史为鉴的反省精神、"生生之谓易"的革新观念等大量内容，都是

---

① 孙希旦撰，沈啸寰、王星贤点校：《礼记集解》，中华书局 1989 年版，第 970 页。

古代史家的宝贵精神遗产，也是历史教育的智慧源泉。中华文明土生土长，我们的文化土壤与西方大相径庭，我们的文化兼收并蓄，自成系统，且博大精深。解铃还须系铃人，解决中国的问题势必不能缘木求鱼。习近平同志指出："绵延几千年的中华文化，是中国特色哲学社会科学成长发展的深厚基础。"[①] 在国家大力强调文化自信，学术界普遍探索中国话语体系的当下，历史教育从中国实际需求出发，汲取中华文化的智慧，在我们自身丰富的教育实践基础上建构历史教育话语体系，是当务之急。至少我们可以吸收三方面的成果：一是中国古代典籍尤其是经书史籍中的成果，古圣先贤在历史教育领域留下了大量的妙论与行之有效的经验，其广度与深度令人叹为观止，在很多维度上今天仍无法超越。二是马克思主义传入中国后，郭沫若、侯外庐、陈垣、白寿彝等一大批马列史家用辩证唯物主义与历史唯物主义指导学术研究与教育实践，留下了宝贵的史学遗产，为我们树立了古为今用，去粗取精的优秀范例。三是改革开放以来我国学者的学术研究成果以及广大优秀教师的实践经验，为今天提供了接地气的思考纬度。我们把这些内容说成"万变不离其宗"的"宗"，应当不为过吧。

树立中国历史教育的话语权，并不是排斥借鉴西方理论与经验，而是不赞同把舶来品奉为不可置疑的圭臬，把中国的实践与之嫁接作为注脚；不赞同无视中国社会的复杂性与文化制度的合理性，肆意削足适履；不赞同打着创新的旗号摆弄洋理论，实际上带来历史教育的严重形式化；更反对滥用洋理论造成历史虚无主义。借鉴西方，关键不在于堆砌舶来品和故作深刻，而在于批判地继承，使之真能解决中国历史教育的实际问题。立足中国历史与现实，建构时代需要的中国历史教育话语体系，是我们努力的方向。

---

① 习近平：《在哲学社会科学工作座谈会上的讲话（2016 年 5 月 17 日）》，《人民日报》2016 年 5 月 19 日第 2 版。

第十七章　历史教育的时代逻辑

在《〈黑格尔法哲学批判〉导言》中，马克思说："革命需要被动因素，需要物质基础。理论在一个国家实现的程度，总是取决于理论满足这个国家的需要的程度。"[1] 理论是历史性的；只有具备相当的社会基础，理论才可能被人们接纳。然而社会基础不可能一劳永逸，人们要针对时代需求对观念进行调整。历史教育亦然，人们呈现历史总是基于当前的兴趣，为现实目的服务。[2] 习近平同志在致第二十二届国际历史科学大会的贺信中指出："中国人民正在为实现中华民族伟大复兴的中国梦而奋斗，需要从历史中汲取智慧，需要博采各国文明之长。"牢牢把握当下历史教育的时代逻辑，为中华民族伟大复兴而服务，就显得尤为关键。[3]

自改革开放至今，中高等教育历史教科书的编纂，以及一线历史教育工作者的实践为历史教育的理论总结提供了诸多宝贵的实践经验，教育工作者对历史教育的时代逻辑进行归纳总结显得尤为迫切；

---

① 《马克思恩格斯文集》第1卷，人民出版社2009年版，第12页。

② 有学者总结中国学术史的规律时说，传统可以被视为"有效应的历史"，并非固定的"过去"，而是每一代人根据"现在"的内在需要而创造出来的指向"未来"的进程。参见江湄《创造"传统"：梁启超、章太炎、胡适与中国学术思想史典范的确立》，社会科学文献出版社2013年版，第5页。这既是学术史也是历史教育的特征。

③ 所谓历史教育的时代逻辑，指的就是历史教育工作者在历史叙述过程中，选取内容、诠释历史现象、突出重点、贯穿主线以及渗透情怀等工作背后的思想观念与态度。换言之，它主要体现在"我为什么教历史"这一问题上，通过叩问叙述初衷，凸显的是历史教育的价值。

然而当下历史教育界对若干问题认识并不统一，似有辨析的必要。我们认为，讲好中国故事，突出中国特性是构建国家民族身份的重要行为，更是当代中国历史教育的时代逻辑。

一　历史教育应提倡"通"

当下历史教育中，培养学生形成自我独立观点成为人们追求的目标。有教育工作者不主张知识框架，认为不同知识结构、不同能力、不同学情的学生拥有不同的学习节奏，而设置框架只能让学生望而却步；有人认为框架只能带来灌输，而教育的任务应该是对教科书内容进行质疑。还有人提倡学生要像历史学者那样，用知识和方法独立的方式面对新的情境，解决新问题，揭示历史现象的深层次因果联系与历史规律；知识框架是研究问题的负担。更有批评者指出，历史教育如果是传递知识的话，难以令学生具备高层次的素养，也不便于区分学生的认识来自老师，还是自发生成。由于不满足于以政治史为主线，有人主张经济、社会、思想诸多内容一股脑呈现给学生；不满足于传授知识，有人主张探究和质疑才应是历史教育的常态。于是不少历史课堂呈现出无序的状态：历史知识框架作为学生心智的束缚被瓦解，为"探究"和"质疑"服务的内容显得杂乱无章，学生机械地组成"小组"，随意进行空洞的"探究"和"合作"，以为如此就能达成学生的主体性并发挥历史教育的价值。总之，人们会以西方个人本位、旨在形成个人思考的历史教育路数为蓝本，对我国的历史教育现状进行检讨，认为我们的教育实践陈旧、保守、创新性不足，试图改变宏大叙事框架，不遵循历史时序，淡化常识，将历史叙述碎片化，以"做中学"为历史教育的目的。

上述做法在今日并不少见，但问题很明显。纵然鼓励学生独立思考无可厚非，但其思考的内容是否符合学科规律，是否有大是大非？质疑精神固然可贵，但一味质疑教科书是否会倒向历史虚无主义？学者做学问尚且殚精竭虑、"上穷碧落下黄泉"，而其结果仍很可能是"两处茫茫皆不见"，学生的模拟活动的真正价值又如何？知识填鸭固然令人诟病，可是无章法的"探究"或"质疑"，又有多少活动不是磨洋工或者作秀？"线性"知识单一有局限，然而政治、经济、社会方方面面目不暇接的知识学生消化得了？有多少内容是似懂非懂的夹生饭？学生的知识结构不健全，思路混乱，有限的知识难以辨明是非；老师不知在多元价值观中如何取舍，很大程度上迷失了教育工作的方向。甚至连不少学生都觉得这样的实践是做无用功，枯燥无聊，该讲的不讲，虚耗光阴。如果这就是历史教育该有的样子，那么立德树人的功用从何谈起呢？

我国历史教育自古以来就很重视知识结构的呈现。当代历史知识的表达是我国历史教育工作的一件大事。缺失历史常识，引起人们的不安；于是教科书中历史知识的去留，成为师生乃至社会关注的焦点。像秦皇汉武、唐宗宋祖这些历史人物，五四运动、中国共产党诞生、抗日战争等重大事件成为必须叙述的历史现象，也是历史教育的着力点。我们认为，强调脱离知识的能力，缺少必要的历史知识，很难形成民族认同与文化认同；放弃体系搞碎片的历史教育，反而不符合中国国情。如日本右翼势力美化或者回避谈论侵略战争，使得日本青少年对法西斯主义带来的灾难不了解，就不会吸取历史教训，也就谈不到以史为鉴；空洞的思维培养解决不了大是大非的问题。教师欠缺必要的知识结构，就不大可能驾驭历史教育工作。在历史教育中形成健全的知识结构，应是我们的当务之急；搭建必要的宏观叙事的框架，产生规律性认识，才能以古鉴今、启迪思考。这要求我们把历史教育建立在历史常识的基础上，没有一定量的知识不可能解决问题；尤其要用大量历史信息诠释重点知识，否则就是囫囵吞枣。①

---

① 何兹全先生曾说："历史课本最忌骨瘦如柴，就剩下一个架子。文字写出来要让学生愿意看，写成大纲的样子不行。有人强调字数问题，字数少了，干巴巴的，学生不爱看，少就好吗？历史课本字数多一些没关系。写得很生动，学生爱看，就好。少了让他记，他就能记住了？反而倒记不住。"参见何兹全《著名史学家谈中学历史教材问题——何兹全先生访谈录》，《历史教学》2002 年第 11 期。也有学者说史家并不是摄影家，而是画家，对映入眼帘的景象不是——摘取下来而是有适当的选择，美善、鉴诚、新异、文化价值、现状渊源是选择事实的标准。但绘画同样需要宏观构划。参见杜维运《史学方法论》，台北：三民书局 1986 年版，第 24—31 页。

更重要的是，我们要在常识的基础上形成框架，实现贯通。有学者概括白寿彝先生主编的《中国通史·导论卷》最核心的一个字是"通"。白寿彝先生说："在内容上，要求在'通'字上下功夫，重视各种社会现象的内在联系，重视贯通古今的发展规律。做到这一点很不容易，但这是我们努力的方向。"① 白先生意为，历史现象是规律的支撑，规律延伸了历史现象的空间，"尽精微"是要"致广大"。这样历史教育工作者不能停留在碎片化的历史现象中，而是要引领学生把握史事的来龙去脉，总结规律，举一反三。② 有了这样的精神，即便面对碎片，如果我们有足够的信息和诠释能力去解读它们，尤其是将它们放置在全局性的知识结构中。③ 那么我们的工作就不是杂乱无章的信息堆砌，而是寄托一定思想价值观的理性表达，历史教育的功能也能很好地发挥。

历史教育工作者从各自的知识和立场把握历史现象，对于同一内容，不同的人立意不同，呈现结果差别会很大，自然"横看成岭侧成峰"。"成岭""成峰"的观察维度就是主线。人类的政治实践是历史教育绝好的主线，白寿彝先生曾指出："历史主要是写政治，政治是历史的脊梁，经济虽是基础，但要受政治的制约。"④ 中国政治史不仅

---

① 周文玖：《白寿彝先生对中国通史理论的构建——从〈中国历史上的十二个方面346个问题〉到〈中国通史·导论卷〉》，《史学史研究》2020年第4期。

② 英国史学家奈米尔（Lewis B. Namier，1888—1960）指出："历史最重要的是有大纲领（the great outline），兼具有意义的细节（the significant detail），必须避免的，是无谓的叙事（irrelevant narrative）。""不作无谓的叙事，只有在叙事与解释冶于一炉时，才大致能做到；历史不流于鉴（chronological anna）或断烂朝报，胥系于此。"参见杜维运《史学方法论》，台北：三民书局1986版，第127页。"大纲领"和"细节"的说法，对我们也有很大启迪。

③ 晁福林先生认为，针对众多碎片和小问题，研究应该从大处着眼。例如，孔子的理想社会就是行"大道"的，孔子采用"天下"（而不是用周王朝或是鲁国）的概念来讲述自己心目中的理想时代，在今天看来非常高瞻远瞩，可以说孔子所说的"天下"就类似于我们今天所谓的世界通史视野。之所以要以世界通史的视野来看待中国古代的社会形态，是因为唯有如此才可以看清中国古代社会形态的特色，看清中国古代社会发展道路的世界意义。如果我们研究历史碎片时都有这样的全局眼光，历史碎片的意义就会大不一样。参见晁福林《发挥好历史碎片的大作用》，《人民日报》2015年7月20日第16版。从大处着眼，不拘泥于碎片，对历史教育的意义是不可小觑的。

④ 北京师范大学史学研究所编：《历史科学与理论建设——祝贺白寿彝教授九十华诞》，北京师范大学出版社1999年版，第13页。

有很强的影响力，能够串联起大量的历史信息，而且对当代社会的借鉴意义巨大。① 中国自古就是统一的多民族国家，政治教育是史学功能的重要构成部分；当今历史教育从教科书书写到教学活动的开展都须贯彻国家意志，这是发挥立德树人功能的重要空间。以中国政治史为历史教育的主线，要求我们做到以下几点。

一是突出重大政治人物、大事件的历史价值。固然人民群众创造历史，凡人的日常生活也是历史的重要构成，但其历史作用与教育价值要比大人大事逊色许多。班固在《汉书·倪宽传赞》中记载："汉兴六十余载，海内艾安，府库充实，而四夷未宾，制度多阙。"此时汉武帝"方欲用文武，求之如弗及，始以蒲轮迎枚生，见主父而叹息"。于是"群士慕向，异人并出"，造成了"兴造功业，制度遗文，后世莫及"。班固罗列的大量汉武帝及昭宣时代的贤能人才，在汉家历史上空前绝后，绝非一般人所能替代。

二是通过典型人物与事件渗透这一时期经济、社会等复杂的历史信息。尧舜禹之间的社会面貌就值得剖析。《尚书·尧典》所谓尧"克明峻德，以亲九族。九族既睦，平章百姓。百姓昭明，协和万邦，黎民于变时雍"，《皋陶谟》中大禹说"知人则哲，能官人；安民则惠，黎民怀之。能哲而惠，何忧乎驩兜？何迁乎有苗？何畏乎巧言令色孔壬？"此谓知人、安民可带来部落内部稳定，驩兜、有苗以及其他巧言令色孔壬之辈是不足为惧的。《墨子·尚贤》谓："古者圣王之为政也，言曰：'不义不富，不义不贵，不义不近。'""古者圣王之为政，列德而尚贤。"《韩非子·五蠹》也主张"上古竞于道德，中世逐于智谋，当今争于气力"，诸如此类记载，都是对唐虞时代以品德教化维系社会秩序的追溯。专家指出，从古史记载中可以看出，

---

① 在历史教育实践中，生动有过程的信息最有感染力。政治实践体现了人与人之间的复杂纠葛，在人类生活中有血有肉，各种矛盾冲突形象具体。较之政治史来说，经济较为枯燥（正如白先生所说，经济也受政治的制约），文化思想较为空泛，两者都在政治实践中留下痕迹；军事、民族、外交是政治的延伸。

建立在广泛氏族组织基础之上的中国早期国家，具有团结广大社会成员的功能，并在行使这一功能时表现出仁慈性质。① 这些必要的历史阐释，具备十足的历史感，就很有教育意义。

三是在阐释历史现象过程中凸显精华内容，尤其是中华优秀传统文化、革命文化和社会主义先进文化的合理性。大千世界无奇不有，历史教育功能的发挥须遴选积极向上的内容。顾炎武说："孔子删述六经，即伊尹、太公救民水火之心，故曰：'载诸空言，不如见诸行事。'愚不揣，有鉴于此，凡文之不关于六经之指、当时之务者，一切不为。"② 所谓"六经之指"即儒家典籍端正人心之精义，所谓"当时之务"即当时社会亟待解决的重大问题。这既是学术研究的重心，也是教化人心的素材。

四是为突出政治史的主线删繁就简。历史学科包罗万象，信息繁多，倘若不得要领，内容悉数呈现，不用说学生难以消化，就是老师也非常吃力。历史教育以政治史为主线，其他内容为辅助；对非历史学科的、过于精专的细节，不建议着力呈现，这样就能做到删繁就简。就科学史而言，某一科学本身的学术发展史，称为内史；该学术内容与经济社会的互动关系，称为外史。如医疗方面，医务工作者热衷的是内史，搞医疗史的历史工作者关心的是外史，毕竟两者的知识结构差别甚大。即便是人口、战争、环境等内容，也有内史外史之分。属于内史的一系列精专因素，分别属于社会学、军事学、环境学等学科。即便是历史教育工作者把属于内史的问题钻研透讲透，很多内容亦不属于历史教育的范畴。有学者指出："精选一两个重点知识，补充历史细节，还原历史原貌，让学生在具体生动的历史情境中体验过去人们的生活、他们面临的问题、他们的所思所想所为。"也就是说，教师可把历史教育的重点放在最能够体现历史阶段特征的史实上，这样学生建构知识形成系统，就能够从容许多。

---

① 晁福林：《中国早期国家问题论纲》，《光明日报》2000 年 12 月 1 日第 C03 版。
② 顾炎武：《亭林文集·与人书三》，中华书局 1983 年版，第 91 页。

二　学术研究要为历史教育服务

21 世纪以来，大量学术知识下移到历史教育一线工作中。为了改变被动接受知识、死记硬背的局面，老师们围绕收集资料、阅读学术文献与模拟学者思考等一系列内容展开了大量的工作。于是历史课的任务越来越冗杂繁多，不少老师感叹教历史真不是一件容易的事。之所以感觉任务艰巨，其中很重要的一个原因在于历史教育和学术研究的关系没有厘清，把学术研究等同于历史教育，造成一系列盲目的跟风行为。我们认为，学术研究需要为历史教育服务，前者是途径，后者是目的；混淆两者，颠倒其关系就会造成许多乱象。如下的现象在教学实践中应不罕见。

其一，漠视学生的接受能力。学术是一个无底洞，相当的工作就是专家学者也需要经年累月，乃至穷其一生。对于知识结构不完全、人生经验不丰富的且学力有限的学生来说，精专的学术问题肯定吃不消。笔者曾经见过很多课例，老师从专著和论文中截取大段的信息印发给学生，结果很不理想，不是学生恹恹欲睡，就是课堂根本完不成这么多文献的阅读任务。我们也曾听过这样的课：老师试图和学生一起讨论云梦睡虎地竹简秦律的内容属性问题，然而学生无精打采，无人应和；结论也是老师自己强加给学生，甚至就是把学者论文中的原话拿来，老师也不加消化与诠释。这样的课，我们很难说学生有什么思维提升，因为大量的信息让学生难以接受。究其原因，学术研究是很艰辛很复杂的工作，不少教育工作者在"做中学"等理论的引导下忽略了它的难度，教学活动失去意义。

其二，把探究活动庸俗化。有教育工作者认为，只要把学术文献扔给学生，学生就能够探究问题。但事实上这种活动是盲目的，不仅相当一部分学生味同嚼蜡，就是老师自己也会丈二和尚，摸不着头脑。因为一方面探究缺乏明确的方向性，教学活动是无导向的。"以学生自我发现取代教师指导"的无导向教育，在美国曾风靡一时，但最终以失败告终，大部分青少年学生不具备探研究诘的本领，欠缺辨别能力，且以自我为中心，叛逆思想严重，无导向教育带来的是学生的扭曲成长以及老师的惰性。在当下历史教育中无导向的情况也不少见，只要学生在说就是王道，违反学术知识与原则问题也得肯定。学生的思维导图、老师的随声附和不知所云、离题万里，有教研员说这样的课堂一半是学生胡说，另一半是老师跟着学生胡说。我们认为以此为探究就是对探究的大大矮化。一方面课堂上呈现的资料良莠不齐，往往不仅缺乏问题意识与针对性，眉毛胡子一把抓，而且大量资料不是史料，不能说明历史现象。学生以此为基础也得不出什么认识，大部分是茫然地读读材料，即便有想法也会不着边际。探究活动缺乏历史深度，老师欠缺深入研究和教育导向，学生磨洋工，这样师生的行为都带有相当的盲目性和形式化。

其三，把批判性思维教条化。批判性思维在历史教育圈中非常流行。它提倡独立思考、理性判断、不盲从，无疑也是当今学术研究与历史教育的重要原则。荀子曾说"信信，信也；疑疑，亦信也"（《荀子·非十二子》），谓信可信的事物是为了求真；怀疑可疑的事物也是为了求真。在解决问题的过程中，前者是必要的知识储备，后者是严谨的科学态度。两者辩证相生，缺失后者则为教条，缺失前者则为诡辩。由此而言它的建设性要大于破坏性，不是见人就怼，不是抬杠和诡辩，而是在去粗取精基础上研判的理性的思考。然而有人把批判性思维教条化，主张批判才是历史课应当追求的目标，历史学习就要把学生的思维"搞乱"；凡能通过读教科书就可以得到的信息，都应该颠覆，于是批判性思维流于诡辩。如果学生持相对主义的态度，处处抬杠、愤世嫉俗、无视真理，就违背了历史教育的初衷；一旦历史课成为空洞的责难与翻案，历史现象的合理性就无从谈起。法国年鉴派学者布洛赫的《历史学家的技艺》曾质问："我们对自己、对当今世界也未必有十分的把握，难道就这么有把握为先辈判定善恶是非吗？将一个人一个党派或一个时代的相对标准加以绝对化，并以此去非难苏拉统治时期的罗马和黎塞留任枢机主教时的法国的道德标准，这是多么荒唐啊！"① 而历史教育需要落足在哲理和价值观上，其效果的达成是建构性，而非颠覆性的；或者说历史教育的要义在"立"而不在"破"，因为"破"而不"立"带来的是精神家园的荒芜，我们很难想象一片废墟之上会有怎样积极的人生导向。

当今国家统编中学历史教科书系铸魂工程，体现国家意志，事关中华民族的长治久安，其历史价值和战略意义自不必言。我们的历史教育应该基于大量可信生动的史事，把教科书文字背后的来龙去脉以可接受的方式传达给学生，使学生理解历史现象本身，才会引发思考。白寿彝先生曾说："我们阐述这一长期的革命传统，既要讲中国人民革命传统的顽强性，又要讲清楚中国革命成果的得之不易。我们要用生动、丰富的史实，饱满的热情进行这种教育。"② 只有充分地继承历史文化遗产而不是抱着虚无的态度，才可能使国家未来的接班人在基础教育阶段获得正确的历史教育。

白寿彝先生又指出："历史教育从根本上说，是历史前途的教育。我们的祖国前途怎么样？我们中华民族的前途怎么样？这是学历史的很重要的大问题。""象这样的大问题，历史上的知识对帮助我们瞻望我们历史前途，同时感染我们青年一代，提高对祖国前途的信心，树立革命理想，都是很重要的。"③

平心而论，进入 21 世纪以来我国的历史教育改革，付出巨大，

---

① 布洛赫说："要是他们敢在当时的国民议会中这样大声抗议，那才算得有勇气呢！在远离断头台的地方猛烈抨击当年版的政策，这只能令人发笑。"布洛赫还指出，评判极易受集体意向和反复无常的个人爱好的影响，加上人们轻视搜罗随笔记录，种种因素"使历史学天然地蒙上一层反复无常的外表"，甚至诙谐地说："空洞的责难，然后又是空洞的翻案，亲罗伯斯庇尔派，反罗伯斯庇尔派，发发慈悲吧！"参见 ［法］马克·布洛赫《历史学家的技艺》，张和声、程郁译，上海社会科学院出版社 1992 年版，第 102 页。

② 白寿彝：《史学工作在教育上的重大意义》，《白寿彝史学论集》上，北京师范大学出版社 1994 年版，第 244—245 页。

③ 白寿彝：《历史工作者的光荣职责》，《白寿彝史学论集》上，北京师范大学出版社 1994 年版，第 220、222 页。

而在教育收效层面并不十分乐观。从中学到大学，探究学习、做中学、批判思维、翻转课堂等名目繁多的所谓凸显学生主体性的舶来品都难免南橘北枳，很难在我国的历史教育中开花结果。其中原因，除了急于求成的功利心理作怪，以及西方理论功能被过于夸大、理论自身未必成熟之外，西方个人本位的教育思路、以西方现代文明为标尺裁量一切的武断态度，与中国集体主义的文化背景多有龃龉，这也是重要因素。

三 当代中国历史教育工作者的任务

历史是复杂的。历史教育并非对垒材料标榜渊博，也非猎奇取异显示个性，而应当建立在翔实的材料基础上，通过重点问题的叙述与探索渗透教育作用。而中华民族各个时期的历史成就就不容忽视。我国五千年文明史中，统一多民族国家的发展和巩固是世界独有的历史现象；百年来中华民族争取民族解放、国家独立与人民富强的斗争史，尤其是中国共产党领导的革命斗争、中国特色社会主义建设的丰功伟绩，都是历史教育的重点内容。围绕它们，历史教育工作者积累了大量经验，然而其内在逻辑与历史地位，似乎还有待深入探索。

首先，中华文明史自成系统，历史现象的更迭存在自身因果链条，在特定的历史土壤中产生合理性，这需要我们深入挖掘。历史教育忽视了中华文明史中的因果链条，就会脱离了文化土壤而作出有违事实的结论，起不到应有的教育作用。尤其是在西方文明强势来袭的背景下，人们往往会以己之"短"比人之"长"，得出的结论并不公允。比如指责中国文化土壤中欠缺科学的、民主的、开拓的、平等的因素，就是以西方文明上升阶段的某些历史现象为放之四海而皆准的标尺，把中国古代的文明程度大大矮化（在西方特定时空中的现象，也并不具备普遍适用性）。反而导致统一多民族国家的建立与巩固、中国历代版图的发展奠定、中国农耕文明的积累、中华文化的传承等重大问题，在西方思维先入为主的削足适履式的叩问中，得不到有效的澄清。尤其是相当一个时期内，中国古代大量优秀文化被打上"封建性"和为专制皇权服务的标签，"厚今薄古"口号之下中国古代文化在历史教育中非常单薄，机械的定性覆盖了"是什么"层面的研究与历史现象合理性的诠释。如此，部分人产生了中国社会土壤就欠缺现代性的因素，中国人骨子里就比西方弱，中华文明无论如何都是先天不足的偏颇观念。① 构建国家和民族身份的历史教育，因为这样的缺陷而不能发挥，不能不说是遗憾；甚至由此而使历史虚无主义沉渣泛起，更是巨大的悲哀。

我们认为，中国文明的确应放置在世界视野中进行解读，但是需要通过长时段认清其历史价值，才能避免机械比附。文明的价值，虽然在碎裂的吉光片羽中留下痕迹，但终究吉光片羽语焉不详，其解读也会因为视角不同而产生误差。这就需要跳出吉光片羽的小世界，通过大量史事来论证古今更迭。比如中国古代具备典型的广域王权特征，这的确是许多小国寡民式的文明不具备的特色，也是近代以来西方人批判的重点内容。然而从中国数千年文明史看，广域王权国家能够在水患、疫病、战争等天灾人祸面前，最大限度上调动人力物力纾解灾难，稳定社会秩序，尤其是没有像世界上许多文明那样随灾难而湮没，其功能与价值也并非批判专制王权就能够抹杀。又如进入文明之时，古希腊罗马文明中血缘链条被地缘因素"炸毁"，但中国"族"的因素仍然长期存在，有人认为这是中国先天不足的根源。然而从三代历史发展看，"族"的因素在中国非但不是文明的障碍，反而和文明的表征国家很好地结合；古代中国早期国家构建过程中，无

---

① 马克垚指出："一直到现在，我们史学的理论和方法，可以说都是学习西方的结果。""我们学习的结果，就是以人家的标准为标准，以人家的是非为是非。""陷入西方的话语霸权控制下而不能自拔。""一谈到专制主义，我们就要陷入东方主义的泥塘，就出现一些认识上的预设前提：一、从古代起，东方是专制的，西方是民主的，所以专制是属于东方的；二、专制是不好的，民主是好的；三、对专制的论述就是历数其坏处，其消极作用与影响。东方一向专制，所以东方的古代史尽是消极的内容。这些可以说是专制主义的原教旨主义，也就是西方的话语霸权。"参见马克垚《古代专制制度考察》，北京大学出版社 2017 年版，第 2、10、30 页。

论是制度的创立，抑或是方式的选择，无不关注各个部落、氏族的情、义、利、患等问题。这种关注与社会实践，成为社会相对稳定的基石。直到古代中国早期国家成熟时，还能够看到这条发展道路的痕迹。① 这样和谐发展的文明演进道路，恐怕是西方历史不具备的。

其次，中华优秀传统文化与革命文化、社会主义先进文化之间一脉相承，三者之间的联系也是历史教育的重要内容。中华优秀传统文化是现代中国人的精神家园，在精神境界与行为实践上都对后世有着不可磨灭的指引作用。革命文化植根于近代一百多年来中国人民的抗争奋斗史，是中国共产党人率领人民群众进行不屈不挠斗争的革命实践，也是中华优秀传统文化的继承与发展。社会主义先进文化表达了中国特色社会主义的文化内涵，是马克思主义普遍原理指导下去粗取精、去伪存真的中国文化。历史教育要把握三者的共性，弄清"古今之变"中"通"的地方，引领学生抓住万变不离其宗之"宗"。愚以为，这至少在很多方面有明显的表现：一是中国人几千年来对统一多民族国家的政治认同是一脉相承的。从新石器时代开始，各个部族就不断交往相互融汇，演变为以夏、商、周族为核心的族群；春秋战国时期，以周文化为核心又形成了华夏与戎狄蛮夷并峙的局面，秦汉大一统的政治使得国家安全有了基本保障，各族融汇过程加快，魏晋隋唐时期，"中华"一词逐渐代替"华夏"成为中国各民族的集合称谓；近代以来"中华民族"之称深入人心。魏晋以降，人们为"中华"而自信；近代以来，各个民族、各个社会阶层的人们无不为"中华民族"这一个庄严的称谓而自豪和骄傲。② 固然古人的"华夏"和"中华"同今天"中华民族"还有一定差别，然而中国人从古至今对国家和民族的认同并没有断裂。正是有了对统一多民族国家的认同，中国人民在历次反侵略斗争中才会不屈不挠，从而形成中国特色社会

---

① 晃福林：《关于中国早期国家形成的一个理论思考》，《历史研究》2010 年第 6 期。
② 晃福林：《"从"华夏"到"中华"——试论"中华民族"观念的渊源》，《史学史研究》2020 年第 4 期。

主义发展道路。二是中国的制度文化自古至今一脉相承。所谓"百代皆行秦政法"，也并不是说中国自秦以后就专制与禁锢，而是说秦的制度建设与中国社会发展趋势合拍。章太炎先生的《秦政记》指出，秦始皇继承了法家传统，终结了贵族制度，"刑罚依科"，"要以著之图法者，庆赏不遗匹夫，诛罚不避肺腑，斯为直耳"。"世以秦皇为严，而不妄诛一吏也。""由是言之，秦皇之与孝武，则犹高山之与大湫也；其视孝文，秦皇犹贤也。"其历史功绩远出汉家天子之上。① 张传玺先生也指出："秦朝的疆域与西汉接近，人口约为其三分之一强。如果不是秦皇、汉武创行以郡县制为主体的中央集体制度，要想有效地管理这样一个地区广大、人口众多、自然与社会复杂的偌大国家，并推动其经济、文化迅速发展，将是很困难的。""中央之设三公九卿制，是不是反映多民族大一统的政治需要呢？回答也是肯定的。""我认为中央集权制度的创立，是中国古代社会发展到一定时期的需要，是中国古代史上最主要的政治文明。"② 秦顺应了"贵"的没落与"贤"的上升这一历史趋势，后世推行有效的中央集权制度，中央集权、因能授官、法义结合、严明赏罚等政治实践，都与秦制密切相关，直到今天还发挥着巨大作用。三是中国人的文化土壤数千年来没有断裂。集体主义的价值观，天人和谐的自然观，自强不息、不偏不倚的人生原则，与重人轻神、持重内敛的处事态度，突出经验与整体的思维方式，是中华优秀传统文化的内涵，也是近现代以来应对西方强势文化压力以及一系列内忧外患的正确态度，更是当代中国奋发图强的智慧源泉。而我们的教育实践，如果只针对当下中国的问题与成就就事论事，忽略了长久以来的文化土壤，就缺乏历史教育的深度，各种问题也不能澄清。

最后，突出中华民族伟大复兴过程中的具体实践，特别是中国后

---

① 章太炎：《秦政记》，《章太炎全集》第 4 卷，上海人民出版社 1987 年版，第 71—72 页。

② 罗炳良：《张传玺教授访谈录》，《史学史研究》2005 年第 1 期。

来者居上的现代化成就。中华民族近代百年落后于西方，但经历漫长而艰苦的奋斗，新中国成立后尤其是改革开放以来，中华民族伟大复兴展现出前所未有的光明前景。21世纪以来，我国在载人航天、探月工程、量子科学、深海探测、超级计算、卫星导航等领域取得重大成就。人工智能技术作为赢得科技竞争主动权、服务于美好生活的战略抓手，在中国当下方兴未艾。中华民族虽然在第一次、第二次工业革命中落伍，但完全能够吸取人类优秀的文明成果，在新一轮科技革命中大有作为。恰如罗马法先有法条，后有注释以及不断丰富的各种判例，一代代裨补阙漏，直到东罗马查士丁尼集大成。而古希腊罗马典籍，经历阿拉伯人的百年翻译运动，在意大利出现文艺复兴。某一重大历史现象的创制者和发扬光大者，很可能不是一批人。这些内容表明，后来者居上以及后出转精的确是客观的现象。现代化也可如是观，虽源自西方，中国人能借鉴西方先进成果，结合中国国情与文化背景进行创造，积累经验，摸索规律，从而树立我们的话语权。

我们的历史教育具备鲜明的中国特色。习近平同志在全国哲社工作会议的讲话中指出："绵延几千年的中华文化，是中国特色哲学社会科学成长发展的深厚基础。"[①] 历史教育亦然，它是重集体主义与人伦教化的中国史学传统的折射。发挥传统史学的优势，树立中国历史教育的时代逻辑，建立历史教育的话语权就格外有必要。或者说，在中华优秀传统文化、革命文化与社会主义先进文化中寻求智慧，随着时代需求对历史教育思路进行调整，因循损益，扬长避短，从而形成当下历史教育的时代逻辑，是合理的做法。宋人陆九渊所说"六经注我"，和我们的历史教育有相合之处。古人意谓，我之思想皆以《六经》为基础，前圣之言可为我所用。陆象山言："学苟知本，六经皆

---

① 习近平：《在哲学社会科学工作座谈会上的讲话（2016年5月17日）》，《人民日报》2016年5月19日第2版。

我注脚。"① 这里的"我"即为中华民族伟大复兴的中国梦服务的历史教育时代逻辑,"六经"即包括教科书在内的能够论证中华民族合理性的一切资源。② 明乎此,历史教育才能在当下中国顺理成章地落实下去。

————————

　① 黄宗羲:《宋元学案》,中华书局 1986 年版,第 1891 页。
　② 统编高中历史教科书《经济与社会生活》主编杨共乐先生也指出,教科书也是孔夫子所做的工作:"司马迁在《史记》中说:'孔子布衣,传十余世,学者宗之。自天子王侯,中国言六艺者折中于夫子,可谓至圣矣。'所谓'六艺',也就是'诗''书''礼''易''乐''春秋',这不就是教科书吗!""既然我们所做的是孔夫子所做的事,就没有理由不把教科书编好。"参见李艳辉、杨共乐《中学教科书编写的新实践——杨共乐教授访谈录》,《历史教学》(上半月)2020 年第 17 期。

第十八章　历史教育中的中国话语
——探研究诘与问题教学

以问题启迪思考，古已有之。特别是进入 21 世纪以来，围绕问题教学，旨在提升历史学科能力的各种教学实践层出不穷。老师们基于学情，探索历史教育规律，进行了很多有益的尝试；但在各种风靡的理论影响下，探究活动也出现一定的问题。在历史学科师范生与教育硕士培养过程中，我们发现问题比较明显：论文迷恋于跟风和堆砌西方概念，将若干案例与之机械嫁接，缺乏深度和新意。如此的探究再花哨，也是低层次的，难免牵强附会、千篇一律，仿佛我们中国历史教育乏善可陈。这样与历史教育是两张皮，既缺失文化自信，也不符合实事求是的精神。愚以为中国历史教育不应如此跟风，古人的探研究诘精神就值得我们借鉴。

一　中国古人探研究诘的智慧

古代大学问家提倡发现真问题、研究真问题，而不东拼西凑、不弄花架子。中国古代治学经验中，探研究诘就是一种智慧。探，《说文》说"远取之也"，本义是伸长手臂获取较远的东西。研，《说文》"礦（磨）也"，本义是细磨。究，《说文》说"穷也"，本义是穷尽推求。诘，《说文》说"问也"，本义是追问、责问。文献中已有

"研究""究诘""探研"等语汇，比如刘义庆《世说新语·文学》："殷仲堪精核玄论，人谓莫不研究。"《新唐书·陆贽传》："朝廷含糊，未尝究诘。"远取、穷尽也罢，细磨推求也好，都说明探究工作不是简单的事。这些内容非常扎实，值得今人借鉴。

其一，古人重视高水平问题。在进德修业的过程中，学生应循序而进，摒弃错误或者不成熟的认识，提升发问的质量。《礼记·学记》中有七条"教之大伦"，其中之一是"幼者听而弗问，学不躐等也。"躐是逾越的意思，怎么就不允许低幼的学生发问呢？这和我们今天的认识有不同之处。其实古人是想让学生明白长幼之别的同时，懂得循序渐进的道理。清人孙希旦对此说："年有长幼，则学有浅深，故其进而受教于师，使长者咨问，而幼者从旁听之，所以教之使循序而进，而不可逾越等级也。"① 经历了一定的观摩，学生问对了地方，就能切中要害，这也是珍惜向先生求教的机会。事实上孔子就对子贡说"予欲无言""天何言哉"；针对子路求教"鬼神"和"死"，孔子回答"未能事人，焉能事鬼""未知生，焉知死"，其中应也有让学生自己发现有益的问题、提升问题质量的意味。宋代大儒张载，严于治学，先确定大量研究的问题，然后仔细斟酌，反复修改题目。他"立数千题，旋注释，常改之，改得一字即是进得一字"。待题目思考成熟，"始作文字，须当多其词以包罗意思"② 《宋史》记载得更具体，说他"终日危坐一室，左右简编，俯而读，仰而思，有得则识之，或中夜起坐，取烛以书"。其中"左右简编"即挑选问题，"有得则识之"即不断思考并修改问题、寻求答案。这种遴选问题、精益求精的精神，值得今人在历史教育实践中吸收。③

---

① 孙希旦撰，沈啸寰、王星贤点校：《礼记集解》，十三经清人注疏，中华书局1989年版，第962页。

② 张载著，章锡琛点校：《张载集》，理学丛书，中华书局1978年版。

③ 在调研过程中，笔者曾经看到这么一个例子。老师写板书"北京猿人"，下面就有初一学生问："老师，什么是北京猿人？"这时候老师并没有理睬，而是按部就班完成教学任务。我们认为老师这么处理是合理的，符合《学记》的逻辑。因为学生的问题没什么意义，老师既然板书就不可能不解释。我们鼓励学生发问不假，但出彩点是高水平的问题。常态课上老师面对的学生很多，时间又很有限，只有和重难点吻合的问题，才可能被有效解决。

　　其二，古人具备打破砂锅问到底的精神。《周易·系辞》说："探赜索隐，钩深致远，以定天下之吉凶，成天下之亹亹者，莫大乎蓍龟。"古人认为，探求幽眇隐晦之处，钩取深奥悠远的道理，确定事物吉凶并给人勉励的，没有比蓍草和龟卜更好的了。这是因为蓍草和龟卜超出了凡人的认识，可以穷尽不为人所知的角落。但操控蓍草和龟卜的是人，也能说明人类有竭泽而渔的探研究诘精神。探研究诘是丰富的学术活动，古人基于好奇心，对大千世界的众多现象进行了精深的求索。真正的探研究诘，并不是外在力量强加于人的、被动完成任务的行为，也不是炫耀知识丰富、学问渊博的故作深刻之论，而是要穷尽现有资源解决真问题的扎实工作。梁启超先生《清代学术概论》第十三章指出清人"喜专治一业，为'窄而深'的研究"①。全祖望回忆顾炎武的治学经验说："凡先生之游，以二马二骡，载书自随。所至厄塞，即呼老兵退卒询其曲折，或与平日所闻不合，则即坊肆中发书而对勘之。"② 后人翻阅《清经解》《续清经解》等清代朴学家卷帙浩繁的学术成果，都会肃然起敬。比如周武王大分封③、周幽王烽火戏诸侯④这类误解的澄清，都经历了漫长的过程。这些工作会是长期的、复杂的，会经年累月，不大可能一蹴而就；误以为课堂上一两个问题就可以模拟学者研究的做法，可能是把探究简单化，和古人求真的精神相差甚远。⑤

　　其三，古人提倡自主发问，质疑求真。孔子就曾经以"大哉问"鼓励林放（子丘）问"礼之本"。《礼记·学记》说："记问之学，不

---

　　① 梁启超：《清代学术概论》，《饮冰室合集》集部别集类，中华书局 2015 年版，第35 页。
　　② 全祖望：《亭林先生神道表》，载顾炎武撰，黄汝成集释，栾保群点校《日知录集释》附录三，中华国学文库·中华书局 2020 年版，第 1783 页。
　　③ 李凯：《周武王大规模分封了吗》，《历史教学》（上半月）2018 年第 8 期。
　　④ 李峰：《西周的灭亡：中国早期国家的地理和政治危机》，上海古籍出版社 2007 年版，第 224—226 页。
　　⑤ 我们见过课堂上老师为了突出史料教学，把史料互证、二重证据法等内容带到教学中。但不少学术内容超出了学生的理解力，课堂也基本是老师自说自话，仅是把信息灌给学生。

足以为人师，必也其听语乎！力不能问，然后语之。语之而不知，虽舍之可也。"这是说仅靠背诵和记忆前人的问题（郑氏曰，"记问谓豫诵杂难、杂说"，"难"是一种诘难式的文体，"此或时师不心解，或学者所未能问"）而没有自己的见解，不足以给别人当老师。这该怎么办呢？老师一定要听取学生的问题（朱子曰："愚谓听语，谓听学者之问，而因而语之，所谓'小叩小鸣，大叩大鸣'是也"）；学生没有提问的能力时，老师才加以开导。如果老师开导了还是不会发问，就可以放一放（郑氏曰："舍之，须后"）。古人认为，这一定是学有心得、"义理充足"的老师，才能操控得了。但也有不等学生问，就"语之"的，这是为什么呢？是因为他已经深入思考但思想纠结，"盖其心有愤悱，而力不能问，然后语以发之"。"《论语》'不愤不启，不悱不发，举一隅，不以三隅反，则不复也'，即此义也。"① 这种发自学生思维深处的、由新旧信息冲突而引发的问题，是生成性的；如能问到点子上，给我们带来启迪，就是教学的亮点。清代大儒戴震儿时就有一段佳话："（塾师）授《大学章句》，至右经一章以下，问塾师：'此何以知为孔子之言，而曾子述之？又何以知为曾子之意而门人记之？'师应之曰：'此朱文公（熹）所说。'即问：'朱文公何时人？'曰：'宋朝人。''孔子、曾子何时人？'曰：'周朝人。''周朝宋朝相去几何时矣？'曰：'几二千年矣。''然则朱文公何以知然？'师无以应，曰：'此非常儿也。'"② 在这个著名的故事中，少年戴震问倒了老师，牵涉出儒学史上重大的学术公案，这绝非"流水线"教育所能生产。牵强贴标签的探究活动，都急于求成，学生很被动，不仅谈不到质疑求真，连消化它们都有很大压力，真正留在学生脑海中的内容就很少，值得反思。

---

① 孙希旦撰，沈啸寰、王星贤点校：《礼记集解》，十三经清人注疏，中华书局 1989 年版，第 970 页。

② 戴震撰，赵玉新点校：《戴震文集》附录《戴东原先生谱》，中国历史文集丛刊，中华书局 1980 年版，第 216 页。

其四，古人强调独创性，打破套路和桎梏，解放思想。顾炎武曾论著作之难，谓："其必古人之所未及就、后世之所不可无而后为之。"① 顾炎武力主独创，他"自少读书、有所得、辄记之。其有不合、时复改定。或古人先我而有者、则遂削之"②。清代史学家章学诚把独创性说得更确切，认为承袭旧有说法，并不能称得上真知灼见。"辨论（即分辨与讨论）乌乎起？起于是非之心也。是非之心乌乎起？起于嫌介疑似之间也。"能看见泰山，称不上视力好；能听见雷霆，称不上听力好；知道尧是好人、桀是坏人也称不上明智。而抓住"嫌介疑似"（分不清大是大非的中间地带），发端于"微隐"（别人没有弄清的问题），对它们进行探研究诘，推广到尧是而桀非这样无可辩驳的地步，才是有价值的创见。③ 比如王安石的《读孟尝君传》，就打破了"孟尝君能得士"的成见，指出孟尝君身边的"士"不过是"鸡鸣狗盗之雄"，"夫鸡鸣狗盗之出其门，此士之所以不至也。"④文字虽短，但问题意识鲜明，振聋发聩，堪称千古名文。而当下教学中对西方理论的追捧和跟风，很大程度上淹没了创见；进而"流水线"的教学模式，给提升学生能力带来的桎梏，很多层面上恐怕大于促进。我们解读材料，往往不在多而在精，不在量而在质，核心材料的作用要比边角料大得多；而最重要的是贵有心得，读出他人所忽视的"嫌介疑似"和"微隐"内容（比如《读孟尝君传》中，王安石抓住了别人不重视的"鸡鸣狗盗"典故得出了新见），还得不断否定

---

① 顾炎武撰，黄汝成集释，栾保群点校：《日知录集释》，中华国学文库，中华书局 2020 年版，第 971 页。

② 永瑢等撰：《四库全书总目》，中华书局 1965 年版，第 1029 页。

③ 章学诚举了一个形象的例子：酒家酿酒，但酒变质而酸，在门上大书酒酸减价的广告，希望赶紧把酒卖掉。有人不识字，进来买酒发现酒已变质，责备酒家主人没有告诉他。但是他的财物落在了酒家，酒家主人追了出来，此人又认为酒家主人是好人，说："君家之酒酸矣，盍减直（值）而急售？"酒家主人闻之，哑然而笑。章学诚认为那些自以为获得真知的人，与此仿佛：他们"所矜之创见，乃告主家之酒酸也"。（清）章学诚著，叶瑛校注：《文史通义校注》，中华书局 1985 年版，第 259、260 页。

④ 曾枣庄主编：《宋代序跋全编》卷 104 "题跋"八《读孟尝君传》，齐鲁书社 2015 年版，第 2898 页。

自己才可能实事求是。

以上所罗列的内容，针对若干僵化的教学套路而言，就有很大的现实性。我们不是以古为尚、为古是遵，而是从历史教育的初衷出发，探索如何用古人的智慧解决问题。然而今人毕竟不是古人，今天的师生都不具备古代学者的知识结构，更没有古人的精力和环境。这样我们势必要充分考虑到今天的条件，做到古为今用。

二　问题教学：以"没土地可分了怎么办"为例

如何在问题教学中，借鉴古人探研究诘的智慧？愚以为，我们应当鼓励学生发问，尤其是抓住其中和教学重难点结合的问题，集中精力予以解决。比如，在中学教学中，老师们就碰到了学生提出的这样几个问题：

> 西周的分封制，如果没土地可分了怎么办？
> 商鞅变法的军功授爵制，如果没土地可分了怎么办？
> 北魏到唐中期的均田制，如果没土地可分了怎么办？

不要说学生，就是老师也觉得一头雾水。但这是好问题，它们经过学生的思考，由认知矛盾而生成，超出了我们习以为常的"流水线"套路；它们是中国古代重要的历史现象，由教科书的字面信息衍生出来，需要师生的深入研究与思考；弄清楚这些对深入了解中国古代政治制度很有意义。我们不妨以此为例，寻求比较妥帖的解释。

（一）分封制没土地可分了怎么办？

周人以蕞尔小邦灭大邑商，采取了分封天下的政策。这是在当时错综复杂的历史背景下，周人不得不如此的制度。教科书交代较少，师生有必要进行深入探索。周初社稷不稳，殷顽民蠢蠢欲动，此外还有数量众多的当地部族。周人坚信"非我族类，其心必异"，故经历三监之乱后以周公旦和成王为代表的最高统治者封建亲戚，试图以周人自己的血缘政治纽带，取代旧有的当地部落。但回答分封制没土地可分了怎么办，先要回答分封制是否会无地可分；而不同层面的人群情况不同。老师可以引导学生具体问题具体分析。

第一个层面，周王分封诸侯，是否会没土地可分？

这就是人们常说的封邦建土。但封邦建土仅是分封制中封建诸侯的层面，而非其他贵族；这样的制度建设并不是每个时代都在进行，老师可补充材料。历史学家许倬云认为："周室封建事业大成于成康，则说明所谓封建亲戚，以藩屏周室，属于周初建国工作的一部分，并不是在后世仍推广进行的常制。周人与姜族的封君中，大部分在成康之世已经建国了。"① 教师可引领学生从教材中的分封示意图中捕捉信息，重要的封国在西周早期已经出现，这与许先生的论断一致。师生可以推论，这种行为的目的在于，使周人把势力渗透到地方，建立的鲁、卫、晋、燕这些姬姓封国地处要冲、势力最为强大，足以决定大局。这样看，后世有没有世世代代大封诸侯的必要呢？可能性不大。故在周王分封诸侯的层面上，应不存在无土可分的情况。

这时候我们还有疑问，既然宗法制和分封制捆绑在一起，如果分封不是常制，那么从宗法角度派生出的大批王的庶出子弟，周王朝怎么处理呢？这个枝权问题也不容忽视。老师仍须补充必要的材料。王室的子弟可以在王畿内担任王朝的卿士，并且领有朝廷所赐的采邑，充当俸禄；其族人也可以世代任职于朝廷，为周王室服务，也被称为"畿内诸侯"。这些采邑主，也即文献所说的"寰内诸侯"，同样是分封制度的内容。② 就此而言，"寰内诸侯"的采邑会无土可分，因为周王控制土地是有限的。也有学者将周王赐予臣下土地形容成"恩惠换忠诚"，指出"毫无疑问，倘若周王一如既往地赐予土地，那么周

① 许倬云：《西周史》，生活·读书·新知三联书店 2001 年版，第 148 页。
② 吕文郁：《周代的采邑制度》（修订版），社会科学文献出版社 2006 年版，第 12 页。

王室的经济，继而整个西周国家的国力就不可避免地走向衰退。这就是西周必然走向衰亡的根本原因之一。"① 封邦建土就是分封制度的最主要层面，畿内的确存在无土可分。

第二个层面，诸侯有权把土地分给诸侯国的卿大夫，是否会没有土地可分？这是教科书未描述的问题，但它是解决这一问题不可或缺的内容。事实上，典籍对这些内容交代得也不清楚。师生可借助学者的分析来说明问题。检索文献，诸侯能够进一步分割土地给诸侯国的卿大夫，但分给卿大夫的土地是"采田""采地"或者"采"。"采田"的特点是，它只作为俸禄存在。《公羊传》襄公十五年何休注言："所谓采者，不得有其土地人民，采取其租税尔"；孔颖达也同样理解："大夫以采地之禄养其子孙。"专家指出，其实卿大夫的土地只是从天子诸侯那里得到的俸禄的一部分。② 这样看，诸侯手中的土地也是有限的，依旧可能无地可分。然而我们掌握的资料太少，金文中只发现周王室与畿内大贵族分配土地的情况，并没有看到齐鲁晋卫这些封国分配土地的情况；③ 也有意见认为，以上文献记载是汉朝人的描述，它们混淆了西周的采邑和汉朝的食邑，用汉朝说周朝。④ 既然如此，谈不到无土可分。

第三个层面，卿大夫能否对"采田"再进行分割？今天掌握的材料更有限。西周史料中极罕见卿大夫再把土地分给士的。这仍需补充专家的一些思考。有学者指出分割土地不是宗族存在的条件，相反，分割土地将导致宗族的退化。⑤ 政治地位低于卿大夫的士，直接从天子诸侯那里领取报酬，或者从卿大夫"采田"收入中获得一份。既然卿大夫基本不对采田分割，也就谈不到无土可分，当然这些都是

---

① 李峰：《西周的灭亡：中国早期国家的地理和政治危机》，上海古籍出版社 2007 年版，第 143、147 页。

② 钱杭：《西周宗法制度史研究》，学林出版社 1991 年版，第 61 页。

③ 钱杭：《西周宗法制度史研究》，学林出版社 1991 年版，第 63 页。

④ 西周诸侯国规模有限，应没有采邑。参见吕文郁《周代的采邑制度》（修订版），社会科学文献出版社 2006 年版，第 19—29 页。

⑤ 钱杭：《西周宗法制度史研究》，学林出版社 1991 年版，第 63 页。

推测。

这三个层面中，第一个封邦建土的层面是最主要的，不存在无土可分的情况；但畿内诸侯就不如此。第二、三个层面可能会无土可分，但很大程度上缺乏证据，只能存疑。其中有些认识是想当然，可能经不住推敲。比如有学者认为"三级分封"即周王在"天下"分封诸侯、诸侯在自己的封国内分封卿大夫，而卿大夫则在自己的采邑内分封士的做法，可能并不是同一时期出现的现象。① 这就需要师生拓宽视野，实事求是，纠正不正确的认识。

（二）商鞅变法的军功授爵没土地可分了怎么办？

商鞅奖励军功，实行二十级爵制，人们按照爵位高低占有不同数量的田宅、奴婢。那么国家是否会有没土地可分的问题？这个问题要容易一些。《中外历史纲要》在商鞅变法处说"授田于百姓"，老师须澄清这一点。从春秋到战国，各国土地制度经历了"井田—授田"的变革。战国时期这一进程大大加速，各国推行授田制度，大部分土地不再层层分封，而是国家直接授予农民耕种，农民直接向国家提供赋税和徭役，按亩纳税。② 各国君主的权力在战国时空前加强，根本原因就在于授田制带来的社会剧变。③ 战国秦的土地，牢牢地掌握在国家手中；这一时期土地买卖或私有的资料凤毛麟角，甚至不足为

---

① 西周时代因为"礼乐征伐自天子出"，分封之权也由周天子掌握。周天子在王畿之外分封诸侯，同时在王畿内为公卿大夫封授采邑。春秋前期和中期，是"礼乐征伐自诸侯出"的时代。分封权力也由周天子手中转移到大国诸侯手中。因此春秋前期和中期的分封主要表现为诸侯分封卿大夫。春秋晚期。各国卿大夫势力强大，一些诸侯国公室衰弱，政治上"礼乐征伐自大夫出"。分封之权又从诸侯手中转移到卿大夫手中，这一时期的分封主要表现为卿大夫分封家臣。大体上说，西周主要是"天子建国"的时代。春秋前、中期，主要是"诸侯立家"的时代。春秋后期，主要是卿大夫分封陪臣的时代。"三级分封"说抹杀了分封制度的阶段性特征。吕文郁：《周代的采邑制度》（修订版），社会科学文献出版社2006年版，第154页。
② 一度我们认为商鞅变法之后，以法律的形式确立了土地私有。但这并不符合史实，参见李凯《商鞅变法是否承认土地私有允许买卖》，《历史教学》（上半月）2019年第2期。
③ 晁福林：《战国授田制简论》，《中国历史博物馆馆刊》1999年第1期。

信，与土地买卖日渐普遍的汉代迥异。[1] 于是君主把军功授田宅控制得相当严格，跟分封诸侯相比有着质的不同。

军功地主虽然占有着国家的土地，但其所受土地的所有权往往属于国家，一般不可以世袭买卖。师生可以推论，列国对因军功赏赐的田宅控制都没有松懈，其目的何在？不过是防止土地买卖导致土地兼并干扰经济秩序。我们可以用一些资料来论证，如《孟子·离娄下》言齐国臣属离职，"遂收其田里"；《韩非子·喻老》言，楚国"禄臣再世而收地"；《史记·甘茂列传》载，秦封甘罗为上卿，才把曾是祖父干茂的田宅赐予甘罗；《史记·王翦列传》载，战前王翦请求秦王把田宅赐予子孙为业，秦王婉言谢绝。则商鞅变法赏赐田宅，也是让田宅数量与爵位相等；官爵一旦失去，田宅就不能保留。[2] 这就意味着军功授田谈不到无土可分。[3]

（三）均田制没土地可分了怎么办？

北魏孝文帝改革相关措施中，冯太后、孝文帝颁布均田令，按照一定的标准把国家控制的土地分给农民耕种，并且推行与之配套的租调制。学生也会问，没土地可分了怎么办？这个问题比较明确。

---

[1]　杨师群：《东周秦汉社会转型研究》，上海古籍出版社 2003 年版，第 177 页。

[2]　杨师群：《东周秦汉社会转型研究》，上海古籍出版社 2003 年版，第 81—82 页。

[3]　与此相关的是，战国秦的军功授爵，形成了多大的群体？这个问题不少学生都注意到。有学生问：二十级爵制按首计爵，杀敌二十人不就可以达到爵位顶峰了？这一问题我们也可以利用。事实并没那么简单，专家指出，按首计爵是有条件的，这个条件就是斩杀敌人首级的数量必须超过己方战士死亡的数目。《商君书·境内》言："其战也，五人束簿为伍；一人死，而刭其四。能人得一首，则复。"参见蒋礼鸿《商君书锥指》，新编诸子集成，中华书局 1986 年版，第 115 页。即在一"伍"之中，一人战死，其余四人皆应处以死罪；但如果斩杀敌人一个，可功过相抵。《尉缭子·束伍令》言："亡伍而得伍，当之。得伍而不亡，有赏。亡伍不得伍，身死家残。"参见钟兆华《尉缭子校注》，中州书画社 1982 年版，第 59 页。从文献中我们可知，必须是己方杀敌数目超过己方死亡数目，相抵之后才能按照"斩一首者爵一级"来计算。战国各国均以富国强兵为目的，交战双方武器装备所差无几，又是近身肉搏战，所以军功获得爵位并不是轻而易举的事。参见陈恩林《先秦军事制度研究》，吉林文史出版社 1991 年版，第 197—198 页。虽然今天我们无法了解秦国军功地主的具体数目，但学生能从这些信息推知，栖身这一集团相当艰难。这也能一定程度说明，国家对军功地主的管控力度。

老师可以呈现与之类似的情况。秦代授田在政府无田可授，或者有田也不多时，就停止了。秦始皇三十一年（前 216 年）诏告天下"使黔首自食田"，允许农民自由地占垦荒地，垦种之后即归私有，从而宣告了授田制的基本结束。[①] 当国家无土可分的时候，不得已对私有土地听之任之。老师可以提示，均田制的情况也和授田制类似，用教科书的相关知识予以分析。北魏时期北方经受了长期战乱，人口逃亡，土地荒芜。为保证国家赋税来源，北魏政权将无主土地按人口数分给小农耕作，土地国有。后来的隋朝和唐朝初期仍行此制，因为隋末战乱中又产生大量的无主荒地。唐中叶以后，人口越发稠密，土地兼并日益严重，朝廷无土可分，只能默认私有。唐德宗建中元年（780 年），宰相杨炎的建议实行两税法，均田制废止，历史从以人丁为税基的阶段进入到以土地为税基的阶段。宋代也奉行两税法，不再限制土地兼并，国家亦可正常运转。[②] 这些内容不少是教科书知识，老师可以引领学生以之为论据分析问题。

不可否认以上三个问题，是基于教科书常识的问题。如不解决，我们对历史现象的理解就是夹生饭。通过探研究诘，我们发现不少重要的知识，很多层面今天还不清楚，我们对历史概念的阐释可能存在误差；有的是因为师生知识面有限，有的是因为资料的匮乏。深入的学习基于深入的理解，针对有价值的问题进行探研究诘，作用是不可低估的。

三 探研究诘与问题教学的策略

借鉴古人的理论与经验，我们完全可以转变思路，在历史学科问题教学工作中，做到如下几点。

其一，突破"流水线"式的设问方式，减少低效或者无效的问

---

① 齐涛主编：《中国古代经济史》，山东大学出版社 2009 年版，第 216 页。
② 齐涛主编：《中国古代经济史》，山东大学出版社 2009 年版，第 258、275—279 页。

题。是不是所谓"探究"都比老师的讲授好？肯定不是这样。前文所说"流水线"套路化的模式中，不可否认里面存在有含金量的问题。但由于太强调热闹的形式、急于求成、执迷于某种"舶来品"，无视学生的接受能力与喜好，带来了学术的厌倦，探究活动在这样紧张的教学环境中显得低效或者无效。既然我们的课时非常有限，并且不少内容起不到预想的作用，就不如把它们删去，或者索性由老师把这些内容讲好。① 也有老教师总结，这一过程是做减法的过程，也是教师走向成熟的过程。低效或者无效探究所占据的精力，我们完全可以用来处理更有价值的内容。而突破"流水线"套路，鼓励学生结合已有知识和生活经验发问，似乎更应该做。它是历史教育的源头活水，是形成历史学科素养的良好契机，也是《学记》所说"记问之学，不足以为人师，必也其听语乎"的实践。北师大毕业生、北师大克拉玛依附属学校的历史老师李玉伟同志，带领该校高中生探研一系列问题，初成历史征文集《踮步集》。北京师范大学历史学院特聘教授、中国人民大学附属中学李晓风老师为这本小册子写序，说："文集中收录了刚刚成为高中生的小孩子们的文章，虽然稚气，也很有朝气。孩子真的是看了书，思考了问题，并且将自己的阅读和思考表达出来；不论深浅，孩子们都实际践行了探究历史问题的过程；这才是真正的学习方式的转变，这样的主体性和参与性是有深度的，是肤浅的课堂提问和流于形式的'合作学习'不可同日而语的。"李老师的评价是中肯的。打破满堂"问"的束缚，减少跟风，多些经过自己思考，应该是新时期我们努力的方向。

　　其二，突破蜻蜓点水和简单重复，在教科书知识尤其是常识上提倡深入地研究。"流水线"的活动套路大量内容是简单重复：学生很

---

① 有老教师指出，历史教育首先要研究怎么让学生爱听的问题。"听都不爱听，学生精神萎靡，什么合作、互动、审辩、情怀都是空话。"就一线教学而言，这样的意见是中肯的。老师可以采取详述法，也可以采取概述法，依教学需求而定；老师启发式讲授的魅力，是学生活动不能取代的。

多时候是重复教科书原话。老师搜罗的材料，很大程度上也是教科书原话的翻版，这样的思维定式会阻碍历史学科的功用。我们的教科书出于编纂的需要，不得不罗列大量的历史概念并使用一定的概括性语言；但是教科书编纂的逻辑，并不能等同于教学的逻辑。素养不大可能靠贴标签或者填鸭灌输达成，只能在老师的启发讲授和师生间的探究工作中完成。所以老师为了学生能理解，就往往不照本宣科，而是抓住重点知识，借助大量的史实进行阐释，并针对与之相关的问题进行探究。《课标》中要求学生"了解""理解""认识"某历史现象，我们就不仅要知道这一历史现象的表象，还要了解它的内涵与来龙去脉，把握住章学诚所说的"嫌介疑似"和"微隐"内容，这样学生才能形成高水平的素养。但是因为师生的知识面有限，教科书的信息量又是有限的，所以我们需要借助学术资源澄清它们，探究才可能达成。但这个"度"怎么把握？愚以为，老师应想方设法用学生已有的知识与经验解释它们，让它们靠近教学的重难点。上述"没土地可分了怎么办"的三个问题，西周封邦建土、军功授田、均田制的衰落与两税法，属于教科书信息以及学生常识，老师自然可以引领学生运用它们分析问题；而"畿内诸侯"、采邑、授田制等学术信息，虽然教科书未曾提及，但它们属于教科书重点知识的延伸，老师不必复杂化，可以采取概述法的方式简要介绍。像"三级分封"体现了"天子建国""诸侯立家"和陪臣执国命的过程的观点，老师可以用来说明春秋以来权力下移的历史背景。这样化生为熟、化繁为简，学生尽可能用已有资源解决问题，减少不必要的负担。

其三，突破探究活动是"一锤子买卖"的误区，把问题的解决放置在复杂的过程之中。这是应考策略中忽视的内容，是学生应对来自复杂世界挑战的能力，对学生培养历史学素养是大有裨益的。既然是探研究诘，这些能力就是综合性和普遍适用的，相应地，这一过程就是复杂的过程。顾炎武"以二马二骡，载书自随"，"或与平日所闻不合，则即坊肆中发书而对勘之"，最能说明探研究诘的长期性和艰巨性。它要求很高，难度不亚于做论文，远远不是一次问答即可完成的。历史教学的探研究诘可以借助常态课，也可以通过综合实践课进行补充；而后者更强调实践和创新，看重课堂与社会的密切联系。但实际情况是，综合实践课容易流于观摩表演，往往和常态课是两张皮。我们提倡综合实践课的内容常态化，充分考虑到探究的复杂性。比如"没土地可分了怎么办"的问题可以在综合实践课解决，也可以把相关内容分散在常态课中进行，实现对知识的深入理解。并且即便一时有了答案也不是一劳永逸，会随着我们认识的深入而不断修正。像专家指出"三级分封"并非西周之实情，就不是学者瞬间能获得的认识。这样我们在教学中，完全可以针对这些问题，通过讲授、复习、课后作业、兴趣小组等方式不断予以丰富完善，而不是一次授课解决。

其四，突破探究活动"千人一面"的状态，在个别同学尝试独立思考的同时，还要照顾到大多数学生的学情。"流水线"的教学套路，围成圈圈的"合作"探究，都难以回避一个现实：到底有多少学生在跟着老师转，而不是磨洋工？多少问题真能引起学生的思考，而不是过眼烟云？这是不可否认的瓶颈问题。《礼记·学记》说"幼者听而弗问，学不躐等也"，就意味着有相当一部分学生是问不出来问题，或者问问题不靠谱的，他们由于不具备知识背景、不了解钻研的方法，所以对探究活动的参与度不佳。这时古人认为"听而弗问"是较好的学习方式。倾听学长的发问以及老师的解答，在老师和学长的切磋琢磨过程中汲取营养，对于有心的学生来说是不错的学习机会。老师针对想学但思维纠结、"力不能问"的学生，要提示开导、旁敲侧击。即便如此，还会有"语之而不知"的冥顽不灵者，古人主张"虽舍之可也"，让他们依旧观摩。古人的做法是高明的，他们把自主发问、切磋琢磨和观摩学习结合在一起，值得今天效法。比如"没土地可分了怎么办"的问题，是少数经过思考的同学提出的。老师可以依据自己的知识结构当即予以一定的解答；也可以事后展开调查研究，把这些问题当作相关历史概念的教学资源；还可以和学生切磋，给出较为妥帖的解答。这些办法，都给未发问但有志于学习者提供了进步的空间。

其五，突破预设好答案、为问而问的活动，拓宽思考的广度、深度，寻求多角度、开放性的解答。大量的探究活动以书本知识点为依托，这样的问题是必要的，但不是唯一。因为如此探究可能忽略了历史的复杂性。比如照本宣科讲宗法分封制，就基本触及不到以上的问题。而打开思路之后，我们会发现连这样的常识时人都有这么多的盲区。社会错综复杂，制度牵一发而动全身。解决这些"微隐"的内容呈现出了历史的复杂性，拓宽了探究活动的视野，大大丰富了我们对西周制度史的认识。

愚以为中国古人的探研究诘，在当今的历史教育中是可行的。不少老师说，各种西方理论，各种名义的模式在当下层出不穷，弄得人身心俱疲，还把握不准方向，这值得我们反思。中国是史学大国，历史教育的传统源远流长。我们的教科书书写以及历史教育活动的实施，基于国家的立德树人需求与历史学科规律，并不是以某个西方理论为出发点。借鉴西方理论是必要的，但是迷信和盲目套用却违背了实事求是的原则。尤其是大量套用的研究，很大程度上只是戴一个西方理论的帽子，内容却是司空见惯的，所以出现了数量相当的重复劳动。

中国的历史教育完全具备相应的话语，我们没有必要舍近求远、标新立异。比如套用项目式学习，实际上和我们的探研究诘精神就很相似，大量的内容是我们很熟悉的问题教学。所谓历史学科大概念，与平常我们所说的"课魂""主线"与"教学立意"应属于一类事物，我们并不应该把它讲得洋味十足或者玄奥化。所谓深度学习、有意义学习，势必要在教学过程中掰开揉碎、深入理解，不是轻描淡写、囫囵吞枣、死记硬背，孔子就说过"学而不思则罔"；所谓大单元、系统化，势必要抓住宏观问题、跳出琐碎与杂乱无章，中国古代不少史学著作都能做到"体大思精"；所谓能力与素养，势必要举一反三、化生为熟，在运用过程中发挥知识的价值，孔子也说"使于四方，不能专对，虽多，以奚以为?"这些内容绝不是西方独有的，而是植根于中国古人的教育智慧，以及广大历史教育工作者的实践中。老师们都意识到，历史教育需要大量的实践，而不是空谈洋理论以示深刻；需要慢工出细活，潜移默化、静待花开，而不是揠苗助长。拿出中国古人的历史教育理论与实践，并不是要故弄玄虚、取异为高，而是反思我们的不足，以裨补阙漏，使得历史教育的功能得以有效发挥。

第十九章　历史学专业课落实中华优秀传统文化的经验与策略

　　"历史研究是一切社会科学的基础"这一科学论断，揭示了历史学科的学术地位和关键作用，明确了当今学术研究与立德树人工作的方向。中华优秀传统文化在当代高校中越发受到人们的重视，历史学院中国古代史一系列课程，无疑是高校弘扬优秀传统文化的重要阵地。我们说，历史学专业课不仅针对历史学院本科生，也可以针对不同知识背景的人群；不仅搭建历史学知识结构并涵育人文素养，更能发挥立德树人的巨大功能。

　　事非经过不知难，历史学科专业课落实中华优秀传统文化面临着许多问题。这些问题不能妥善解决，传统文化的立德树人作用就大打折扣。首先，老师的教学实践能否去粗取精，在中华优秀传统文化中汲取有益的资源？其次，学生如何能够轻松地接受网罗宏富、体大思精的中华优秀传统文化？最后，历史学科专业课如何能在立德树人中发挥自己的独特性？总结历史学科专业课的教育教学经验，扬长避短、长善救失，才能在未来取得长足的进步。笔者基于历史学院本科生中国古代史相关课程中的教学案例，试图从中摸索种种规律，希冀能为日后的教学实践带来一些帮助。

一 解释合理性

历史学科老师往往爱被学生质疑学习这些中国古代文化的必要性，其中有相当一部分是历史学院的同学。比如"我为什么要学儒家的思想？""孔子和我们有什么关系？""我们不是该反封建吗？""中国古代文化糟粕多，董仲舒就很迷信，我们会不会中毒？""儒家逻辑思维不迂腐吗？""今天我们不是该学习西方吗？"这一类问题不一而足，学生即便口头没有这么说，心里也会这么想。以上的质疑大体可以分成三类，一类是质疑中国古代文化的现实价值，另一类是以过"左"的思想质疑中华文明的合理性，还有一类就是陷入西方中心论中妄自菲薄。这三类理解，相当程度上源于缺失文化自信。这样的原因是多方面的：一者，西方文化席卷全球，以其强势的态度标榜其科技、制度与文化的先进性；二者，我们相当长的一个时期没有把中华优秀传统文化教育放置在思想阵线的中心地位，甚至轻视淡漠乃至批判；三者，中国古代文化博大精深，不容易接近。历史学科老师如果不能给学生一个满意的回答，学生就难以心悦诚服地走进它。老师势必要把优秀传统文化的价值寄托在教学过程中，晓之以理、动之以情，才可能使学生改变误解。

第一，优秀传统文化提供了大量为人处世的经验与智慧。我们今天的教育实践，可谓科目众多、体系庞大。但是为人处世的经验与智慧，相当程度上在我们教学内容中并不处于中心的地位。一方面，我们的教育实践视成绩与成果较重，视过程较轻，为人处世的经验与智慧难以量化考察；另一方面，即便介绍古人的伦理政治，我们也是重在探讨是什么，而不是作价值评判或者阐发其现代意义。事实上，前辈学者已经把古代历史文化内化到人生智慧中。王国维说："盖人人至高之要求，在于福祉，而道德与福祉实有不可离之关系。爱人者人恒爱之；敬人者人恒敬之。不爱敬人者反是。如影之随形，响之随声，其效不可得而诬也。"① 王国维旨在论证人的道德情操与现实生活的福祉密切相关，用的就是孟子的"爱人者，人恒爱之；敬人者，人恒敬之"（《孟子·离娄下》）。基于孔子的名言"饭疏食，饮水，曲肱而枕之，乐亦在其中矣"（《论语·述而》），李泽厚先生指出："从古代到今天，从上层精英到下层百姓……从敬酒礼仪到行猜拳令（'酒文化'），从促膝谈心到摆龙门阵（'茶文化'），从衣食住行到性、健、寿、娱，都表现出中华文化在庆生、乐生、肯定生命和日常生存中去追寻幸福的情本体特征。"② 这些内容不仅是历史，也是现实，因为它们内化到了中国人的思维中，恰能对学生长远发展产生积极的影响。

第二，中华文化与西方文化走了不同的路径，在具体的历史环境中具备各自的合理性；我们不能脱离历史环境进行错位的对比。中西文化有着很大不同，诚如严复所说："其于财用也，中国重节流，而西人重开源；中国追淳朴，而西人求欢虞。其接物也，中国美谦屈，而西人务发舒；中国尚节文，而西人乐简易。其于为学也，中国夸多识，而西人尊新知。其于祸灾也，中国委天数，而西人恃人力。"并且严复承认："若斯之伦，举有与中国之理相抗，以并存于两间，而吾实未敢遽分其优绌也。"③ 严复之所以"未敢遽分其优绌"，正是因为中华文化与西方文化一样，在特定的历史场景之中存在合理性，并且其合理性至今发生作用。比如西方文化基于个性主义，和私有财产密切相关，纵然萌生了理性科学与法治，但也带来了丛林法则与霸权地位，世界总是被西方强势文明玩弄于股掌；中国文化基于集体主义，和宗法温情密切相关，纵然一度在近代化过程中式微，但给社会带来了秩序性，给文化带来了连续性，给未来世界带来大同的可能。

① 王国维：《论教育之宗旨》，载田正平、肖朗编《中国教育经典解读》，上海教育出版社2005年版。
② 李泽厚：《实用理性与乐感文化》，生活·读书·新知三联书店2005年版，第104页。
③ 严复：《论世变之亟》，《严复集》，中华书局1986年版。

我们用孔子的话来说明中华文化中重人轻神的特点："季路问事鬼神。子曰：'未能事人，焉能事鬼？'曰：'敢问死'。曰：'未知生，焉知死？'"（《论语·先进》）我们进行了如下的解读：在孔子引导下，整个儒家学说都是在讨论人伦道德问题与治国理政经验，这样给中华文明带来了积极的推动：远离了部族中心与宗教狂热，方术和迷信也不是中心话题，现实生活成为人们思维意识的主流。这样的现象，与中国农耕文明理性现实密切相关。

　　第三，中华优秀传统文化是中华民族永远不能离别的精神家园，它发生在古代中国，但价值影响到今日中国，超越了时空的限制。我们和古人同在一片蓝天之下，其所思所想一定有相似之处；古人三三得九，今日也不会三三得八。比如儒家就强调以优秀传统指导现实人生，对于儒家士大夫来说，古代榜样的力量不可忽视，"今人与居，古人与稽；今世行之，后世以为楷"（《礼记·儒行》）就是儒者重要的行为准则之一。① 司马迁遭受李陵之祸后感叹："是余之罪也夫！是余之罪也夫！身毁不用矣。退而深惟曰：夫诗书隐约者，欲遂其志之思也。昔西伯拘羑里，演周易；孔子厄陈蔡，作春秋；屈原放逐，著离骚；左丘失明，厥有国语；孙子膑脚，而论兵法；不韦迁蜀，世传吕览；韩非囚秦，说难、孤愤；诗三百篇，大抵贤圣发愤之所为作也。此人皆意有所郁结，不得通其道也，故述往事，思来者。于是卒述陶唐以来，至于麟止，自黄帝始。"在这段著名的文字中，司马迁已经把古代圣贤当作自己的楷模，鞭策自己砥砺奋进；把古代文化当作自己的精神家园。或者说《史记》的撰写，表现出司马迁的现实精神追求。我们用管宁割席的典故讲述交友之道："管宁、华歆共园中锄菜，见地有片金，管挥锄与瓦石不异，华捉而掷去之。又尝同席读书，有乘轩冕过门者，宁读如故，歆废书出看。宁割席分坐，曰：子非吾友也！"（《世说新语·德行》）为什么管宁对华歆说"子非吾友

---

① 晁福林：《上博简〈诗论〉与〈诗经·黄鸟〉探论》，《江海学刊》2002 年第 5 期。

也"？因为管宁坚信"道不同不相为谋"。这样的行为准则不仅古代成立，今天依旧成立；古代的现象可能是今天问题的思考方向，甚至是答案。

习近平同志指出："中华民族伟大复兴需要以中华文化发展繁荣为条件，要推动中华优秀传统文化创造性转化，创新性发展，不断增强中华文化的影响力和吸引力，创造中华文化的新辉煌。"[1] 创造性转化和创新性发展，我们势必要把古代文化精髓遴选出来，结合当今社会的发展特点，为解决现实人生中的实际问题而努力。而明晰中华优秀传统文化的合理性，不仅能够使传统文化教育顺利地开展，而且也能找到中华优秀传统文化"创造性转化，创新性发展"的方向。这样的内容不是灌输，也不求学生记住多少，重要的是能够通过教育活动濡染心智、启迪思考，在零星的片段中渗透道理。

二 遵循规律

在高校课堂上老师把优秀传统文化呈现给学生，尤其是历史学专业的本科生，一定要讲究方式方法，否则难以起到应有的作用。我们经常看到古色古香、窗明几净的教室中，孔子像正中悬挂，学生袍服冠带整齐，捧着儒家经书摇头晃脑的景象。但是在热闹背后我们不禁要问：这样的形式是否真给学生带来立德树人的作用？的确古代经典需要读，但学生是否厌烦一系列套路？整个活动是不是作秀？如果片面地追求形式热闹，不遵循立德树人教育的规律，许多行为都可能沦为形式主义。我们发现引领学生走进传统，有若干规律不能违背。

一是内容符合立德树人的需求。中华优秀传统文化需要反映正确价值观，不应鱼龙混杂，否则与国家要求的"创造性转化，创新性发展"渐行渐远。第一，有的思想内容在古代则可，在今日则缺乏社会

① 中共中央宣传部：《习近平新时代中国特色社会主义思想三十讲》，学习出版社2018年版，第206页。

背景。比如孔子所说的"父在，观其志；父没，观其行；三年无改于父之道，可谓孝矣"（《论语·学而》）就丧失了周代宗法社会的背景。如战国时期五行学说本身带有朴素唯物主义的因素，但是把五行生克与朝代更迭相联系，就带有牵强附会的痕迹，虽有古人探索历史规律的成分，但结论在今天来看就很荒唐。第二，有的内容在古代也受人非议。古代压抑乃至泯灭人性的封建纲常伦理，诸如《二十四孝》中王祥卧冰、郭巨埋儿等愚孝，以及君叫臣死、臣不得不死的愚忠，乃至压抑女性的女德思想，都是应当批判的。这一类内容不仅不是优秀传统文化，而且它们在古代文化中也受人诟病，并非古人思想的重心。事实上国家的导向是非常明确的，中华优秀传统文化中"优秀"二字就强调了选择性。只有发挥"五四"以来批判地继承的传统，才可能对中华优秀传统文化的闪亮之处正确阐释。第三，古人的思想文化虽然带有时代烙印，但我们可以拨云见日，挖掘其合理性成分。比如盘古开天、女娲炼石补天、神农尝百草等神话传说，虽然带有神话色彩，许多细节今天来看也不合情理，但这样的内容表达了古人不畏艰辛、自力更生、不屈不挠的奋斗精神，也是值得充分肯定的。再如董仲舒等学者提倡的天人感应学说，虽然将人与自然界机械比附，但是不可否认有限制君权的进步意义，则应引领学生予以辨别。

二是发挥历史学科求真求实的特色。历史过程是不可逆的，认识历史只能通过对现存材料的搜集、整理、辨析和建构来实现，证据材料是人们把握历史的立足点。但问题是，证据的解读带有各种复杂性，古今学者见仁见智，同是一个历史现象，异说就已经让人眼花缭乱，这就势必要去粗取精、去伪存真。比如孔子把"克己复礼"（《论语·颜渊》）当作"仁"的定义，子产把"礼"当作"天之经也。地之义也，民之行也"（《左传》昭公二十五年），"礼"是人处事的一条红线；但老子却谩骂"礼"，说"夫礼者，忠信之薄，而乱之首"（《老子》第三十八章），甚至《庄子·外物》中庄子的后学认为儒者以《诗》《礼》"发冢"（盗墓）。两者的矛盾如何解决？这是不同思想家的分歧，但如果只这么解释就未中要害。有老师的处理方式就比较得当："礼"既可以作为具象的礼仪存在，也可以作为抽象的行为规范存在；一旦它作为一种规章制度，在执行过程中就可能形式化：东周以来礼坏乐崩，很重要的一个表象就是"礼"的下移，孔子批评"八佾舞于庭，是可忍也，孰不可忍也"（《论语·八佾》），不是说季氏没有"礼"，而是把周公时代维护分封等级的"礼"形式化了，成为贵族炫耀威风的工具。老聃李耳身为守藏史或者柱下史，是礼乐文化的符号；他应当是温温恭人、博闻的君子，才可能和孔子问"礼"的典故合拍；这样的人有原则、有良知，所以反感形式化的"礼"（《道德经》批评"礼"的文字即便是战国时道家传人所为，也不应该是凭空捏造）。只有深入研究，才可能澄清事实、解决疑难，从而表现出古代文化制度的合理性。

三是一定要挖掘历史现象的文化背景。往往历史学科专业课习惯于澄清历史现象"是什么"，容易忽略"为什么"以及其历史价值，这样历史文化背景就容易湮没。国家大力提倡中华优秀传统文化，旨在育人，而文化历史背景是感染人的最重要因素。如果只看重干条框架、忽视了文化背景，就是浮光掠影，不利于学生理解传统文化的合理性。比如提到老子的辩证法思想，"有无相生，难易相成，长短相形，高下相倾，音声相和，前后相随"（《老子》第二章），往往不易挖掘其文化背景。事实上，辩证法的总结在中国文化史上是大事，之所以老子能够有这样的高度，与其成周的守藏室之史的身份相关。他执掌周代文化典籍，在遍览兴衰成败的历史规律，尤其是经历春秋末叶成周的变乱之后，对现实政治失去信心，出关前留下《道德经》五千言，其中劝世箴言应当看作前代历史经验的总结。为了说明古人治学的精专，人们常用董仲舒的典故为例："少治《春秋》，孝景时为博士。下帷讲诵，弟子传以久次相授业，或莫见其面。盖三年不窥园，其精如此。"（《汉书·董仲舒传》）（颜师古注："虽有园圃，不窥视之，言专学也。"）老师引导学生从情境中发现问题，董仲舒是西汉的博士官、大学者，他专注地在做什么呢？从"下帷讲诵，传以久次相授业，或莫见其面"的记载中不难发现，他忙于传经授业，其弟子众多，年长的学生把老师的经验智慧传达给小弟子，只有登堂入室才能接受老师的耳提面命。这时又可以追问，他们为什么这么专注于学术？这一时期发生了什么？是因为汉代吸取了秦代焚书坑儒的教训，给文化的传播带来了繁荣的环境。学生能够意识到，董仲舒师徒虽然清苦但精神充实，他们生活在来之不易的文化环境中，想通过自己的努力实现人生的价值。能挖掘历史现象深层的文化背景信息，则可以大大提升课堂的深度。

四是要挖掘历史现象背后的哲理。物质文化与精神文化都是中华优秀传统文化的重要构成。古代文化对学生的启迪，不仅在具象的物质文化维度，也在抽象的精神文化维度；固然前者诸如茶文化、酒文化、服饰文化是许多学生热衷的内容，但是后者更有文化渗透力：即便是茶文化、酒文化、服饰文化，只有讲出其背后的哲理才显现出历史深度与文化气息，这样的内容在当代更能发挥教化作用。《史记·孔子世家》记载，孔子晚年喜读《易》，有"韦编三绝"的典故。但《易》是占卜书，和天道鬼神相关。而孔子以现实著称，虽不是无神论者但"不语怪力乱神"（《论语·述而》），且主张"未能事人，焉能事鬼""未知生，焉知死"（《论语·先进》），两者似有抵牾。马王堆帛书《要》篇，孔子和子贡对《易》进行了讨论："《易》，我复其祝卜矣，我观其德义耳也；幽赞而达乎数，明数而达乎德。"这里孔子阐述了他喜《易》的具体原因：他青睐的是《易》的"德""义"，也就是德性与规律，这些内容都是伦理的因素，远不是占卜算命可以囊括的。荀子说"善为《诗》者不说，善为《易》者不占，善为礼者不相，其心同也"，说的就是这个意思。重视义理，不仅是学者探研究诘的职责使然，也是中华文化长久以来生生不息的重要理据。

三 探索策略

如何把体大思精的传统文化，在高校有限的课时中展现给涉世不深的学生，从而在建构学生历史学科知识的同时，发挥立德树人的作用？历史学科专业课不同于其他学科，具有许多独特性。它就是以客观准确的史实营造社会更迭的过程，通过"变"来解释历史规律，从而论证中华优秀传统文化的合理性因素。这样情节、主线、价值以及情感态度价值观在叙述过程中融为一体。打动人心的历史课，应该在策略上抓住以下几点。

其一，抓住生动、具体、有过程的历史事件。司马迁曾说："孔子知言之不用，道之不行也，是非二百四十二年之中，以为天下仪表，贬天子，退诸侯，讨大夫，以达王事而已矣。'子曰：'我欲载之空言，不如见之于行事之深切著明也。'"（《史记·太史公自序》）司马迁意识到，讲述离不开生动具体的情节，他借助孔子之口表达出"行事"的重要性，只有如此才能找到思想情感与文化制度的载体，并且能够说服人、感染人。在这一点上，历史学科贯彻中华优秀传统文化应当吸取的理念，否则就丧失了历史学科活的灵魂。大历史学家何兹全先生曾经指出，给学生讲历史不讲大理论，"一个朝代，选一些事，讲生动，讲清楚就行。人与人之间的斗争，思想斗争，有血有肉，生动形象"①。这样的说法非常符合学生的认知特点。我们自己也是，若干年之后，说教的内容早已忘干净，还对历史课堂记忆犹新的绝不是大理路、大口号，而是生动、具体、有过程的情节，甚至是历史现象的碎片。只有这样的信息，才是真正有教育意义的信息，这也是历史学科征服人心的要件。

其二，把零碎的历史现象串联起来，呈现出形散而神不散的、有

---

① 何兹全：《著名史学家谈中学历史教材问题——何兹全先生访谈录》，《历史教学》2002年第11期。

价值寄托的主线。历史课堂由于资料的零碎往往容易呈现出碎片化，但是明眼人很容易发现问题：如果说这些内容是历史片段的堆砌，老师的教学立意在哪里呢？如果是片段的堆砌，又如何良好地发挥立德树人的功能？固然古代文献多是学者的杂文，或者是弟子的听课记录，带有很大的随意性，但是一堂打动人心的、有感染力的课，不仅是系统、有章法的，并且能够承载积极的情感态度价值观。《孔子家语·问玉》中子贡向孔子请教君子何以贵"玉"而贱"珉"，孔子说："非为玉之寡故贵之，珉之多故贱之。夫昔者君子比德于玉。温润而泽，仁也；缜密以栗，智也；廉而不刿，义也；垂之如坠，礼也；叩之，其声清越而长，其终则诎然，乐矣；瑕不掩瑜，瑜不掩瑕，忠也；孚尹旁达，信也；气如白虹，天也；精神见于山川，地也；珪璋特达，德也；天下莫不贵者，道也。《诗》云：'言念君子，温其如玉。'故君子贵之也。"这一回答，就是孔子对弟子施教的过程。如果我们只陈述儒家的仁义礼智信，即便讲到位，也难免零散。孔子努力寻求"玉"的特点与"君子"品行的共性，巧妙地用象征的方式阐述了一系列儒家伦理概念，堪称匠心独运。

其三，抓住古代文化制度中古今一理的内容，为学生树立正确的价值观提供参照。既然中华优秀传统文化超越了其所处的时代，具有普遍适用性，那么我们就应该尽可能寻找到当代人思想和古人的共鸣之处；而老师引领学生，以今天熟悉的视角对古代现象进行解读，是这一环节的关键所在。比如说我们阐释《毛诗序》的"发乎情，止乎礼义"，《诗经》脍炙人口的名篇《关雎》就是很好的例子。《关雎》中的贵族男青年，对于心仪良久的淑女，尽管喜欢到"辗转反侧"的地步，但他并没有做"钻穴相窥，逾墙相从"那样违礼的事，更没有强抢民女、不顾女方的感受，而是按照礼俗去接近淑女，并且依礼来迎娶她，即欢乐而不违礼；一个"止"字体现了人类的理性。古人意识到谈情说爱的重要性，但主张情感不能逾越礼法为所欲为。这与今天履行结婚手续的意义是如出一辙的，既是对女子的责任，也是对自己人生大事的尊重。这样的解说就很易于当代人接受，把"发乎情，止乎礼"的精神落到实处。

其四，借助陈述史实浸润积极向上的情感态度价值观。司马迁指出孔子作《春秋》是要教化人心："夫春秋，上明三王之道，下辨人事之纪，别嫌疑，明是非，定犹豫，善善恶恶，贤贤贱不肖，存亡国，继绝世，补敝起废，王道之大者也。"（《史记·太史公自序》）这也是古代史学的重要遗产，以潜移默化的形式感染人，而不是强行地贴标签，喊口号，更不是强迫别人接受自己的价值观，这能够有效地避免受众产生逆反心理。司马迁笔下的齐太史就是很好的例子，"齐太史书曰：崔杼弑庄公。崔杼杀之；其弟复书，崔杼复杀之；少弟复书，崔杼乃舍之"（《史记·齐世家》），寥寥三十字，大是大非跃然纸上，浑然天成。苏轼母亲以《后汉书·范滂传》教诲苏轼，也是经典范例："（苏轼）父洵游学四方，母程氏亲授以书，闻古今成败，辄能语其要。程氏读东汉《范滂传》，慨然太息，轼请曰：'轼若为滂，母许之否乎？'程氏曰：'汝能为滂，吾顾不能为滂母邪？'"（《宋史·苏轼传》）苏轼的"慨然太息"，以及母子情真词切的对话，表明他们都已经被范滂的精神所感动，实现了思想升华。所以尽可能避免机械的价值观灌输，在叙述过程中存善恶明是非，符合历史教育的规律，表现力更为老到。

高校历史学专业课是落实优秀传统文化的重镇。只有有效地利用传统文化资源，不断总结高校一线教学实践中教学内容、原则、方法的经验与规律，将课堂内容有机地组合起来，不失之于平淡，在建构高校历史学科知识、涵育历史学科素质的同时，才能使立德树人的精神真正落地。这样中华优秀传统文化教育就能潜移默化地触动学生的心灵，从大学生长远发展的角度发挥不可取代的作用。

第二十章　中华民族认同与历史学科课程思政建设

党的十八大以来，党和国家高度重视高校学生的思想政治教育工作。2017年，"课程思政"被纳入中央《关于深化教育体制机制改革的意见》，[①] 这一命题从地方实践探索转化为国家战略部署；2018年，教育部先后印发《高校思想政治工作质量提升工程实施纲要》[②]《关于加强新时代高校"形势与政策"课建设的若干意见》[③]，在全国推广"课程思政"。上述举措拓展了高校思想政治工作的阵地，使高校思政教育工作不再局限在思政教师、辅导员群体，丰富了思想政治教育的内涵。有学者指出，课程思政要充分挖掘各类课程中与社会主义核心价值观相匹配的元素，将其与课程教学的各个环节进行融合，以达到对学生进行思想政治教育的目的。[④]

历史学科课程是思政建设的重要阵地。近年来，习近平总书记高

[①]　中共中央办公厅　国务院办公厅印发《关于深化教育体制机制改革的意见》，2017 - 9 - 24，http：//www. gov. cn/xinwen/2017-09/24/content_ 5227267. htm。

[②]　中共教育部党组关于印发《高校思想政治工作质量提升工程实施纲要》的通知，教党〔2017〕62 号，2017 - 12 - 06，http：//www. moe. gov. cn/srcsite/A12/s7060/201712/t20171206_ 320698. html。

[③]　教育部发布《关于加强新时代高校"形势与政策"课建设的若干意见》，教社科〔2018〕1 号，2018 - 4 - 13，http：//www. moe. gov. cn/srcsite/A13/moe_ 772/201804/t20180424_ 334097. html。

[④]　高德毅、宗爱东：《课程思政：有效发挥课堂育人主渠道作用的必然选择》，《中国高等教育》2017 年第 1 期。

度重视历史，在多个重要场合就重视历史、研究历史、借鉴历史、把握历史等命题发表一系列重要论述。① 中国自古重视治史，历史典籍保存着深厚的精神财富，是中华优秀传统文化的重要构成，也是坚持"四个自信"特别是文化自信的来源。北京师范大学历史学科历史悠久，是国内史学研究与教育重镇，学科基础教育、专业教育、实践教育等课程丰富。但历史学科课程内容相对更专注于学术前沿，未能充分挖掘课程中所蕴含的思想政治教育资源。在新时代的特定历史阶段，历史学科仅重视专业知识还远远不够；为满足为国家培养大量高素质人才的需要，将思政教育内容融入历史学科专业课程中，势在必行。北京师范大学历史学科专业课中国古代史相关课程（包括本科生的专业必修课中国古代史、专业选修课的断代史与专题史，以及研究生的中国古代史前沿）试图搭建中国古代史的演进框架，通过一系列学术问题启迪思考；在传播学术思想的同时，使学生受到优秀传统文化的教育，树立中华民族认同意识就是重要的目的之一。本节以此为例，试图总结经验，探索规律，就正于方家。

一　抓住灵魂

党的十八大以来，党中央基于我国统一多民族国家的基本国情，强调"铸牢中华民族共同体意识"②。对中华民族的认同，就是要深刻认识到，我国各民族相互依存、共同发展；每个民族都是中华民族的组成部分，都是中华民族大家庭的一员，都和这个大家庭血肉相连，休戚与共。我国各族人民从长期的历史经验中深刻懂得"国破则

---

① 谢伏瞻：《以习近平总书记关于历史科学的重要论述为指引　加快构建中国特色历史学》，《光明日报》2019 年 8 月 31 日第 6 版。

② 习近平：《铸牢中华民族共同体意识》，《习近平谈治国理政》第 3 卷，外文出版社有限责任公司 2020 年版，第 299 页。

家亡，国兴则家昌"，只有中华民族繁荣昌盛，国家兴旺发达，各族的权利，各族的发展才能得到保证。① 这也是中国古代史相关课程的立意所在。

我们说，民族国家是近代以来的产物，随着民族危机的加深与救亡图存运动的展开，拥有强烈主权意识与政治凝聚力的中华民族逐步形成。但中华民族的制度文化因素在中国古代就已孕育，比如农耕文明、中央集权、华夏衣冠、儒家思想、汉字汉语等；虽然古代中国还和现代国家有很大的距离，但古人已经营造出一个博大的、带有统一性的制度文化上的中国。古人抓住了这些，就能够获得民心，成为中华正统，保持长治久安；反之则取乱。中国古代一大文明母体，不是若干国族机械的组合，正仰仗于此。正如韩愈所说："孔子之作《春秋》也，诸侯用夷礼则夷之，夷而进于中国则中国之"，"今也举夷狄之法，而加之先王之教之上，几何其不胥而为夷也?"（韩愈《原道》）这些因素不仅是中华民族认同的符号，给当时社会带来很大影响，更是中国古代历史发展的重要线索。突出它们，方能纲举目张，讲出历史学科的深度。比如《左传》闵公元年记载狄人伐邢，管仲对齐侯说："戎狄豺狼，不可厌也；诸夏亲昵，不可弃也。宴安鸩毒，不可怀也。《诗》云：'岂不怀归，畏此简书。'简书，同恶相恤之谓也。请救邢以从简书。"于是齐人救邢。这表明，与蛮夷戎狄犬牙交错的华夏封国之间，存在唇齿相依的认同。又如主张民贵君轻的孟子，就曾经对人描述他和梁襄王的对话，梁襄王问他："天下恶乎定?"他说："定于一。"梁襄王问："孰能一之?"孟子说："不嗜杀人者能一之。""孰能与之?"孟子说"天下莫不与也。""如有不嗜杀人者，则天下之民皆引领而望之矣。诚如是也，民归之，由水之就下，沛然谁能御之?"（《孟子·梁惠王上》）能够一统天下、停止战争、解救苍生的圣君，自然所向披靡。"定于一"和"不嗜杀人"，

---

① 王永和主编：《民族院校马克思主义理论教育创新研究》，黄河出版传媒集团、阳光出版社2014年版，第173页。

就成为人们对仁君的要求；在这一点上刘邦就比项羽做得好，刘秀也比刘玄做得好。这符合天意人心，是时代对统治者的需求，更是中华民族自古以来的文化心理。淝水之战前秦从军事实力看更有优势，但一溃千里。究其原因，除了前秦后方不稳固与苻坚轻敌之外，更深层的因素在于东晋仍拥有民心。按谋臣王猛的话说，东晋虽偏安一隅，但它是正统所在；鲜卑和羌才是前秦应该对付的心腹大患。[①] 果不其然，淝水之战前秦败于东晋，原来降于前秦的羌人姚苌叛秦，杀苻坚建立后秦。这说明在相当的历史环境中，华夏文化所系，正是人心所向。古代王朝兴衰、政权更迭以及人心向背，相当程度表现在中华制度文化的贯彻与否上，这构成了历史书写的灵魂与重要线索。

二　异中见同

社会现象是复杂的，不仅后世对它有五花八门的解读，就是当时人的理解也莫衷一是；但不同解释的背后，很可能存在中国文化的背景。比如，同是针对尧舜禹启之间的权力更迭，就有篡夺说和和平过渡说的不同，哪个可靠？同是针对东周以来的社会乱象，道儒墨法诸家的救世主张判然有别，孰是孰非？同是针对秦亡汉兴的时代变局，到底是哪些因素使然？中国古代史的宏观叙事，不得不涉及一系列见仁见智的历史解释，这在探究性强的研究生课程中最为明显。如果说，我们的课程只存留在介绍学术界不同的观点，没有辨析和论证的话，这对于学生的知识建构益处并不大。如果能看到不同解释的实质，以及分歧背后的共性，效果就明显不同。

这就势必对不同的历史解释进行深加工。如何深加工呢？战国时荀子曾提出"信信，信也；疑疑，亦信也"（《荀子·非十二子》），

---

① 朱绍侯：《苻坚与淝水之战》，《中原文化研究》2018 年第 4 期。

这也是当今学术研究与历史教育的要义。即信可信的现象，是为了求真；怀疑可疑的现象，也是为了求真。在解决问题过程中，前者是认识社会的必要的知识结构，后者是认识社会的严谨态度；无后者则为教条，无前者则为诡辩；而中国文化共性的思想背景就是信其可信、疑其可疑的重要依据。比如尧舜禹之间的关系，的确有《竹书纪年》中舜囚尧于平阳、益干启位启杀之的说法，但是它不仅论据薄弱，而且过于血腥，更重要的是与我们了解的"上古竞于道德"（《韩非子·五蠹》）的历史背景不吻合，所以更多学者对此持怀疑的态度，推测它很可能是战国时权谋家好事者为之。[1] 而诸子思想异彩纷呈，各家学术路数背后也有着一定的共性：都和王官之学有一定的联系，都集中在政治伦理学说上，服务于华夏大国君主的政治实践，乃至为未来统一的王朝提供蓝图；这样它们在各自的语境中都存在合理性。促成秦亡汉兴的因素很多，其中秦政权的集权政策操之过急是最重要的因素。因为它干扰了农业生产、忽略了黎民百姓的承受力与社会的稳定性，与中华文明的正常秩序相背离。我们依据中国文化的特征，信其可信，疑其可疑；得出可靠的结论同时，对不可信的内容深入剖析，给学生的知识建构与能力培养带来实质性的促进。教育部2018年发布的《普通高等学校本科专业类教学质量国家标准》规定，历史学专业的人才培养目标是"培养学生具有坚定正确的政治方向、扎实的理论基础、广博的历史知识、深厚的人文素养、敏锐的问题意识与思辨能力，掌握历史信息搜集、考证与分析的基本方法，能在历史过程和现实处境中考察特定的历史现象，记录、搜集和处理相关信息，形成合理的见解"。在历史知识、人文素养、问题意识、思辨能力与基本方法之前，还有政治方向和理论基础。我们认为，中华民族源远流长的制度文化，就是政治方向与理论基础得以扎根的土壤。正如习

---

① 李学勤：《走出疑古时代》，辽宁大学出版社1997年版，第50—51页。

近平同志所说，"历史和现实都表明，一个抛弃了或者背叛了自己历史文化的民族，不仅不可能发展起来，而且很可能上演一幕幕历史悲剧"，"坚定文化自信，离不开对中华民族历史的认知和运用"①。只有突出中华民族历史文化的优势，才能纲举目张，在体现历史学科深度的同时，起到思想政治教育的作用。

三 小中见大

由于材料的大量出现以及方法论变化，近二十年来的历史研究呈现出"碎片化"的趋势。人们往往批评现在的历史研究只见树木不见森林，缺乏视野。我们认为，学术研究沉溺于碎片化还有情可原，但历史教育也如此的话，就会对历史发展的规律视而不见，既给学生带不来系统性的知识结构，更不能发挥历史学科的思想教育作用。这就要求历史学科课程以碎片为载体，小中见大，实现"顶天立地"：一方面"立地"，历史教育从解析碎片开始，没有局部也就丧失整体，不窥一斑就不可能见全豹。但这样的碎片要有典型性，能通过对细节的剖析体现中华民族的制度文化特征。另一方面要"顶天"，研究碎片应当具备全局眼光，不能只作烦琐考据，关注细节却忽略大体。这就要对中华民族制度文化的演进轨迹有清晰的认识，并且要明确怎样的历史背景催生了这样的碎片。比如孟子的"民为贵，社稷次之，君为轻，是故得乎丘民而为天子"（《孟子·尽心下》）就很值得解读。孟子比较了民众、国家政权、君主三者的重要性，将民众作为价值最为重要者，而君主的价值是最末位的。专家指出，此说比之于传统的"民为邦本"有一个重要的进步，那就是命题当中没有让"君"缺失。只有"君"的出现，才使人们在价值的天平上明显地看到"民"

---

① 习近平：《要有高度的文化自信》，《习近平谈治国理政》第 2 卷，外文出版社有限责任公司 2017 年版，第 349、351 页。

的分量。① 事实上在各个民族的早期历史上，君权都不是一上来就强大的，而是经历了漫长的发展过程；战国诸侯国君都在不遗余力地加强权力，就是从西周封建时代向秦汉郡县时代的重要过渡。为了实现政权的长治久安，君主不得不稳定社会秩序、发展生产、在一定程度上推行惠政；为了使权力贯彻得有效，减小上传下达的阻力，君主也势必要对其权力进行包装。这样孟子的民本学说就成为后代君主执政的舆论工具，也成为君主权力的理论约束，对中华文明作出了重要的贡献。

四　变中见常

历史学科最讲变。"人事有代谢，往来成古今"，"历史是一面镜子，从历史中，我们能更好看清世界、参透生活、认识自己；历史也是一位智者，同历史对话，我们能够更好认识过去、把握当下、面向未来"②。我们要通过历史现象更迭的轨迹呈现出变迁感，就能正确定位自己的行为，从历史长河中找到借鉴。另外，辩证法告诉我们，有变就有常，这个在历史学科中的常，就是人类社会得以正常运作、历史得以发展的规律，而中华民族的制度文化就体现了这样的规律。

大史学家司马迁在"究天人之际，通古今之变"、将"承敝通变""见盛观衰"的思想融入历史思考之中的同时，也探索历史上的常。刘家和先生指出，司马迁的"常"体现在两方面：一方面是，发展经济与致富是人们恒常行动的目标，也是社会和谐与国家强盛的基础。这在《货殖列传》中阐述得很清晰："夫神农以前，吾不知已。至若诗书所述虞夏以来，耳目欲极声色之好，口欲穷刍豢之味，身安逸乐，而心夸矜势能之荣。俗之渐民久矣，虽户说以眇论，终不能

① 晁福林：《从"民本"到"君本"——试论先秦时期专制王权观念的形成》，《中国史研究》2013年第4期。
② 习近平：《要有高度的文化自信》，《习近平谈治国理政》第2卷，外文出版社有限责任公司2017年版，第351页。

化。故善者因之，其次利道之，其次教诲之，其次整齐之，最下者与之争。"另一方面是，礼义能保持一个社会的良好秩序，使人们在求富处于一种正常的状态中，不至于因为过度的行为造成社会的动荡与国家的灭亡。这在《管晏列传》对管仲政策的评述中表达出来："管仲既任政相齐，以区区之齐在海滨，通货积财，富国强兵，与俗同好恶。故其称曰：仓廪实而知礼节，衣食足而知荣辱，上服度则六亲固。四维不张，国乃灭亡。下令如流水之源，令顺民心。"①

我们看，不管是发展经济还是礼仪伦常，都是中华民族制度文化的重要内容。历史学科揭示社会发展的"常"，不仅能够捕捉到贯穿历史演进的线索脉络，更能看到中华民族制度文化的广度与深度，为今天人们行为实践提供借鉴。历史学科能让学生从处于流变状态的历史个案（特殊）中看出经验与教训（一般），就能很大程度上发挥以史为鉴的功能，给自己的行为举止带来引导。

五 史中见人

历史学科的感染力，在于通过生动具体的过程情节来渗透价值观。在历史叙述中突出人，突出人物在特定历史环境下的所思所想，而不是抽象的历史符号与条条框框，这就是教化人心的最好手段，正如司马迁所说："孔子知言之不用，道之不行也，是非二百四十二年之中，以为天下仪表，贬天子，退诸侯，讨大夫，以达王事而已矣。'子曰：'我欲载之空言，不如见之于行事之深切著明也。'"（《史记·太史公自序》）这样的教化功能素为古人所重。《左传·隐公四年》中，卫国大夫石碏和儿子石厚与公子州吁同谋弑桓公，后来石碏设计把州吁和石厚骗到陈国，一举擒获并将他们杀掉，从而平息了卫国的祸乱，显示了为维护正义而不惜牺牲亲属间私情的大义。《左传》作

---

① 刘家和：《论司马迁史学思想中的变与常》，《北京师范大学学报》（人文社会科学版）2000年第2期。

者借助"君子曰"表达出大是大非："石厝，纯臣也，恶州吁而厚与
焉。大义灭亲，其是之谓乎！"再如司马迁一生苦难而悲壮，"李陵之
祸"后，司马迁发愤著《史记》，在文字中倾注了自己的价值与理
想。他花费大量笔墨，塑造了一批正面人物：尧、舜、禹、伯夷、叔
齐、周公、管仲、晏婴、孔子、屈原等。司马迁尽力还原历史事件发
生的场景，揭示关键事件的意义，表现出他们独特的人格魅力。他们
不只是个体的人，也是中华民族制度文化的载体。

历史叙述不仅要发现历史场景中的人，也要看到书写历史的史
家。尤其是那些忠于职守的堪称博闻君子的良史，同样是中华民族精
神的缩影。"书法不隐""秉笔直书"的实录精神一直是中国史家追
求的核心内涵。《论语》"毋意，毋必，毋固，毋我""君子于其所不
知，盖阙如也"，清晰地展现出孔子对尊重客观事实、力戒主观臆测
的主张；《左传》中晋国史官董狐、齐国史官太史不惧强权，敢于直
书的著名故事至今仍是"良史"佳话；班固在《汉书》的《食货志》
中揭露西汉土地兼并恶果，《外戚传》描述诸侯王及外戚集团奢侈纵
欲的不堪，被后人盛赞"不为汉讳"；乃至清末民初梁启超在《新史
学》中对中国传统史学进行猛烈抨击之时，其对古代"史官独立"
的精神、古代史家秉笔直书的传统仍是高度评价。① 中华文化得以传
承，和历代史官的不懈努力密切相关。

著名历史学家白寿彝先生指出，历史教育是为了培养下一代，为
祖国做贡献；历史教学和历史研究都是手段，都是为了达到培养教育
下一代的目的；历史工作者要用丰富的历史事实来教育广大人民，让
他们对人类的历史前途有更深刻的了解；讲历史，首先通过对历史的
阐述，讲清楚做人的道理，尤其是做一个社会主义新人的道理。② 对
中华民族的认同，是历史教育的重要构成，并且历史学科比其他学科
更具有教育优势。一是历史学科内涵丰富，从大量的历史资料中能提

---

① 陈其泰：《论古代史家的信史追求》，《人文杂志》2017 年第 9 期。
② 李传印：《白寿彝先生历史教育思想再认识》，《史学史研究》2002 年第 1 期。

炼出思政建设的重要素材。二是历史学科生动具体,在完成历史叙述过程中能够打动人、熏陶人、发人深省。三是历史学科客观严谨,用史实说话,许多共识颠扑不破,更能够树立青年人的理想信念。北京师范大学历史学院中国古代史的相关课程在传授学术思想的同时,能够完成立德树人的任务;通过中华民族制度文化一系列因素,学生能够建立起历史知识结构,并强化中华民族的认同感。这样历史学科中同社会主义核心价值观相匹配的元素被挖掘出来,历史教育与思想政治教育融合在一起,达到了学生思想政治教育的新层次。

第二十一章　三代"损益"说与
华夏认同

古人"言必称三代"，"三代"成了人们眼中不可取代的理想政治时代。《论语·为政》中子张问："十世可知也?"孔子说，三代之间存在"因"和"损益"的关系："殷因于夏礼，所损益，可知也;周因于殷礼，所损益，可知也。其或继周者，虽百世，可知也。"它强调夏商周制度文化一脉相承，存在因循的内容;与此同时又针对各个时代的现实进行调整;尤其是周王朝吸取了夏商两代的文化的精华，将我国早期文明推向鼎盛，为后世王朝提供了制度文化养分。这一看法被称为三代"损益"说。

然而历史唯物主义告诉我们，观念的形成不仅需要社会基础，而且是历史性的，存在生长遂成的过程;人们的思想会经历从模糊到清晰、从混乱到整齐的发展路径;并且这一路径还可能存在矛盾，呈现出复杂的面貌。而三代"损益"观念的社会基础是什么，是如何形成的，学者们的关注并不多。探索古人这一观念的发展过程，对揭示中华民族共同心理的形成能带来积极作用，我们亦可以从中吸取古代人经验，以期今日达成课程思政的应有效果。

一　三代"损益"说的事实依据

孔子所说的三代之"礼"，应比今天人们眼中的礼节、礼仪、礼法还要宽泛。① 钱穆先生曾说："孔子生当东周之衰，贵族阶级尤未尽坏，其时所谓学者则惟礼耳。礼者，要言之，则当是贵族阶级一切生活之方式也。"② 用今天人熟悉的"制度""习俗""信条"等语汇名之，当不为过。孔子不仅掌握丰富的典籍文献资源，也具备后世难以重现的文化环境，故他能够自信地分析出三代之间的"因"与"损益"关系，并预言"百世"之后的情况可知。就此而言，孔子的归纳与推论应是建立在大量论据的基础上。我们今天的考古资料日益丰富，研究日益深入，似能够从若干方面归纳出孔子的事实依据。

其一，夏商周王朝本身就有很多相似性，既跟以后集权的秦汉大一统王朝不同，也跟在此之前部落林立的五帝时期不一样。考古资料也表明，夏商周时期中央王朝力量不断加强，改变了先前若干区域中心并立但你方唱罢我登场的局面（比如石家河遗址、红山后遗址、良渚遗址都曾辉煌，但持续不长）。从三代起我国大地上就出现了一个中心即中央王朝，不仅其文化连续性强、影响力大，而且中央王朝和周边势力形成了比较稳定的支配与从属关系，夏商周三族的王者地位并未从根本上动摇过。③ 孔子选取夏商周而不是黄帝唐虞作为讨论对象，应能说明这样宏观的历史趋势，作为谙熟古代典籍的博闻君子，孔子是心知肚明的。

其二，就都城选址看，夏商周的中央王朝，都把统治中心区域集中于黄河流域中下游。如果说把二里头文化晋南和伊洛区域看作夏晚期统治中心，把二里岗文化的郑州商城看作商汤的亳都，加上商代中

---

① "礼"与"乐"本为一体，早期的乐师包含着一大批职掌礼乐诗歌与学子教育的官员。据学者的研究，"礼"字由鼓和玉所构成，孔子也曾就"玉帛"而论"礼"，就"钟鼓"而论"乐"，深得"礼乐"之古义。参见章必功：《"六诗"探故》，《文史》第22辑，中华书局1984年版；阎步克：《乐师、史官文化传承之异同及意义》，《乐师与史官：传统政治文化与政治制度论集》，生活·读书·新知三联书店2001年版，第85页。这样看"礼"兼备物质文明、精神文明与政治文明诸多层面。

② 钱穆：《国学概论》，商务印书馆2002年版。

③ 夏代有后羿寒浞之乱，商代有对东夷旷日持久的征伐，周代有淮夷猃狁的巨大威胁，但都没有颠覆夏商周王朝的君主地位。

晚期的河南洹北商城和安阳殷墟遗址，以及西周时代的东都洛阳遗址，那么黄河中下游的某些地带就是古人眼中君临天下的核心空间；城市布局整齐，表现出统治者的全局意识与规划逻辑。[①] 孔子曾问礼于成周的老子，还周游郑卫诸国，遍览礼乐文明的同时，对当时政治地理环境也应做过仔细考察。

其三，除城市规划之外，二里头时代中央王朝就涌现出大规模都邑遗址、令人瞩目的宫殿宗庙基址，和王权的发达是十分合拍的。更重要的是，现代考古学知识告诉我们，夏商周三代形成了以中原为中心的青铜文化发展脉络。新石器时代以来的制陶工艺，进入三代以来逐渐衰落，二里头时代的陶器从工艺水平到精细程度都不及龙山时代，青铜器开始繁荣，各种青铜器形态、复杂的青铜器群和一系列制造工艺进入贵族生活。其背后逻辑是，青铜器制作术成熟之后，高级贵族对于礼器的特定需求被满足（人们希望礼器精致唯美、万世永存甚至记录功业，青铜器比陶器更能满足上述特点），故古人把主要精力转移到青铜器的制造上，正是因为三代之礼的存在。孔子自小就青睐俎豆礼容之事，不仅把礼看得非常重，而且向老子问礼，正名复礼是孔子的毕生追求，则三代之礼的共性应是孔子思维世界中的重大课题（殷墟花园庄东地卜辞多与礼有关，或可从中寻求《三礼》诸多痕迹，这也能说明商周之间在礼上存在的一致层面[②]）。

其四，这几点归根结底，是因为三代社会结构与后世不同，中国古代由野蛮时代向文明时代迈进的时候，氏族组织还长期存在，而且

---

① 张光直先生认为，三代国号本于地名，都有一个永恒不变的"圣都"，也有若干迁徙行走的"俗都"。前者是先祖宗庙的所在地，一般不变；后者是举行日常仪式所在，屡屡变化，以追求铜矿为主要原因。参见张光直《中国青铜时代》，生活·读书·新知三联书店 2013 年版，第 43 页。张先生的推论，更能说明黄河下游若干区域的重要性。

② 殷墟花东 H3 卜辞主人就很有代表性。专家指出"学"是"子"占卜活动的重要内容，学前的祭祀活动，学的内容、地点，是"子"占卜的重点。通过"学"与《周礼》《礼记》和《仪礼》中有关两周时期的教育对比研究，专家发现"子"从事的"学"，包括"学商""学舞"两方面内容，与西周时期的贵族子弟学习礼乐活动的内容一致，这对于研究商代贵族子弟学习内容的多样性有重要意义。参见韩江苏《殷墟花东 H3 主人"子"研究》，《中国语言文字研究丛刊》第 2 辑，线装书局 2008 年版，第 363 页。

与阶级、国家长期并生，三代文明就建立在如此的条件之上。这一点已被20世纪以来的考古资料和先秦史研究所证明。恩格斯发展了摩尔根的文明理论，强调了国家的建立对文明演进的作用，是正确的。但就东方世界尤其是中国看，早期文明的发展情况则更为复杂，充分表现出中华文明发展道路的特殊性。司马迁说："禹为姒姓，其后分封，用国为姓，故有夏后氏、有扈氏、有男氏、斟寻氏、彤城氏、褒氏、费氏、杞氏、缯氏、辛氏、冥氏、斟（氏）、戈氏。"这说明在进入文明时代很久后，氏族组织还产生着巨大影响。中国古史上氏族特色在于其存在的长期性、普遍性和对于新社会形势的适应性。王国维指出："周人以尊尊、亲亲二义，上治祖祢，下治子孙，旁治昆弟，而以贤贤之义治官。"[①] 甲骨、金文和简帛资料中的"族"比比皆是，无须赘述；说它们是三代文明舞台上的主角，并不过分。可知血缘因素在进入国家后，能够与国家政权结合，在相当的历史环境中成为文明发展的依赖力量。于是不少专家将中国古代已具备国家公共权力，但社会组织仍滞留在以血缘纽带为基础的国家形式概括为"早期国家"，以区别于地区组织和公共权力两者都具备的"成熟国家"[②]。中国上古史中很长历史时期应纳入早期国家的范畴。孔子虽无今人的理论名词，但他本身就是微子之后、鲁国贵族，孔门亦以"兴灭国，继绝世，举逸民"为政治主张，自然会体会到"族"在三代的巨大作用。

　　其五，上述这些内容基本上属于可视的政治文明，而三代在精神层面的一致性因素恐怕就更多。纵然夏商周三代的文化特点各有不

---

　　① 王国维：《观堂集林》，中华书局1959年版，第472页。

　　② 中国许多学者意识到古代中国的发展道路与古代希腊、罗马和日耳曼的社会发展情况不同，即并没有打破氏族制度，而是在普遍存在的氏族组织基础上滥觞国家的萌芽，国家与氏族长期并存而使早期国家完善与发展。参见晁福林《关于中国早期国家形成的一个理论思考》，《历史研究》2010年第6期；沈长云：《关于中国早期国家的几个问题》，《史学月刊》2001年第2期；林沄《关于中国早期国家形式的几个问题》，《吉林大学社会科学学报》1986年第6期；赵世超《西周为早期国家说》，《陕西师大学报》1992年第4期；何兹全《中国古代社会》，河南人民出版社1991年版；谢维扬《中国早期国家》，浙江人民出版社1995年版；王震中《中国文明起源的比较研究》，陕西人民出版社1994年版，都是阐述这一问题的经典之作。

同，甚至社会思潮、审美观念、生活方式也随着具体历史环境发生很大变化，^① 但在宏观上看三代又存在不少共性。上古时代"族"具有顽强的生命力，它的影响渗透到社会的方方面面，在人们的思维中留下很多痕迹。严复以"重三纲""亲亲""以孝治天下""尊主"等词汇概括中国思想特色，这些精神大部分可在三代血缘亲族的凝聚力中找到源头。^② 商后期甲骨文不厌其烦的"周祭"、周人大量为祭祀先祖而作的青铜器铭文，以及大量的"族"墓地都表明，中国文化中集体主义价值观至少在三代就已具备规模。司马迁概括孔子的思想说："周道衰废，孔子为鲁司寇，诸侯害之，大夫壅之。孔子知言之不用，道之不行也，是非二百四十二年之中，以为天下仪表，贬天子，退诸侯，讨大夫，以达王事而已矣。"不论《春秋》是否为孔子所作，司马迁描述孔子的履历是可靠的，"达王事"以伸张王权的思路并非杜撰。"周监于二代，郁郁乎文哉，吾从周"中，也包含了孔子对周人盛大的制度文化气象与精神面貌的肯定。

不论是中央王朝的权威性、都城选址所在、城市布局还是人们对礼的遵从乃至价值取向，它们很大程度上超越了三代的时空限制，成为历朝历代都看重的制度文化话题；后世针对这些问题的思考，与孔子的思路合拍，故此孔子敢推论"继周者，虽百世，可知也"，谓周之后的王朝亦以周为基础而有损益，以此类推。虽为推测之辞，但从

---

① 比如专家指出，西周青铜器就可分为两个不同的文化系统，一是器主以殷遗民为代表的商系统，一是器主以周贵族为代表的周系统。西周初年商系统风格的铜器占有主导地位，西周早期偏晚阶段周文化因素显现，中期以后周系统占主导地位，两大系统风格渐趋统一。张懋镕：《西周青铜器断代两系说刍议》，《考古学报》2005 年第 1 期。这样的变化发生在西周开国后的二百余年，可以反映出不同族群审美爱好的消长。

② 严复在《论事变之亟》中说："中国最重三纲，而西人首明平等；中国亲亲，而西人尚贤；中国以孝治天下，而西人以公治天下；中国尊主，而西人隆民；中国贵一道而同风，而西人喜党居而州处；中国多忌讳，而西人众讥评。其于财用也，中国重节流，而西人重开源；中国追淳朴，而西人求欢虞。其接物也，中国美谦屈，而西人务发舒；中国尚节文，而西人乐简易。其于为学也，中国夸多识，而西人尊新知。其于祸灾也，中国委天数，而西人恃人力。"参见王栻主编《严复集》第 1 册，《中国近代人物文集丛书》，中华书局 1986 年版，第 3 页。姑且不论严复此言是否有所夸大，也不能说上述中国人的价值取向皆为三代所有，但中国亲亲而尊尊，遵循集体与权威，是从三代发端的。

三代文明奠定了中华文明发展的基础看，孔子所持意见并非虚语。

　　而三代之间的文化差别，在有形和无形方面都有体现。考古资料表明固然从二里头文化到二里岗文化，礼仪制度传承非常强劲，但其中也有变化。如二里头文化神权信仰色彩比商文化弱，二里岗到殷墟文化中神权的色彩越来越重；① 日常生活方面，二里头的炊器多用鼎、夹砂圜底深腹罐、园腹罐为主，鬲的用量很少；商文化喜用鬲、簋和圈足豆。② 而商周文化的变化明显要比夏商之间的差异大，商人尚鬼而周人尚文。比如商代盛行人牲人殉、墓地祭祀，西周以后明显减少；③ 商晚期到西周早期的青铜礼器铭文不长，由于几千年神权信仰的深刻影响，贵族为父祖作器的字样以及相应的祭祀礼仪是铭文的主角；但西周早期晚段以后，军事征伐、册命贵族、婚丧嫁娶、土地买卖、法律争讼等现实生活都进入铭文；④ 商代在政治治理上较多地依赖神权信仰；⑤ 周代较多地依赖实际的行政运作，分封天下，完善礼法。王国维先生《殷周制度论》主张："欲观周之所以定天下，必自其制度始矣。周人制度之大异于商者，一曰'立子立嫡'之制，由是而生宗法及丧服之制，并由是而有封建子弟之制，君天子臣诸侯之制；二曰庙数之制；三曰同姓不婚之制。此数者，皆周之所以纲纪天下。其旨则在纳上下于道德，而合天子、诸侯、卿、大夫、士、庶民以成一道德之团体。周公制作之本意，实在于此，此非穿凿附会之言也。"⑥ 王

---

① 殷墟遗址出现大量的人殉、人牲和卜辞，就能说明神权的浓厚。

② 中国社会科学院考古研究所编著：《中国考古学·夏商卷》，中国社会科学出版社 2003 年版，第 11—12 页。

③ 经胡厚宣先生的统计，地下考古发现的西周春秋时期的人殉人祭为六十几人，文献中也有不少杀人殉葬之事，但比殷商已明显减少。参见胡厚宣《中国奴隶社会的人殉和人祭》上篇，《文物》1974 年第 7 期。

④ 陈絜：《商周金文》第五部分《铜器铭文中所反映的商周政治与社会》，文物出版社 2006 年版，第 158—235 页。

⑤ 专家指出，殷人的祖先崇拜，在当时的历史条件下还是加强商王朝与诸方国交往的一种手段。商王室的祖先神不仅为殷人所推崇，而且也为诸方国、诸部族所尊崇。参见晁福林《先秦民俗史》，上海人民出版社 2001 年版，第 270—271 页。

⑥ 王国维：《观堂集林》，中华书局 1959 年版，第 453—454 页。不论殷周之际是否为中国制度文化变革最剧烈的阶段，王国维先生概括的周人的制度特征是贴切的。

氏的概括,从今日的考古资料以及汗牛充栋的典籍文献审视,应当并没有太多夸大。这些内容应是孔子论及"损益"的事实基础。

身为殷人之后,他对殷商文化并不陌生;他生长在鲁国,目睹了鲁国的名物制度与典籍文献,对周公旦无比膜拜,对文献中"制礼作乐"的盛世深切向往。《论语·述而》中孔子感慨"甚矣吾衰也,久矣吾不复梦见周公",表明在壮年相当长的时间段,孔子都把对周代文化制度建设做出了卓越贡献的周公旦当作其精神领袖。孔子自然而然会对两种文化展开对比与深入思考。

二 三代"损益"说的思想条件

三代"损益"说是一种清晰的历史意识,它是孔子在占据丰富的历史知识的基础上,对信息进行分析、综合、抽象等深加工后,不仅将夏商周种种社会现象看成是历史长河中的一部分,而且把所获得的认识("因"与"损益")当作一种规律来解释过往(夏商)、理解现在(周)、预测未来("虽百世,可知也"),还能够在上述进程中形成对个体、族群、国家、世界的认同(尤其是对周代的认同),迸发出自信心和责任感。这种成熟观念的形成,除事实基础之外还需要一个复杂的认识过程。这可能是一个长期的、抽丝剥茧式的、出现反复的过程。人们需要不断反省,从混乱的信息中厘清思路,根据事实调整认识;而具体的历史条件,促成了人们的反省。在怎样的思想条件中形成了三代"损益"的历史认识呢?

首先这一命题需要大量的知识作为积累,这些知识不仅来自周人,也来自商人。《论语·八佾》中孔子说:

> 夏礼吾能言之,杞不足征也,殷礼吾能言之,宋不足征也。文献不足故也。足则吾能征之矣。

他对夏礼和殷礼是了解的，而且能够讲得头头是道。但作为夏商遗民的杞国和宋国，缺乏翔实的材料，这样的材料就是"文献"。郑玄注："献犹贤也。我不以礼成之者，以此二国之君文章贤才不足故也。""文"指典籍文字，"献"指贤达的所见所闻，一是文献记载，二是口头介绍。孔子言夏商二代之礼，主要是来自鲁国的文化遗存，以及鲁国一大批能言前言往行的君子。周代文化洋洋大观，建构出网罗宏富的王官之学，鲁国就是个缩影。虽然在春秋时代周王室已经出现衰象，但周王室文化生命力依然强盛，鲁国就是人们了解周代礼乐文明的一个典型窗口。《左传·昭公二年》载，晋侯使韩宣子来聘鲁，韩宣子"观书于大史氏，见《易》《象》与《鲁春秋》"，情不自禁感叹说："周礼尽在鲁矣，吾乃今知周公之德，与周之所以王也。"这样的评价应当是中肯客观的，说明在诸侯眼中鲁国政治文化大国的地位不可撼动。《汉书·艺文志》说鲁国"礼文备物，史官有法，故与左丘明观其史记，据行事，仍人道，因兴以立功，就败以成罚，假日月以定历数，藉朝聘以正礼乐"。姑且不论孔子与左丘明关系这一学术公案，说鲁国保存了与周王室相当的典籍文献，而且有一大批懂得典章制度的贵族，应当不过分。这样的社会环境为其他诸侯国所不及，自然影响到孔子的知识结构。如臧文仲、柳下惠、左丘明等人物都在《论语》中出现，说明他们的言论受到孔子的重视。和文化制度洋洋大观的鲁国相比，杞国、宋国的文化气象就相形见绌了。但是宋国作为殷商之后与孔子故乡，其"文献"自然是孔子知识的重要来源。不仅是孔子，《尚书·多士》中周公也对殷民说："惟尔知，惟殷先人有册有典，殷革夏命。今尔又曰：'夏迪简在王庭，有服在百僚。'"说明周统治者不仅继承了商代的典籍文字而且非常谙熟。箕子所述的《洪范》为周人所重，但其逻辑思路与周人治国方略有很大距离，[①] 也能表达出周人对前代文化的尊重与借鉴。不管是"文"还是

---

① 刘起釪：《〈洪范〉这篇统治大法的形成过程》，《古史续辨》，中国社会科学出版社1991年版，第303—335页。

"献",都是商周时期就已存在的一些求真求实的历史意识的流露。

其次这一命题需要深刻的审辨反省精神。只有理性、内敛、谦恭和充分的自我否定,才可能看清本族与他族文化的优势与短板,而这样的思想萌生于商,兴盛于周人开国之后,是在和宗教蒙昧思想斗争的过程中成熟起来的。学者们对《尚书》等文献表达的怀疑天命的周人思想并不持异议,这当然是周人进行自我反省的体现。但这种反映应是承商而来。商中晚期的甲骨卜辞洋洋大观,殷商贵族在自然面前并不自信,以鬼神为命运主宰,在上帝、祖先神和自然神灵三足鼎立的局面中尤其看重祖先神。① 《尚书·西伯戡黎》中,大臣祖伊向纣王汇报西伯戡黎之事,纣以"我生不有命在天"回驳祖伊,足见宗教蒙昧的思想充斥着商纣的头脑。殷纣以为他的王权来自天命,天命决定历史,其中没有任何理性可言。② 但也有专家指出,祖伊已然意识到天命变易,而且这个变易与统治者的所为特别是王是否极意声色,是否审慎度、知天命、循行常法有关。并且,天命的变更与民众的心意也息息相关,这样说来以为天命不变的,仅仅是商纣等一些商之统治者。以前鉴于周人天命观中的理性因素,常常将殷人的天命观理解为天命不变,视为周人的对立面,是不妥的,殷周天命观有相承之处。③ 傅斯年先生曾说:"知民监而上天难恃之说,既闻于当时,更传自先世,其渊源长矣,周公特在实际政治上发挥之耳。至于此古人为何时之人,谓'天不可信'者为何人,今固不可考,要以所谓商代老成人者为近是。"④ 殷周天命观的相承之处,说明商人和周人一样在思想中充斥着矛盾:一方面是利用天命鬼神来论证执政者的合理性,⑤ 尤其是政权变更、族众迁徙、君位传承等事件的必然性;另一方面他

---

① 晁福林:《论殷代神权》,《中国社会科学》1990 年第 1 期。

② 刘家和:《论历史理性在古代中国的发生》,《史学理论研究》2003 年第 2 期。

③ 罗新慧:《周代天命观念的发展与嬗变》,《历史研究》2012 年第 5 期。

④ 傅斯年:《性命古训辨证》,《民族与古代中国史》,河北教育出版社 2002 年版,第 327 页。

⑤ 商代人很少用"天",往往用"帝"来代表天;周人把"天""帝"二者合一,参见晁福林《论殷代神权》,《中国社会科学》1990 年第 1 期。

们也懂得天命鬼神无常，人事可以影响或者左右天命鬼神，信和疑这两个因素辩证相生，符合人的常情。这犹如不谙世事的孩子，以为家里大人力量强悍就能在外面有恃无恐，结果碰壁之后怀疑家里大人的力量；而在现实中摸索规律，认识到只有走得正才能获得家里大人支持一样。商人如此，周人也如此。进而他们在摸索过程中产生理性的敬畏之心，这便是孔子的三代"损益"说的潜在动力。可以推知，商周鼎革，周初的复杂局势，两周之际的历史变局都是促成周人历史意识成熟的契机。

再次这一命题需要解放思想，打破"族"的壁垒，以"天下"的角度审视问题，并且把自身放置在历史长河之中考察。从形势看，这样的认识应当发生在周人推行分封制度、稳定统治秩序从而使周文化优势显现出来以后，大体是西周中期。在殷商及其以前相当一个时期，人们的视野受制于本族，非常有限。王夫之说："古之诸侯，虽至小弱，然皆上古以来世有其土，不以天子之革命为废兴……故天子者，亦诸侯之长耳。使其宾服，大要视今安南、缅甸之称臣奉贡而已。""古之天下，人自为君，君自为国，百里而外，若异域焉。治异政，教异尚，刑异法，赋敛惟其轻重，人民唯其刑杀，好则相昵，恶则相攻，万其国者万其心，而生民之困极矣。尧、舜、禹、汤弗能易也。"[①] 就"非我族类，其心必异"的社会背景看，王夫之所言不虚。既然各个部落"上古以来世有其土"，"百里而外，若异域焉"，"好则相昵，恶则相攻，万其国者万其心"，那么明显是以本氏族部落的立场与思维，而不是以"天下"的襟怀来解决问题。这样他们的态度就带有很强的排他性，商纣的"有命在天"就绝非个案；反而祖伊一类头脑清晰的大臣受到打压限制。[②] 虽然《尚书·多士》说"惟殷先

---

① 王夫之撰，舒士彦点校：《读通鉴论》，中华书局1975年版，第899、589—590页。

② 刘家和先生指出，祖伊就是对于天命鬼神持有怀疑态度的人；不过，这样的人在殷代不居主流地位。真正开始对天命产生深度怀疑的是后来战胜并取代了殷王朝的周人。参见刘家和《论历史理性在古代中国的发生》，《史学理论研究》2003年第2期。

人有册有典",但这样的"册"和"典",有多少内容是像周公旦那样反思政权变革的依据何在,今天也不得而知。① 更重要的是,在如此思路的影响下,夏商时期人们的政治观念和后代还有很大区别,张光直先生曾说:

> 从新旧文字史料上看,夏商与商周在时代上都有相当的重叠。换句话说,商是夏代列国之一,周是商代列国之一。再反过来说,继承夏祀的杞是商代与周代列国之一,继承商祀的宋是周代列国之一。夏商周三代的关系,不仅是前仆后继的朝代继承关系,而且一直是同时的列国之间的关系。从全华北的形势来看,后者是三国之间的主要关系,而朝代的更替只代表三国之间势力强弱的浮沉而已。②

三代不仅是前后更迭的王朝,更是三个实力强健且并行发展的"族"。而后者明显是三代社会结构特征;但随着秦汉郡县制度的建立,人们逐渐将之淡化或遗忘,误以为三代政权变革和后代改朝换代一样,但这样简单化的理解并不对。张先生认为两个元素应从根本上予以修正。"一是对三代的直的继承关系的强调(《论语·为政》:'殷因于夏礼……周因于殷礼');二是将三代一脉相承的文明发展看做在中国古代野蛮社会里的一个文明孤岛上孤立发展(《孟子·公孙丑》:'夏后殷周之盛,地未有过千里者也。'《史记·封禅书》:'三代之君,皆在河洛之间。')。最近的考古研究使我们对新旧史料重新加以检讨的结果,使我觉得这两个元素是对古史真相了解的重大障

---

① 殷商记载夏商鼎革的"册"和"典",从殷商尊鬼重神、强化血缘的文化背景来看,不大可能具备周人的理论高度。也有学者指出,清华简《尹诰》多次提到民众,但该篇的重民重的是宗族,这一思路与战国时期的民本思想并不等同。《尹诰》篇"夏鉴"思想具有很强的现实功用性,与商代尊天敬鬼的思想不符,该篇的整理受到周初周人殷鉴思想的影响。参见曹娜《试论清华简〈尹诰〉篇研究中的两个问题》,《史学史研究》2018年第1期。所以该篇虽然提到"夏鉴"的内容,但并不能反映商人确有这样高度的认识。

② 张光直:《中国青铜时代》,生活·读书·新知三联书店2013年版,第75页。

碍。夏、商、周三代之间的横的关系，才是了解中国古代国家形成过程的关键。"① 张先生的反思很有启发。孔子所说的情况是周代的，周的确有"监于二代"的理论自觉；但孔子只说"殷因于夏礼"，并没有说夏商两代的统治者就有周人"监"的远见卓识。② 从张先生之论中不难看出，三代的政治视野都受到"族"的限制，其中殷人尤其明显。王国维先生《说商》言："可知文丁、帝乙之世，虽居河北，国尚号商……且《周书·多士》云：'肆予敢求尔于天邑商。'是帝辛、武庚之居，犹称商也。至微子之封，国号未改，且处之商邱，又复其先世之地，故国谓之宋，亦谓之商。"③ 国号仍称"商"，意味着周人分封以后，很长时期商人的制度文化的独立性很大。能像孔子一样理智地总结夏商周历史经验的学者，在殷商之后应是少数。即便到了春秋时期还有明确的夷夏之辨，《左传》成公四年中鲁成公访晋，由于晋景公慢待他，回国后遂欲反晋向楚。季孙行父劝阻国君说："史佚之《志》有之，曰：'非我族类，其心必异。'楚虽大，非吾族也，其肯字我乎。"这里明确表达出周族之间的亲昵，即便是实力强悍且文化上向中原看齐的楚国，不是周人的同族，也就被认为没有同族的关爱。此时已是春秋中叶，人们的思想尚且如此，夏商时代的精神枷锁也就更多。孔子正是跨越了夏商周的"族"，从王朝的角度来思考历史规律性问题的，堪称思想解放。④

---

① 张光直：《中国青铜时代》，生活·读书·新知三联书店 2013 年版，第 71—72 页。

② 前文已言，从二里头文化到二里岗文化，礼仪制度传承非常明显，差异性没有商周之间强劲。王国维先生《殷周制度论》说："以地理言之，则虞夏商皆居东土，周独起于西方，故夏商二代文化略同。"参见王国维《观堂集林》，中华书局 1959 年版，第 452 页。就考古资料而言，王先生的说法可以成立。那么孔子所说的夏商之间的"损益"，就不如商周之间的"损益"剧烈，以沿袭为主，似略有调整；很可能带有极大的自发性，应没有周人的制度自觉。

③ 王国维：《观堂集林》，中华书局 1959 年版，第 516—518 页。

④ 精神解放会伴生着精神枷锁，即人们所谓的"出一个牢笼又进入一个牢笼"。"宗法体系的建立，极大地促进了人对于社会关系的思考，孕育了后来所出现的仁、礼、义等思想观念的萌芽。然而宗法观念在它形成的时候，在它理论化系统化的时候，同时也是它逐渐成为新的精神枷锁的时候。春秋战国时期的伟大哲人，往往从深化或改革传统的宗法观念入手提出新的理论和认识。"参见晁福林《人类精神觉醒研究三题》，《史学史研究》2007 年第 1 期。就孔子跳出"族"来审视历史而论，此言不虚。

最后这一命题包含了对历史怀疑论纠正的因素。周人诗中就有"天命靡常""天难忱斯"的,意味着周人中一部分已经对天命产生怀疑;在天灾人祸面前人们不仅质疑天命,而且对人生、权贵、政局产生了厌恶与诅咒。① 不可否认这些思想传达了思想解放的信息,但怀疑情绪的极致化,就是相对主义和不可知论,势必会给社会带来消极的影响;而孔子就尝试着纠正它们,使学生的世界观走向正轨。孔子对学生子张谈三代"损益"这一段文字的语境,容易被人忽略。子张即颛孙师,《论语·先进》中孔子曾开诚布公地评价"柴也愚,参也鲁,师也辟,由也喭",对子张的批评是"辟",这个字有不同的解说。一说,"辟"为"僻"②,古怪反常,似乎子张为人处世有偏激色彩;另说"辟"为"便辟""邪僻"之"辟",朱熹认为"辟""谓习于容止,少诚实也","便辟,谓习于威仪而不直",指的是注重仪表而内心不诚实。两说都可通,但前者似和诸文献更吻合。③ 而且《论语·为政》中子张问"干禄",孔子以"多闻阙疑,慎言其余,则寡尤;多见阙殆,慎行其余,则寡悔;言寡尤,行寡悔,禄在其中矣"教诲之,说明子张少"闻阙疑""见阙殆",亦且言行不能顾及其"余"。子张与曾子等人不睦,孔子死后去鲁,独立招收门徒,

① 这样的现象比较复杂,《诗经》中就有数量相当的"变风""变雅",《毛诗序》说:"至于王道衰,礼义废,政教失,国异政,家殊俗,而变风变雅作矣。"参见毛亨传,郑玄笺,孔颖达疏《毛诗正义》,阮元校刻《十三经注疏》,清嘉庆刊本,中华书局 2009 年版,第 566页。冯友兰先生将这一类现象概括为"西周奴隶制的衰落及宗教神权的动摇",参见冯友兰《中国哲学史新编》上卷,人民出版社 1998 年版,第 99—101 页。胡适先生把当时的思想划分成"忧时派""厌世派""乐天安命派""纵欲自恣派"和"愤世派"。参见胡适《中国哲学史大纲》,《蓬莱阁丛书》,上海古籍出版社 1997 年版,第 30—32 页。

② 皇本"辟"作"僻",见程树德《论语集释》,新编诸子集成,中华书局 1990 年版,第 777 页。

③ 从人品上看,前者为佳。程树德《论语集释》引黄氏《后案》云:"《礼·五帝德》篇有'容貌取人,于师改之'之言,《荀子·非十二子》曰:'禹行而舜趋,子张氏之贱儒也',此朱子训辟为便辟之所本。愚、鲁、辟、喭以生质言,非言习也。诸经言便辟者,谓便习。其盘旋退避之容,不可以训辟。《戴礼》所言或谓指堂堂宽大之貌,或谓圣人不以貌取人,《礼记》亦后人所附益。若《荀子》讥末流之弊,尤不可援以注经也。"此说得之。参见程树德《论语集释》,新编诸子集成,中华书局 1990 年版,第 778 页。

开创"子张氏之儒"，见《韩非子·显学》。这些迹象也说明子张性格中有乖戾个性的一面。子张问孔子"十世"（谓十代，一世为三十年，十世为三百年）是否可知，意味着子张在很大程度上对未来不确定，对社会规律持疑惑的态度。或者说他未能形成历史意识，不能把握过去、现实与未来问题之间的联系，此或系其性格之"辟"。孔子因材施教，故此在子张问老师未来是否可知的时候，孔子故意往三代"损益"的历史规律上引导，旨在打消其思维中的惶惑与不可知论，纠正其性格中"辟"的短板。孔子纠正历史怀疑论，以三代为例树立正确的历史意识，起到了教人的作用。

以上几点是孔子提出三代"损益"说的思想条件。历史唯物主义告诉我们，一切社会现象都经历了从无到有的演变过程，思想观念也不例外。像孔子这种历史意识的形成绝不是一蹴而就的，除了社会现实之外，还需要很多上层建筑领域的思想条件来促成它；思想条件也不能凭空产生，都是在具体的历史环境中产生发展的。知识的积累、反省精神的形成、桎梏的打破以及对怀疑论的纠正，都发生在周代历史变局之中。其中非常关键的一个因素，就是华夏族以及华夏文化的认同在西周时代都已经形成。

三　华夏族与华夏认同

按照王国维《殷周制度论》所说，周代开国之时统治者沿用的是商制，全其旧部，顺其土俗而已。然而周公旦经历了三监之乱以后，汲取历史教训决意分封天下，以防止叛乱再生，才使周代的社会结构发生了根本性的变化：在辽阔的空间中，用周人自己的血缘与政治纽带来瓦解原有的盘根错节的异族，周人封国的姬姓、姜姓等族类，是高踞在当地部落之上的新成分，居于封建结构的上层；他们不仅支配着当地部落，而且还把其他区域的族群迁徙过来。许倬云先生以宜侯矢簋铭文为例，指出"矢"受封的人民有三组："王人""宜庶人"

与"奠七伯"。"王人"可能是周的下士，《春秋》经传里的"王人"指的是王室的代表或军队，他们作为统治者处于社会顶层；"宜"公室直属的民户"宜庶人"是社会下层；来自"奠"地（可能是殷商的郑，也可能是矢原的郑人，随西徙的郑人入周）的"奠七伯"处在两者之间，[①] 周代的封国的结构大体如此。这样造成前所未有的不同族人混居在一起的现象，推动了部族融合。沈长云先生指出，商代尚未有把被征服地区的土地人口授予自己的亲戚子弟统治的史实；而周人的各封国却造成了前所未有的不同族人混居在一起的现象。[②] 据日本学者伊藤道治的研究，西周的封国分布在渭水，汾水，洛阳、开封、南阳三角区，成周近畿，鲁南苏北，豫南鄂北，鄂南湘赣七个地带。"封建亲戚"的主要国家，大体就在黄河中下游的农耕文明区；其中鲁、卫、晋、燕这些姬姓封国势力最为强大，地处要冲，足以决定大局。[③] 旧有的势力瓦解了，新的社会组织出现了，进而华夏族的生命力与周人的分封行为捆绑在一起，而周人的制度建设——礼乐文明填补其中，起到了巨大的催化作用。

这样的变局虽是政治文化层面，但足以给当时的上层建筑带来巨大冲击。"逮克殷践奄，灭国数十，而新建之国皆其功臣、昆弟、甥舅，本周之臣子；而鲁、卫、晋、齐四国，又以王室至亲为东方大藩，夏、殷以来古国，方之蔑矣。由是天子之尊，非复诸侯之长而为诸侯之君。"[④] 这一过程前所未有，不仅给人们带来了丰富的历史经验和治国理政智慧，而且"夏、殷以来古国，方之蔑矣"，大大颠覆了原先氏族部落本位的价值观念。尤其周以蕞尔小邦有天下，使周统治者陷入深深的不安，不得不战战兢兢，不断反省商亡而周兴的理据；他们带有强烈的危机感和使命感，以理性的方式总结规律，摆脱虚

---

① 许倬云：《西周史》，生活·读书·新知三联书店 2012 年版，第 156 页。

② 沈长云：《论殷周之际的社会变革》，《上古史探研》，中华书局 2002 年版，第 83—110 页。

③ ［日］伊藤道治：《中国古代王朝的形成》，江蓝生译，中华书局 2005 年版，第 147 页。

④ 王国维：《观堂集林》，中华书局 1959 年版，第 467 页。

无、相对和不可知，从而启迪人生。如何论证周人制度文化的合理性
及其与夏商之间的发展脉络，树立文化认同，成为孔子这类贵族必须
思考的话题。或者说，商周的历史变局以及华夏族的最终形成，催生
了三代"损益"的历史观。①

　　三代"损益"的历史观对文化认同的贡献之一，即形成了重
"文"的文化心理。《论语·八佾》中孔子感叹"周监于二代，郁郁
乎文哉，吾从周"②，"文"即是周人在夏商二代制度文化基础上因循
损益的成果。孔子身为殷商贵族微子之后，超越了部族血缘认同的界
限，表现出周人文化制度的优越性。他用"文"来形容周代社会风
貌，而且还是"郁郁乎文"，谓其盛大的态势。③孔子认为周代"郁
郁乎文哉"，这一命题只有从历史发展中才能得到正确的解读。《史
记·高帝本纪赞》说：

　　　　太史公曰：夏之政忠。忠之敝，小人以野，故殷人承之以
　　敬。敬之敝，小人以鬼，故周人承之以文。文之敝，小人以僿，
　　故救僿莫若以忠。三王之道若循环，终而复始。

　　司马迁认为夏的时代主旋律是"忠"，专家认为这可能和上古时
期的巫术有关。在人类的早期，巫术孕育了科学；它代表了人们改造
自然的能力，对社会秩序的维护也有一定意义，今天不应完全以迷信

---

　　① 专家指出，华夏族起源于商周之际的历史变革时期。华夏族的族称出自周人对自己建
立的反商部族联盟的称呼。直到西周大封建之后，华夏各部族才开始由部落状态向民族共向体
演化，而这一过程的最终完成则是在春秋战国之际。人们崇拜的黄帝原只是周人奉祀的祖先，
后随着周人主导的民族融合才演变为华夏族共同祖先。参见沈长云《华夏民族的起源与形成过
程》，《中国社会科学》1993 年第 1 期；《华夏族、周族起源与石峁遗址的发现和探究》，《历史
研究》2018 年第 2 期。不论华夏族最终形成于何时，周初大封建都是一个关键的时期。
　　② 罗新慧：《尚文之风与周代社会》，《中国社会科学》2004 年第 4 期。
　　③ 《说文》说："文，错画也，象交文。"段玉裁：《说文解字注》，上海古籍出版社 1981
年版，第 425 页。这是说"文"字的本义是花纹交错的样子，古书中许多部落都有"文（纹）
身"的习俗，"文采""文辞""文章"系其引申，后来又指各种礼乐制度等一系列由人（而
不是鬼神）创制的文化品目，大体相当于今天所说的"文化遗产"之类内容。

视之。但毕竟巫术杂糅着荒谬（可能是司马迁所说的"野"），势必会从历史中退却。商人纠正了夏人的"野"，把人们大量的精力放置在超自然的神灵世界中，"敬"成为商代的主旋律，他们形成尊神重鬼的殷商文化。但是人类思维水平尚处于萌芽阶段，造成大量人力、物力耗费在虚妄的鬼神世界中，这是商王朝衰亡的重要原因。当时机成熟时，人们势必从鬼神世界中走出。尚"文"之风是周人的时代主旋律，周人把商代的鬼神之风边缘化，主张敬德保民，并且缔造出一系列制度与文化，人的力量日益焕发光彩。① 当春秋战国时期社会质变发生时，周人的"文"也产生涤荡，儒家文化从周代礼乐文明中走来，成为中华文化的重要构成部分。就此而言，周人的制度文化的确是借鉴了夏商两代的经验，去粗取精，趋利避害，不断扬弃与发展，形成了独特的尚"文"之风。罗新慧先生指出，周人政治中重"文"的传统使当时的各族属能够在平稳的环境中协调、融合为形成统一的华夏文化奠定了基础；周人对"文"的追求，推进了周人整体修养的提高，对华夏族气质、性格的形成起到关键作用。② 事实上"文"的精神超越了周代，光辉盛大、兼收并蓄、沉着理智、取我所需的文化气象，③ 成为中国文化的重要构成部分，影响深远。

---

① 赵世超：《巫术盛衰与西汉文化》，《瓦缶集》，人民出版社 2003 年版。赵世超先生的观点受弗雷泽的启发。弗雷泽的《金枝》曾指出，宗教和巫术的实质区别在于，"统治世界的力量，究竟是有意识的和具有人格的，还是无意识的、不具人格的"；"宗教，作为一种对超人力量的邀宠，所认定的是两个答案中的前者"。"巫术或科学都当然地认为，自然的进程不取决于个别人物的激情或任性，而是取决于机械进行着的不变的法则。"［英］詹·乔·弗雷泽：《金枝》，徐育新、汪培基、张泽石译，大众文艺出版社 1998 年版，第 19 页。就此看，中国夏商周三代历史中，的确有巫术文化与宗教文化的区别，可能是夏商两代的差别；而周人的文化从巫鬼世界中走出，树立了崇尚人事的价值观。这与司马迁《史记·高祖本纪赞》中夏商周三代社会"忠""敬""文"的概括很相似。

② 罗新慧：《尚"文"之风与周代社会》，《中国社会科学》2004 年第 4 期。

③ 《论语·卫灵公》中颜渊问老师为邦之道，子曰"行夏之时，乘殷之辂，服周之冕，乐则韶舞"，夏商周三代乃至虞代（韶乐为尧舜禅让之乐）有着不同的时代特征，孔子才能取我所需，以夏之历法、殷之车辇、周之冠冕以及虞舜之韶乐为其政治理想国的重要组成部分。这同样是兼收并蓄，取我所需。

此外三代"损益"说对文化认同的另一个重要贡献是，抓住了中华文明的"宗"，即今天我们所说的"文化基因"，以不变应万变。这从孔子"虽百世可知也"的论断可见一二。十世、百世也就是三百年乃至三千年后的社会状貌，孔子是怎样知道的呢？这不是他的主观臆断或夸大。他说百世以后可知，只因为孔子看到了历史的共性与特性（即"常"与"变"），并且把历史现象、现实社会与未来世界联系在了一起。任何时代都要遵循因循损益的辩证法，正如吕思勉先生在《先秦学术概论》中评析王官之学与诸子之学关系时指出："凡事必合因缘二者而成。先秦诸子之学，当以前之宗教及哲学思想为其因，东周以后之社会情势为其缘。"① 不难发现，吕先生的"因"就是孔子所说的"因"，即因循；吕先生所说的"缘"，是基于东周社会的发展态势所进行的调整，相当于孔子说的损益。后代势必要对前代进行批判继承，否则就是无根之木。吕先生针对胡适《诸子不出王官论》说："殊不知先秦诸子之学，极为精深，果其起自东周，数百年间，何能发达到此？且诸子书之思想文义，皆显分古今，决非一时间物，夫固开卷可见也。"② 这样后代和前代之间，不管有多大变化，总有不能割舍的联系。

从后代历史发展看，孔子的预言是很有道理的。即便是短命而亡的采取文化专制的秦代，也从周代王官之学"以吏为师"的措施中吸取了重要的资源。而周代的礼乐文明以及在其基础上产生的儒家思想，对中国二千年文化制度的发展更有着非常重要的指导意义；自殷商甲骨文以来的汉字系统，历经金文、小篆、隶书、楷行草到现代汉字的发展，形成了中国人的文化基因，为今天中国人交流文化信息的表达工具；中国自周秦之后的二千年社会发展，虽然王朝更迭罔替，并且古今社会产生了天翻地覆的历史变化，但后代王朝都秉承了三代

---

① 吕思勉：《先秦学术概论》，上海书店出版社1992年版，"序言"第1—2页。
② 吕思勉：《先秦学术概论》，上海书店出版社1992年版，"序言"第14页。

历史的传统，五千年的中国文明没有中断，甚至到今天一系列制度文化都和夏商周的基础有着密不可分的联系。这些内容就是历史发展"因"的环节之中最重要的一方面，不能不说孔子"虽百世，可知也"的论断确是卓见。

余论　何兹全先生的教材观

　　史学大家何兹全先生仙逝已经十年了，但何先生慈祥可亲的印记一直留在人们心中。何先生的道德文章学林景仰，他不仅在中国古代史领域耕耘一生，更对历史教育事业非常关注。何先生自20世纪50年代起，在北京师范大学历史学科弘文励教历经60年，在教书育人问题上有真知灼见，对教育青年人充满热情，何先生的历史教育的思想很值得进行深入的探讨研究。二十年前，《历史教学》的编辑先生曾经拜访过何先生，围绕21世纪初的历史教学改革如何编写初中历史教科书的话题展开了畅谈，不久谈话稿予以发表。在正文之前有按语："按事前约定时间，本刊一行4人登门拜访。孰料，92岁高龄的何老已伫候于楼外。学界传闻：何兹全之健康矍铄乃耄年罕见，果非虚言。先生腰板挺直，步履稳健，思维敏捷，谈吐清楚，外人不知，多以70猜度。寒暄坐定后，切入正题，我们介绍了目前课程改革和新编中学历史教材的情况。"① 虽然当年探讨的教材今天已经停用，并且教材的书写也并未完全按照老先生的构想执行，但如今拿出当年的谈话稿以及何先生的其他论著，结合老先生的教育思想以及当下历史教育的瓶颈进行解读，也非常有现实意义。

---

　　① 何兹全：《著名史学家谈中学历史教材问题——何兹全先生访谈录》，《历史教学》2002年第11期。下文直接引用的文字，如未加出处，均来自此。

一　"史实本身比概念的东西更重要"

何先生曾回忆，50 年代初期，吴晗同志主管北京教师进修学院时，他曾在该院做过一次学术报告，讲的是"汉魏之际社会经济的变化"。当时听他讲的张守常教授曾说笑话道："何先生摆事实，不讲道理！"讲事实者，讲变化本身；不讲道理者，不说变化的性质。① 我们今天读何先生的著作，他精心遴选史事，有针对性地排列组合寄托道理，这是何先生一贯的文风。② 当被《历史教学》编辑问及对初中孩子是否该讲概念性的理论性的认识时，何先生明确指出："去掉！你不要怕他说不出什么唯物史观啦，辩证法啦，只要把史实讲清楚，是非在哪里，情况是什么，这本身就包括一些正确的史观。""要通过讲史事体现价值观，要学习大史学家司马迁'于叙事中寓论断'的本领。"这恰是历史学科独有的特色，也是历史教育最有魅力但往往被人忽视的环节。何先生补充：

> 史实本身比概念的东西更重要。衡量一个史学家，一部、一篇史学著作也是如此。

平心而论，在当下我们的历史教育中，诸如何先生所坚持的"史实本身比概念的东西更重要"这样的公理，不同程度地面临某些教育理论的挑战。如今素养与能力的理论五花八门，似乎不用西方理论就不能说话。不少课堂教学案例空谈能力与素养，排斥知识与事实，也

---

① 何兹全：《中国古代社会》自序，北京师范大学出版社 2001 年版，第 3 页。
② 何先生也曾著文《争论历史分期不如退而研究历史的自然段》，指出中国历史的发展过程中，存在春夏秋冬的自然段；这样的段落有哪些特点特征，是前后段历史所无而它所特有的，值得深入研究；各段历史特征研究透，分期自然会出来。参见何兹全《争论历史分期不如退而研究历史的自然段》，《何兹全文集》第 1 卷《中国社会史论》，中华书局 2006 年版。回归历史本然状态的做法，对说明问题是必要的。

理所应当然地被视为潮流所向；仿佛大谈教育理论，甚至和实践两张皮的空对空乃至让学生盲目动起来的"无导向"行为就能让历史教育落地。这样的效果是不乐观的。

我们不否认历史学科存在素养与能力，但如果教育实践都站到了知识与事实的对立面，似乎讲历史知识就成了过时的填鸭教学，也是不对头的。而老师的讲授法也不该被污名化，因为历史学科中没有"是什么"就不可能推导"为什么"和"怎么样"。据我们深入一线教学观察，至少存在几方面的弊病：一是历史学科不像历史，缺乏学术基础。不少课堂缺乏起码的情节，老师讲不清楚常识，空言说经，充斥大量概括性语言，不像历史课。二是老师的学术功底下滑，疲于应对空洞的西方教育理论，知识结构不完善，误以为照本宣科就能教好历史；组织的学生活动也是空洞单一，认为把学生围成圈就能进行有效学习，但大多数情况下不过是学生把教科书内容又念一遍，谈不上什么理解，也谈不上深度。三是学生对空洞的历史课不认可，参与度不高。笔者曾经亲见打着发挥学生主体性旗号的各种表演性的"作秀"课，学生在访谈时表达自己并不喜欢，还是希望老师讲。这样的例子已不是个案，应发人深省。何先生说，整个国民的文化素质离不开历史教育，而一个人真正接受历史教育的时间段主要在中学时期。倘若这一时期的方向错了，国民历史教育的成效就令人担忧。从高考后学生把撕书当作狂欢行为看，历史学习不过是考试的敲门砖，用罢则弃之如刍狗，这时能留下多少入脑入心的素养与能力，恐怕我们不得不画问号。

事实讲清楚，且让学生能接受，是教科书更是历史课堂的起码要求，这对涉世不深、思维还比较单纯的初中生来说至关紧要。何先生明确说："《三国演义》在过去起到很大的历史教育作用。过去读书人不多，一个村里，甚至一片地区，有一个人看过《三国演义》就算是圣人了。人们有什么事就请教他，他就会拿当年曹操遇到什么事怎么处理的，诸葛亮遇事怎么处理的，做一番分析。一部《三国演义》

在民族素质、历史教育方面起了很大作用。""怎样把历史知识普及化了，人民大众的历史教育也很重要。我很想改写《三国演义》，也希望能多编几本像《三国演义》样的历史故事书。"何先生的话是朴实中肯的。

有不少读者说，何先生收在《何兹全文集》中的《三国史》是好书。虽然出版界、知识界传播者不多，每多精妙见识，有历史深度，是市面上所见的最好的三国史著作。其实这是何先生1984年应教育部邀请而写作的一本高等院校文科教材，何先生言："一是基本历史事实；一是对这些历史事实的理解和认识。叙述历史事实，就不容易。"《三国史》书中不仅包括黄巾起义、董卓之乱、官渡之战、赤壁之战、三国鼎立、诸葛亮治蜀和南征北战、建安文学、曹氏司马氏的血腥斗争、玄学的兴起、蜀汉孙吴的灭亡等重要内容，也囊括魏蜀吴社会经济和政治的重大变革。较之于同类教材或学术著作，何先生的书非常翔实，并且通俗易懂，有深刻的思想性。何先生贯通秦汉魏晋史，不拘泥于三国一代，自然而然地诠释东汉三国史事的承上启下意义，独树一帜。何先生不时将精到的史料辨析穿插于叙事中，比如陈寿对诸葛亮是否有微词进行正名①、对蜀汉政权的指导思想是否为法家予以厘清，② 不避繁难，但言简意赅。也有人说，读完何先生

---

① 何先生说："或谓陈寿父为马谡参军，谡为诸葛亮所诛，寿父亦坐被髡，故陈寿为诸葛亮立传，贬抑诸葛亮，说'亮将略非长，无应敌之才'（见《晋书·陈寿列传》）。这是对陈寿的诬蔑。诸葛亮实不长于将略，"治戎为长，奇谋为短；理民之干，优于将略"，对诸葛亮实最合实际、最公允之论。司马懿称赞诸葛亮'天下奇才也'，也批评他'志大而不见机，多谋而少决，好兵而无权'（《晋书·宣帝纪》）。司马懿和诸葛亮是多年的敌手，而且是军事对手。司马懿对诸葛亮在军事方面的长和短，应当是知之很深刻的。"参见何兹全《三国史》，《何兹全文集》，商务印书馆2006年版，第2533页。

② 何先生说："蜀汉的政治指导思想，和东汉一样都是儒。刘备死前，曾有遗诏于后主，教他"可读《汉书》、《礼记》，闲暇历观诸子及《六韬》、《商君书》，益人意智"。诸葛亮也曾为后主"写《申》、《韩》、《管子》、《六韬》一通"（《三国志·蜀志·先主传》注引《诸葛亮集》）。这完全不能理解为刘备、诸葛亮是法家，不能理解为他们要后主读《申》《韩》《商君书》是为了培养他做法家皇帝。他们这样做，只是像刘备说的，是为了"益人意智"，叫他做个有权略的人。也正像孟光所说的"天下未定，智意为先"。不能把有权略就理解为是法家。参见何兹全《三国史》，《何兹全文集》，商务印书馆2006年版，第2537页。

的《三国史》："尘世俯仰几年，再读史书，尤其是读《资治通鉴》，常有恍然大悟豁然开朗之感，其中通透之处，不让《红楼梦》。"何先生桃李不言，但该书却成了广大历史爱好者青睐的高质量普及读物，也是我们搞历史教育实践的优秀范本。

何先生建议，"中学历史课本的要害问题是可读性要强。使学生像读小说一样读历史课本"。"一个最好的史学家，是能写出一部、一篇最有创始性、突破性的著作。能写一本学生喜欢读，又能从中受到思想教育的历史课本，和写出一本、一篇专著贡献一样大。""历史教科书本身应该成为一种文艺作品，应该有感染力、吸引力，也就是魅力。《红楼梦》把人与人之间的关系、封建等级观念、剥削压迫写得那么生动、形象，让人能够认识到什么是封建社会。当然，教科书也不能写成小说。总而言之，要用一篇一篇的事把历史串起来，让学生爱读，产生兴趣。"往往我们的历史教材一本又一本，虽然从印刷出版的角度提高了视觉的可读性，但叙事的生动性和何先生的要求相比，还有一定距离。

二 "闹不懂是怎么回事，有什么用处"

在一线历史教学实践中，不少内容与活动初衷是好的，但有好高骛远之嫌。老师想让学生像历史学家一样思考，就大理论、大材料摆到课堂上，向学生表明"我已经贴了'素养''能力'的标签"。但大理论、大材料学生能否消化，的确是很大的问题。毕竟青少年涉世不深，他不是历史学者。退一步讲，即便说是学者，对超出自己知识结构的内容也讳莫如深，不少大理论、大材料让职业历史学家也倒胃，青少年的接受状态，就可想而知。如果说学生望而生畏，一看就反感，一听就睡觉，即便设计的材料翔实、思维严密，课堂效果自然不会好。何先生说：

　　历史课本要把客观事实讲清楚，不要高谈阔论。什么奴隶社会啦、封建社会啦、主要矛盾啦，你把学术界的观点介绍给中学生，他也闹不懂是怎么回事，有什么用处？

　　老先生是中古史大家、魏晋封建论的倡导者，反而不建议把生产方式这样烦琐的理论一股脑带给学生；不是说这些内容不重要，而是学生接受不了，老师也未必能讲出所以然。在何先生看来，学术研究归学术研究，历史教育归历史教育；虽然两者不是没有交集，但也绝不能画等号。相比结论而言，思考过程应是更重要的。如果学生的知识结构、精力以及人生经验尚不支持这样的结论，甚至即便是学者也莫衷一是的话，思考就成了空话，结论也不过是老师强加给学生的，这种拔高实际上并不符合客观规律。谈及何先生这一思想，北师大历史学院胡进驻老师很感同身受。从个人的经历而言，他不太认为中小学生能学懂历史，毕竟不用功的大学生学得都很费劲；除掉死记硬背，应付高考历史科目外，必须承认自己那个时候对历史不懂其里、只见其表，因为年幼的孩子经验少，死记硬背是揠苗助长。历史学科需要大量人生经验去解读，人们对历史知识的理解随着自身认知的深化和经验的增长而逐渐加深，人文学科的历史与非意识形态的数理化等科目有很大不同。这样的反思切中要害。

　　何先生的意见对我们的启迪很大。我们认为大道至简，古人云："夫道不欲杂，杂则多，多则扰，扰则忧，忧而不救。"（《庄子·人间世》）何先生认为历史这门学科有两大使命，应予以区分：

　　　　一是不断提高对历史客观实际的认识。很不容易。须要时间，须要史识的提高和积累。近代史学思想比古时高，辩证唯物主义又比一些近代西方史学思想高。提高对历史客观真实的认识，这是历史研究。另外一个任务就是普及历史知识，用历史教育人民群众。

　　历史教育是让学生懂得做人的道理；我们可以借鉴学术研究的吉光片羽，但这并不是历史教育本身。按何先生的意见，分清楚学术研究和历史教育的侧重点，对于中学生尤其是初中生就非常有必要。违背这一初衷，恐怕教育实践就会走弯路，更可能是费力不讨好的无用功。我们不是要教出卖弄学问、用大理论故作深刻的书呆子，也不可能让全民都培养成历史学者，而是要让未来的社会主义新人明理增信。大部分学生不是司马迁、班固，不是乾嘉诸老，不是兰克、柯林武德，而是喜欢生动具体过程的有血有肉但学力和时间都有限的中学生。宏大的叙事、晦涩的理论、艰深的文段会让他们生成相当排斥的心理。而套用专业化语言、沿用某些八股文式的程式、表现出所谓的研究能力，相当程度上可以看作成人化的套路，与青少年的心智和思维产生了很大距离；而这些从学术著作和论文中东抄抄、西抄抄，人云亦云的做法，和学术研究也不是一回事。当被问及，"您认为理性认识的问题，中学应该什么时候讲？具体地说，高中历史教科书应怎样编写？"何先生说："认识的东西要让他在不知不觉中接受。"这样的见解，较之贴标签和揠苗助长来说，自然行之有效。

　　何先生充分考虑到了学生的接受力，"认识的东西要让他在不知不觉中接受"。2001年秋季，何先生九十岁高龄在教四楼301给本科高年级讲"中国社会史论"，从商周的奴隶制、城邦式国家到亚细亚生产方式，历历在目。曾记得老先生一口浓重的山东方言，怕学生听不明白，举了大量的例子，比如春秋时期秦晋崤之战中存在"借路"的现象，就说明当时还是城邦式国家，不是领土国家。何先生为了让学生跟上进度，故意放慢速度。他回忆说，自己20世纪30年代在北大读书，胡适就曾经在周末的上午准时坐在办公室里，等待学生问问题；何先生说："你们不明白也可以随时问我。"何先生循循善诱，深入浅出，表现出了史学大家的深厚功力和历史教育工作者的良苦用心，非常值得继承和发扬。

三　"选一些事，讲生动，讲清楚"

21 世纪以来的教学实践中，一线历史老师深感教学内容过多，时间跨度大，烦琐的概念多、头绪繁杂，语言概括性太强。郑林教授曾在全国师范生统编教科书"精彩一课"大赛的发言中描述，"一节课的容量，往往相当于以前教材中一个单元的内容"。历史教学内容的取舍，就成了老师上讲台面临的大问题，老师"往往想把教材中的内容全教给学生，每个知识点平均使用力量，面面俱到，重点不突出。想把所有的内容讲清楚，结果是一个都没讲明白，学生听完不知所云"。不仅教学中有眉毛胡子一把抓的现象，教材编写也如此。何先生指出：

> 讲事，讲故事为主，别求全面。咱们都是搞历史的，咱们脑子里能记多少历史的事？记不住太多，关键性的记住就行。一个朝代，选一些事，讲生动，讲清楚就行。人与人之间的斗争，思想斗争，有血有肉，生动形象。

何先生又补充："包括地主剥削农民，你不要讲怎么残酷、什么矛盾，就讲实例。《白毛女》在解放初期有这么大影响，就是从感情上打动人心。"但这落实起来并不容易。一是老师囿于考试，不敢轻易取舍。二是历史现象本身就很复杂，牵一发动全身。《历史教学》的编辑先生问："那么多史实，怎么选啊？何况学术界还有各种看法。""如果具体一些，比如魏晋南北朝，要编教材，假如让您选择，您认为哪些事必须介绍？写史事为主，应该写哪几件事？"针对这样的疑问，何先生说："谁执笔就是谁的思想，什么水平写出来就是什么水平。""这需要认真考虑，我说的不一定对。比如孝文帝改革，还是很重要的。""但我想，应该像司马迁那样，有选择地写进各种人物，而且要形象一些。"

何先生的意思是，每个时代有多少重要的事，人们心中自然有一杆秤。这些内容是交代某一时期不可或缺的东西，不说它们这一时期的特征就说不清楚；而它们又有着典型性，能够有效地传达出那一时期的制度文化与社会面貌。司马迁选择人物的标准，从《太史公自序》中的"小序"一百二十九篇我们就能看到，他认为这样选材对说明某一社会问题或历史现象会有帮助。抓住典型人物和现象，历史叙述就有了侧重点，能让读者窥一见全。教学与之同理，老师不应当面面俱到，蜻蜓点水；而是要根据教学要求和目标寻求若干重点，这样有的放矢地把重点内容阐述清楚，不管是补充材料、解释细节，还是开展师生间的探究活动，都能达成对重点内容的深入理解，在诠释过程中形成历史认识。非重点内容起铺垫作用，可以用概述法，目的是讲清重点内容的来龙去脉。概述不是不述，而是限于篇幅、时间和精力，许多内容只能做叙述过程中的陪衬，点到为止。在此基础上历史叙述或者教学过程就具备了框架和侧重点，既可以"致广大"来了解宏观的发展脉络，也可以"尽精微"抓住重点进行剖析，就不是平铺直叙或者流水账，而是融入作者或教育工作者思想的载体，表现效果自然会好。何先生还指出："我完全同意社会、社会史的内容是比较广泛的，人类衣食住行、风俗习惯，社会生活的各个方面，都是社会和社会史研究的内容；但我认为，社会结构、社会形态及其发展规律才是社会学、社会史研究的主体。掌握人类社会发展规律、发展方向，知道人类社会向何处走，这是社会学、社会史研究的主导面。掌握人类社会、社会史发展的主导面，才能更好地发挥人的主观能动性，为改造社会、改造世界作贡献。对人来说，这是最主要的科学，最大的学问。"① 面对杂多的历史信息，抓住社会结构、社会形态及其发展规律，不仅高屋建瓴，也能纲举目张。这类内容虽然费解，不少

---

① 何兹全："自序"，《何兹全文集》，商务印书馆2006年版。

信息学生不敢接受，但是历史老师完全可以通过解析重点人物与事件，以小见大。比如孔子及其弟子登上历史舞台，就体现了"贵"的下降与"贤"的上升，这种思考对深化学生的认识是很有价值的。2005年李学勤先生来北师大前主楼800会议室讲"中华文明探源工程"，何先生致辞的时候非常谦恭，说自己上岁数了，知识过时了，关于文明起源读的都是老书，摩尔根的《古代社会》和恩格斯的《家庭私有制和国家的起源》。但就是这些唯物主义经典文献，是纲举目张的门径，对何先生为代表的老一辈马列史家的指引作用不可小觑。

四 "或是为人处世，或是治国平天下，或是民族自豪感"

历史教育的初衷，在于丰富青少年的人生经验，用准确的历史知识传达正确的历史观，让学生懂得做人的道理，从而给人生一些指引，完成国家要求的立德树人的使命。何先生提出：

> 要考虑所讲的事要给他什么教育，对他有什么影响，或是为人处世，或是治国平天下，或是民族自豪感，通过历史上的事对学生有所教育。

何先生认为通过历史完全可以对学生进行品质教育、思想教育。"一个民族应该知道自己的历史。人民群众层次很多，最重要的、特别应该重视的是对中小学的历史教育。"这应是历史教育的根本落足点。相当一个时期，历史应该教给学生什么？是知识，逻辑思维，还是价值观？这是一个纠缠不清的话题。在西方科学主义的影响下，人们会把自然科学技术作为所有学术研究的前提，将它当成解决一切问题的不二法门，历史教育自然也不例外。于是自然科学作为典范被移植到历史学中，历史教育工作往往存留在科学家习惯的理性方法，也就是"技"的层面。寻求史料、分析真伪、罗列同类证据、归纳推理、检验论点等工作被带到教学实践中，不少人认为这些技能是能应用于任何现实的知识的手段。但是科学主义在现代社会中是有很大争议的，科学精神是好的，然而科学不可能解决世间所有问题，在人的情感、信念、审美乃至非理性领域中，人文的因素就有非常大的发言权。历史教育的落足点，应当是后者而不是前者，否则流于机械的"技"，历史学科丧失了落足点，就起不到人文教育的作用。"要通过历史达到思想品质教育、爱国主义教育，编教材的人应该让读者在不知不觉中接受你的教育目的。能做到这样就好了。"何先生晚年常为北师大学生做新生入学教育的报告，讲座的题目是"为什么学习历史"。老先生说大体有两点，一是要求真求是，二是要改造世界。从齐太史、董狐笔到认真学习马列主义经典，都是让人们增进思想认识、提升精神境界，从而更好地为社会服务，何先生说得听众心悦诚服、如沐春风。中学历史教育不过是给中学生提供正确的知识与历史观，从而形成对国家和民族有效认同的阵地，即便有学术研究的成分，但也不能用学者的一套"技"的路数取代中学历史教育，而是要通过学生有效的探究达到思维认识与价值观的升华。

五 "打破教条"

何先生批评套用僵化模式的历史教科书书写方式：

> 这就是解放后几十年教条主义在历史教育方面的结果。每个人脑子里都是这一套，都觉得这样写才叫历史。

历史学是求真的学问，在不断解放思想、实事求是的过程中拓宽视野、更新思维。何先生非常重视辩证法，一方面这取决于改革开放以来冲破教条、敢于说真话的大环境；另一方面得益于马列经典的求真求是精神。何先生的思考非常有建设性："我看，高中应该中外历史合编，近现代史完全可以把中国放到世界中去讲。世界史包括中国。世界发展到什么样子了，中国又怎么样了，打破教条，少提口号式的东西。""小孩子总是以好人、坏人来划分。完全这样讲，就把历史简单化了。""重农抑商，影响很深。我们讲历史总是偏重一个方面，统治阶级、商人总不如劳动者。但社会经济发展离不开这些人。这里有一些属于理性的认识问题。"这些不落窠臼的建议，在今日的教学实践中也非常有启迪性，并且不少内容已经变成现实。比如当下使用的国家统编教科书高中历史选择性必修《经济与社会生活》的内容，就从农、工、商、住、行、医若干维度展开中西社会的专题，已经实现了"把中国放到世界中去讲"。而脸谱化、非黑即白、以论代史的教学思路在当下已不流行，学术知识大量下移到中学，商鞅、秦始皇、汉武帝、王莽、隋炀帝等人物的功过是非，师生能用史实来说明问题，许多内容已经趋于客观。何先生所说"打破教条，少提口号式的东西"，至今仍不过时。①

　　我们知道，一种方法、理论、路径为我们解决问题提供便利的同时，自然会形成一定的"范式"，既是认识世界、改造世界的助力，也是冲破网络的阻碍；不少人以"围城"视之，也是不错的。故此马克思列宁主义强调解放思想、实事求是，才能获得真理。解放思想不可能是一劳永逸的一锤子买卖，而是突破教条解放思想、一旦新思想形成教条又要予以突破的复杂过程。比如有的老师把历史学科所谓

---

　　① 晁福林先生指出，"人类精神的觉醒，如果按照西方的'轴心'理论，很容易让人产生误解，以为如同熟睡的人一样，伸懒腰打个哈欠，就'一唱雄鸡天下白'了。在这里，我们应当强调'觉醒'的持续性质。我们所探讨的'人类精神觉醒'，这是一个类似于绝对真理那样的可望而不可及的高远标准。可以说，从古至今人类总是处在不断的精神觉醒状态之中。旧的问题解决了，认识提高了，新的问题又出现了，认识依然有待提高。人类认识提高和深化的过程永无止境"。参见晁福林《人类精神觉醒研究三题》，《史学史研究》2007 年第 1 期。

"史料教学"教条化，认为解析成若干内容，并分解出一二三四几个梯度，从而教条式地逐一进解即历史教育的门径。这类做法初衷是好的，但值得反思。一是如果把寻求史料、分析真伪、罗列同类证据、归纳推理等机械的步骤看作历史教育的主要任务或者素养，就有舍本逐末之嫌，因为大部分同学不会把精力放在考证上，历史教育的最终目的也不在考证，而是养成正确的历史观，达成对民族、国家与社会的认同。二是历史素养作为人文领域的内容往往难以量化，很不好划分梯度：即便说简单的举证，如果能找到说明问题的关键性证据已属不易；就是专家学者，对出了自己的研究领域的内容也讳莫如深，所谓的梯度并不符合客观实际。三是不可否认考证的技艺有助于我们处理信息，然而陷入这些步骤之中，发现不了新问题、看不到事物之间的联系，考证的意义也大打折扣。我们应对思想的教条化保持警惕，不断反思其结果是否违反初衷，才能减少形式主义。

附 录

纷争与统一：《诸侯纷争与变法运动》教学设计

北京市第 101 中学 邢秀清

学生历史学科核心素养的发展，不是取决于现成的历史结论的记忆，而是要在解决学习问题的过程中理解历史，在说明自己对学习问题的看法中解释历史。[①] 这就指导我们在教学设计中，要以史料为依托；在教学实施中，要以问题为引领；在教学评价中，考查学生独立探究历史问题的能力。历史学科就是在探寻历史真相的过程中，把一个又一个具体的问题宏观地联系起来分析，逐渐发现历史规律。一节设计合理的历史课，应该是可形成问题链的、有内在逻辑的、能够自洽的系统，串联组成部分之间的线索就格外重要。

一 教材分析

本节课属于第一单元的第 2 课，本单元的学习围绕着"从中华文明起源到统一多民族国家的建立与巩固"这一中心话题展开。第 1 课

---

① 中华人民共和国教育部制定：《普通高中历史课程标准》（2017 年版），人民教育出版社 2018 年版，第 51 页。

是"中华文明的起源与早期国家"，第3—4课是"统一多民族国家的建立与巩固"，本课处于承上启下的春秋战国阶段，因此教学设计要围绕这个过渡阶段的时代特征确定教学立意。

《课标》要求："通过了解春秋战国时期的经济发展和政治变动，理解战国时期变法运动的必然性；了解老子、孔子学说；通过孟子、荀子、庄子等了解'百家争鸣'的局面及其意义。"[①] 本节课涵盖的内容很多，包括春秋战国时期列国纷争与华夏认同、经济发展与变法运动、思想方面百家争鸣等多方面的问题。学生要在掌握基本史实的基础上，理清上述问题的内在逻辑关系，就要围绕本课在本单元的定位展开，提炼出学习主旨来。本节课的主旨是纷争中孕育着统一；动荡中包含着秩序，既有经济领域新的生产力的进步和新生产关系的发展，也有政治领域通过变法建立新制度，适应社会转型；思想领域的百家争鸣，是对西周王官之学的挑战，但都针对社会现实问题，最终为未来的统一王朝提供蓝图。总之，本节课体现了历史"合（西周）——分（春秋战国）——合（秦）"这样一个历史趋势，以此为教学立意，学生就可以理解春秋战国时期是西周制度崩溃瓦解的阶段，也是为秦汉统一多民族国家奠定基础的阶段。

二　教学过程

导入部分：《左传》等文献记载，公元前632年，晋文公"召"周襄王参加了他组织的践土之盟。按照周礼，应该由诸侯到京师去朝见周王，晋文公却以诸侯的身份召周王前来相见，严重违背了周礼。据说，孔子读到"春秋经"上的这一段文字时，认为"以臣召君，不可以训"，本着为"尊者讳""且明德也"的原则做了修改，

---

① 中华人民共和国教育部制定：《普通高中历史课程标准》（2017年版），人民教育出版社2018年版，第13页。

改成了我们今天所看到的"天王狩于河阳"这种隐晦的说法。从周平王东迁后，王室衰微，诸侯实力壮大，旧秩序受挑战，新秩序如何建立？我们通过本节课的学习，了解这一重大历史变革是如何发生发展的。

（一）诸侯纷争与华夏认同（纷争中有统一）

1. 春秋时期的争霸战争

为了围绕核心问题展开教学，本课设计不讲具体的春秋五霸的称霸过程，而是梳理历史发展的脉络。故此提供以下材料：

材料 1

《韩非子·有度》："荆（楚）庄王并国二十六，开地三千里……齐桓公并国三十，启地三千里。"

《韩非子·难二》："［晋］献公并国十七，服国三十八。"

《史记·秦本纪》："［秦穆公］益国十二，开地千里，遂霸西戎。"

材料 2

据统计，在晋国霸业兴盛的一百多年间，见于记载的晋国主持的大的盟会有三十八次。在《春秋经》的记载中，鲁国的国君去洛阳见周王只有一次，还未行朝见之礼，而去晋国朝见多达二十一次。[①]

材料 1 可以看出诸侯国各自为营，开疆拓土；材料 2 可以看出，霸主的政治作用与威信超过了周王。分封制宗法制的旧秩序受冲击，西周分封诸侯数量庞大，到春秋时见于史载者仍有 120 余国。到春秋末，只剩下大约三分之一。然而在霸权迭兴带来的动荡中，你是否看

到秩序的一面？霸权作为新的政治秩序建立起来，"春秋五霸"固然
纷争不断，但他们打出的旗号是"尊王攘夷"，用周王当旗号为我服
务，从而拉拢人心；当时已经形成了以霸主为核心的政治集团，礼乐
征伐自诸侯出，鲁国国君朝见晋国之事可见一斑。春秋时期霸权纷争
中，也有统一的因素。

　　2. 战国七雄与诸侯称王

　　西周时期周天子是天下共主，礼乐征伐自天子出；春秋时期诸侯
称霸天下，礼乐征伐自诸侯出；后来卿大夫称雄，礼乐征伐自大夫
出，权力逐渐下移，最终分封宗法制维系的等级秩序被彻底打乱。依
据《史记》等文献的记载，公元前453年，晋国的韩、赵、魏三家卿
大夫联合起来，灭掉了当时国内最有实力的卿族知氏，瓜分了知氏占
有的土地，形成了三分晋国的局面。公元前403年，韩、赵、魏三家
共同逼迫周威烈王将他们列为诸侯。春秋时代最强大的中原诸侯国晋
国，就这样消失了。与此同时，另一个大诸侯国齐国，也被异姓贵族
田氏篡夺了政权。公元前386年，周安王正式册命田和为诸侯，田和
成为田齐太公，姜氏齐国被田氏齐国取代。

　　　材料3
　　　刘向《战国策序录》："上无天子，下无方伯，力功争强，胜
　　者为右。"

　　为了争夺土地和人口，各诸侯国之间彼此交战，然而在"力功争
强，胜者为右"背后，你是否能够捕捉到"力功"与"胜者"的新
变化？公元前334年，魏惠王与齐威王于在徐州相会，互称为王，史
称"徐州相王"；此后，前325年，秦惠文王称王；前323年，韩宣
惠王、赵武灵王、燕易王称王。"王"已经不是周天子的尊称，各国
国君可以和天子平起平坐了。与此同时，各诸侯国实现了局部统一，
并在自己的势力范围内推行集权制度，都想成为"定于一"工作的完

成者。这为未来的秦统一做了铺垫。

3. 华夏认同与民族交融

在春秋战国不断征伐并形成局部统一的过程中，人们的认同发生了很大变化。西周时期就出现了区分华夏与周边民族的观念，《左传》定公十年载"裔不谋夏，夷不乱华"，到东周时期民族关系出现了不同。

材料4

东周时期西北戎狄控制了岐周腹地，并向黄河南、北扩展，侵扰北方的燕国、中原的郑国，甚至还越过燕国进犯远在东方的齐国，洛邑王城也一度被他们攻破，东门被焚毁。在南方，以楚国为代表的蛮夷力量也逐渐兴起，力图北上，不断骚扰中原国家，形成了"南夷与北狄交，中国不绝若线"的局面。①

材料5

于是这一时期，华夏族与夷狄各部之间的通婚现象相当普遍。例如，晋献公就曾娶过三个戎族的女子，五霸之一的晋文公，他的母亲就是戎族人。他早年受骊姬的迫害，首先就逃到狄人那里，后来他自己也娶了狄族的女子为妻。由于华夏族与夷狄已经杂居在一起，所以这种异族之间的通婚在一般百姓当中也会是经常出现的。②

民族认同也有了进一步发展：

材料6

《楚辞·离骚》："帝高阳（即颛顼氏，黄帝之孙）之苗裔兮，朕皇考曰伯庸。"

---

① 卜宪群：《中国通史——从中华先祖到春秋战国》，华夏出版社 2016 年版，第 214 页。
② 许兆昌：《夏商周简史》，福建人民出版社 2002 年版，第 240 页。

屈原说我的先祖祝融乃高阳帝的苗裔，我的父亲名字叫伯庸。楚国比较复杂，一方面在熊渠时代声称自己是蛮夷，与华夏不同；另一方面其华夏文明的程度并不低。而《离骚》一开篇就大书特书屈原的祖先是颛顼，这意味着什么？认祖归宗说明战国时期楚人已经完全认同华夏民族，并且以之为无比的荣耀，从而论证楚国霸业的合理性。战国时曾有这样的说法：

材料7

《战国策·秦策四》："横成则秦帝，纵合即楚王。"

这里楚与秦已经形成合纵连横的对立面，说明了什么问题？由于秦国实力不断壮大，秦国与关东六国逐渐形成紧张对抗的关系，六国人士深感岌岌可危。但是，秦人身上的"戎狄"标签，在战国晚期已经淡化，甚至消失。秦国发动的兼并战争，在六国人士心目中不是异族入侵，而是强者对弱者的征服。秦与六国之间已经不存在夷夏之别，秦人已经完全融入并认同华夏民族。

从以上的学习中，我们可以看到东周时期列国纷争，旧秩序瓦解，新秩序尚未建立，但对抗中有统一的因素，诸侯国的数量在减少，民族关系的发展促进了华夏认同，这都有助于推动历史发生巨大变革，从纷争走向统一。这一时期的变革建立在经济发展的基础之上。

（二）经济发展与变法运动（动荡中有秩序）

1. 农业和工商业的发展

春秋战国时期生产力的进步，经济发展。齐临淄城就是例子。《史记·苏秦列传》记载："临淄之中七万户。临淄甚富而实，其民无不吹竽鼓瑟、击筑弹琴、斗鸡走狗、六博蹋鞠者。临淄之途，车毂击，人肩摩。"城市的发展是经济进步的反映。目前考古发现的战国铁器已达上千件之多，遍及全国21个省（区）的100个县（市），约192个以上的地点，可以说覆盖了战国七雄及越、中山等国统治的区域。铁制农具使用是生产力水平提高的重要表现。为促进农业发展，各国纷纷兴建水利工程，长江流域的都江堰、黄河流域的郑国渠、淮河流域的芍陂，都推动了农业的进步。

各诸侯国面临共同的背景。在频繁的兼并战争中，各国为了脱颖而出，开始进行一系列政治经济军事等方面的制度改革，变法运动发展起来，商鞅变法是其中的代表。

2. 商鞅变法

商鞅变法是战国史上的大事件，司马迁对它进行了仔细的勾勒。

材料8

《史记·商君列传》："卫鞅令民为什伍，而相牧司连坐。不告奸者腰斩，告奸者与斩敌首同赏，匿奸者与降敌同罚。民有二男以上不分异者，倍其赋。有军功者，各以率受上爵；为私斗者，各以轻重被刑大小。僇力本业，耕织致粟帛多者复其身。事末利及怠而贫者，举以为收孥。宗室非有军功论，不得为属籍。……集小乡邑聚为县，置令、丞，凡三十一县。为田开阡陌封疆，而赋税平。平斗桶权衡丈尺。"

概括商鞅变法的内容有哪些？结合春秋战国时期的政治和经济状况，分析商鞅变法可以解决哪些社会问题？这些措施又有怎样的联系？商鞅变法涉及经济政治多方面的内容。通过建立县制，可以实现对地方的直接控制；通过奖励军功，有利于打破贵族对政权的垄断，提高军队的战斗力；通过连坐、告奸与禁私斗，把每家每户严格地掌控在国家体制之中，镇压异己、杜绝骚乱。这就在政治上确立新的政治秩序，从官僚系统、地方行政系统到每家每户都受君主支配，中央集权制逐步建立起来。政治上的改革需要经济后盾，在经济上废除井田制，授田给农民，并推行小家庭政策，形成了秦国政府的赋税、兵役与徭役来源，成为兼并战争的物质基础；奖励耕织和重农抑商等措施把人民安置在农业生产上，保障了农耕的严格落实。通过分析可以看出，与其说人民为自己生产生活，不如说是为秦国的霸业而生产生活。商鞅是认清了历史发展的潮流，捕捉到时代的共性，用国家意志把它们最有力地推广开来。

　　通过以上学习我们可以看出，春秋战国时期的政治变局和这一时期的经济背景关系密切。统治者通过变法，在动荡中逐步建立了新的秩序，开启了从早期国家到中央集权制成熟国家的转型之路，使统一事业呼之欲出。这就需要由智囊辅佐君主来完成。

（三）春秋战国时期的百家争鸣（争鸣中有共性）

　　诸子百家中，相当的一群人是君主的智囊。他们出卖自己的知识，著书立说，在空间和时间上都形成了巨大流动。

　　材料 9

　　许倬云《说中国》："人群的横向流动，在地理空间上形塑了'中国'，相对而言，社会结构的巨大变化则来自人群或个人在垂直方向的流动。"

　　这个各国都在发生的"垂直方向的流动"是什么？最突出的表现就是士阶层的崛起。西周时期"士"被用来特指卿大夫以下的低级贵族。战国时期，"士"成为知识分子的代称，可能来自贵族，也可能起于卑微，其共同特点是知识、智慧和才能。面对复杂的现实，他们提出各种解决问题的方案，彼此论战辩驳，形成百家争鸣的局面。诸子百家光辉灿烂，敢于发声，差别很大。然而各家不同主张背后存在怎样的共性？

材料 10

①《论语·为政》："为政以德，譬如北辰，居其所，而众星共之。"

②《老子》第八十章："小国寡民，使有什伯之器而不用；使民重死而不远徙。虽有舟舆，无所乘之；虽有甲兵，无所陈之，使人复结绳而用之。至治之极。甘其食，美其服，安其居，乐其俗，邻国相望，鸡犬之声相闻，民至老死不相往来。"

③《孟子·告子上》："恻隐之心，人皆有之；羞恶之心，人皆有之；恭敬之心，人皆有之；是非之心，人皆有之。……人皆有不忍人之心，先王有不忍人之心，斯有不忍人之政矣。以不忍人之心，行不忍人之政，治天下可运之掌上。"

④《荀子·性恶》："人之性恶，其善者伪也。今人之性，生而有好利焉，生而有疾恶焉，生而有耳目之欲、有好声色焉，铠而欲饱，寒而欲暖，劳而欲休。故必将有师法之化，礼义之道，然后出于辞让，合于文理，而归于治。"

⑤《墨子·兼爱》："天下兼相爱则治……今诸侯独知爱其国，不爱人之国，是以不惮举其国，以攻人之国……是故诸侯相爱，则不野战。"

⑥《韩非子》："法不阿贵""事在四方，要在中央；圣人执要，四方来效"。

阅读材料，归纳各流派代表人物的基本主张，并分析他们主张的共性有哪些？哪派的哪些主张适应时代发展的需要？（请同学们用表格归纳诸子主要流派、代表人物、主要思想主张，总结他们的共性）

儒墨道法的出发点是"救时之弊"，为社会出谋划策。形式上他们在辩驳中既相互攻击，又相互学习融合。他们之中不少人著书立说以干谒人主，求卿相之尊，为统一局面的到来勾画了蓝图。

从战国中后期开始，伴随着政治上一统的要求，思想领域也呈现出融合和一统的趋势。《系辞传》"天下一致而百虑，殊途而同归"，以及《中庸》"道并行而不悖，万物并育而不相害"的说法，就是这种趋势的反映。百家争鸣最终在消逝的贵族分封宗法社会和即将到来的封建大一统社会之间架起桥梁，确定了中华民族文化的大致走向，塑造了一个支配了中华文明两千余年的意识形态，并成为后代中国智慧发展的永恒基础和源泉。[①] 最终秦统治者采纳了倡导君主集权的法家思想，推动了统一局面的到来。而秦二世而亡，汉代统治者吸取教训，以儒家为主流，杂糅霸王道与各家思想，开创了汉家大一统的文化气象。

春秋战国是古代中国社会秩序变动最激烈的时期。从经济生活到政治结构，到思想文化，都发生了巨大的变化。"社稷无常奉，君臣无常位"这是一个混乱的时代，但在这种混乱中，却孕育着新文明的生机：纷争中有统一、动荡中有秩序、争鸣中有共性，这些是社会转型的体现，这也推动了此后统一的多民族国家的形成与发展。我们抓住"合（西周）——分（春秋战国）——合（秦）"的脉络，从纷争中抓住统一的因素，就能够把握住大概念，化繁为简，将历史学科素养有效地落实。

多元一体视阈下的《中华文明的起源与早期国家》教学设计

北京市海淀区教师进修学校　杨红丽

统编高中历史教材知识体系新，学术思想深厚，但也存在涉及内容多，课时紧张等问题。在教学实践中，存在两种普遍现象：一是针对教材的每个知识点，面面俱到，每个问题都力图用历史材料去佐证，由此带来课时量不够，教学任务无法完成的苦恼；二是教师随意

[①]　袁行霈等主编：《中华文明史》第1卷，第406页。

删减部分内容，只针对教材的某一个具体问题展开论述，由此造成学生对于历史的认知缺乏时序性和整体性。

解铃还须系铃人。《普通高中历史课程标准》（2017 年版，2020 年修订）首次强调以学科大概念为核心，促进学科核心素养的落实。北京师范大学李凯老师具体指出："教学的最佳策略是，既要遴选重点内容，更要把重点内容串联起来，从而使学生头脑中拥有上位观念，这就是抓大概念的做法。"① 大概念即在研读《课标》和教材的基础上，找到一个能涵盖本课众多历史要素的概念，使本课的教学内容围绕这个大概念展开，从而使课程内容形成一个知识结构体系，各个知识点形成一定的逻辑，并蕴含有一定的价值观念。如何在大概念理念下展开历史教学，笔者以《中外历史纲要》（上）第 1 课"中华文明的起源与早期国家"为例，进行了相关尝试，求教于方家。

一　多元一体视阈下对本课教学内容的整合

自古以来，我国就是一个多民族共存、共同发展的国家。各民族交往、交流、交融，相互依存，互相影响，形成了中华民族多元一体的格局。统一多民族国家的形成与发展，是中国古代历史发展的一条主线和主体内容，也是统编版高中历史教材的价值主线。而"这样一个既有主体、又有众多兄弟，既是统一的、又保持各民族特色的社会格局，乃是长期历史发展的结果，它的根基深植于遥远的史前时期"②。

所以抓住"多元一体"这个大概念，既能厘清中华文明的起源与早期国家的关系，也能勾勒后续统一多民族国家的发展脉络。旧石器时代，由于中国地理位置的特殊性，它同外部世界处于一种相对隔离或半隔离的状态，这也决定了中国史前文化起源的本土性，决定了它在很长

① 李凯：《新高中历史教学应重视大概念》，《历史教学》2020 年第 3 期。
② 严文明：《中国史前文化的统一性与多样性》，《文物》1987 年第 4 期。

时间都是独立发展的。同时由于各地区的自然地理环境、生产方式差异较大，这样就形成了史前文化的多元性特点。新石器时代中期开始，各地的文化和民族间的交流融合不断加强，逐渐形成一个以中原为核心的、超大规模的文化共同体或者文化圈，呈现出统一性特点。这个文化共同体，是商周王朝乃至于秦汉帝国得以建立的地理、文化和政治基础。

围绕"多元一体"这个大概念所包含的历史要素，可以将本节课的内容进行如下整合：

（一）旧石器时代：中华文明起源的多元性

由于不同的自然地理环境及社会生产方式，各地区逐渐形成了不同的文化，是多元一体格局的奠基。

（二）新石器时代：共同文化圈意义上的多元

这个时期中华文明出现曙光，文明因素在燕辽地区、长江中游、长江下游、中原地区等多个区域同时出现。在文化的互动交流中，中原地区的文化实力逐渐强大，开始向周围地区广泛辐射，共同的文化圈逐渐形成。

（三）夏商西周：王朝意义上的多元

1. 夏商内外服时期

夏商时期的政治体制是一种以夏商王朝为中心的方国联盟。

2. 西周宗法分封时期

西周通过宗法分封制，形成一批由不同血缘的人们组成的较大规模的共同体。

二　教学过程设计

导入部分：中国是远古人类的重要起源地，观察课本第 2 页《中国旧石器时代重要人类遗址分布图》，你能指出中国早期人类分布的基本特点吗？

（一）旧石器时代：中华文明起源的多元性

从考古发现来看，中国早期人类遗址从南到北，从东到西，分布广泛。在旧石器时代约 200 万年的漫长时光里，由于不同的自然地理环境和生产生活方式，各地区的文化具有不同的特点，所以早期中华文明的起源具有多元性的特点。尽管各地区文化存在不同的差异，但是考古发现的铲形门齿化石等后世蒙古人种的特征却存在一定的继承性，充分说明中华文明的起源从旧石器时代就开始了。

（二）新石器时代：共同文化圈意义上的多元

距今约两万年前，人类进入新石器时代，各地区的文化区系更加明显。约公元前 9000 年前后，在中国东部形成五大文化系统，见图（图略）。

公元前 6000 年前后，各文化区交流显著加速，中国大部地区文化交融整合成四个文化系统，中原裴李岗文化的强势地位凸显并对外产生积极影响，从而有了早期中国文化圈或文化意义上早期中国的雏形。我们来看以下图文（图略）：

> 这时已存在南稻北粟二元谷物农业体系，兼养家猪，是当时世界上最大的农业文化圈；有着丰富的陶器和讲究的器用生活，尤其核心区裴李岗文化发明了早期中国第一标型器——专门炊器鼎；出现早熟的木器手工业和梁架结构房屋；出现东西二元彩陶、似文字符号以及八角星纹、兽面纹等蕴含深意的图像；形成以祖先崇拜为核心的世俗化的信仰体系、多层次整体性的思维方式。当时社会虽然还处于比较平等的状态，但一些较专业的神职人员的地位已经开始凸显出来。
>
> ——韩建业《略论文化上"早期中国"的起源、形成和发展》①

---

① 韩建业：《略论文化上"早期中国"的起源、形成和发展》，《江汉考古》2015 年第 3 期。

公元前 4000 年前后的庙底沟时代是个关键点，此时两大农业体系进一步壮大，农业在黄河长江流域大部分地区的地位越来越重要。文化圈意义上的中国文明正式形成。第一，由于地理位置、自然气候条件等原因，中原地区的文明脱颖而出，逐渐形成了以中原为核心，以黄河流域和长江流域的若干文化区为主体的文化格局。第二，依据恩格斯著名的"国家是文明社会的概括"，而"阶级的出现和强制性的权力系统的设立是作为国家形成的标志"①，中华文明在此时出现。我们可以阅读以下材料：

> 中原核心区的仰韶文化东庄—庙底沟类型从晋南豫西核心区向外强力扩张影响，其空间结构自内而外至少分为三层次：核心区在晋西南豫西及关中东部，最具代表性的花瓣纹彩陶线条流畅，设色典雅；双唇口小口尖底瓶、折腹釜形鼎等典型器造型规整大气。核心区之外的整个仰韶文化分布区，花瓣纹彩陶造型因地略异，线条稚嫩迟滞，其中偏东部彩陶多色搭配，活泼有余而沉稳不足。再向外是边缘区即黄河下游、长江中下游和东北等仰韶文化的邻境地区，时见花瓣纹彩陶，但主体器类仍为当地传统，常见在当地器物上装饰庙底沟类型式花纹，土洋结合。
>
> ——韩建业《庙底沟时代与早期中国》②

设问：庙底沟时代的花瓣纹彩陶呈现什么样的特点？

庙底沟文化遗址中花瓣纹彩陶的流行范围，已经涵盖了今天中国的大部分地区，各地的文化面貌呈现出较强的一致性，都受到中原的

---

① 王震中：《中国文明起源的比较研究》，陕西人民出版社 1994 年版，第 3 页。王震中认为："国家形成的标志应修正为：一是阶级或阶层的存在，二是强制性的权力系统的设立。阶级、阶层或等级之类的出现是国家得以建立的社会基础，凌驾于全社会之上的强制性的公共权力系统的设立则是国家的社会职能，是国家机器的本质特征。"

② 韩建业：《庙底沟时代与早期中国》，《考古》2012 年第 3 期。

影响，形成一个超级文化共同体或文化圈。这种花瓣纹彩陶受到中原的影响，体现了中原地区的文化对周边地区的强大辐射力。同时，各地区的花瓣纹彩陶又由于地区的不同，呈现出较强的地域特色，体现出在早期文化圈形成基础上的多元性。

> 庙底沟时代中原核心区仰韶文化出现大型"宫殿式"房屋，社会地位分化显著而贫富分化、社会分工有限；东部诸文化——大汶口文化、崧泽文化、北阴阳营文化等，出现随葬大量玉器和陶器的大墓，社会地位分化、贫富分化、社会分工都很明显；而北方地区仰韶文化则不但看不出贫富分化、社会分工，就是社会地位分化也很不明显。当时已具家族凸现、男权军权凸现等一般趋势，又初步形成社会发展的三种不同模式，开启了早期中国文明起源的先河。
>
> ——韩建业《最早中国：多元一体早期中国的形成》①

设问：庙底沟时代的文化结构和社会组织有什么样的变化及特点？

庙底沟时代也是社会开始走向分化的时代，开启了早期中国文明起源的先河。中原核心区出现大型"宫殿式"房屋，可能是公共"殿堂"兼首领人物的居所，东部地区出现随葬大量玉器和陶器的大墓，社会地位分化、贫富分化、社会分工明显，说明集中了社会权力、高级手工业生产的阶层已经出现，中华文明已经形成。但是，不论是中原、东方，还是北方，他们的文明呈现的状态又有所不同，这是早期中华文明多元一体特点的又一种表现方式。

为什么公元前 4000 年的庙底沟时代会形成早期中华文明？形成一个早期的文化共同圈？

---

① 韩建业：《最早中国：多元一体早期中国的形成》，《中原文物》2019 年第 5 期。

这与中原的特殊地理位置有关，也可能与中原本身的"文明"成就有关，更重要的还有战争的促进作用。著名的黄帝、炎帝大战蚩尤的故事就发生在这一时期。黄帝战败炎帝的"阪泉之战"，及黄帝战败蚩尤的"涿鹿之战"，已得到考古学越来越多的证据。黄帝针对族邦的"统一"战争，不以兼并为目的，而是为了保证对其天下共主权威的服从。一旦实现这一目标，就会解除武力。这种"统一"模式，尊重了各地区不同文化，形成一种有着相当稳定结构的文化共同体，决定了其主张"王权"而非"霸权"，主要依靠优秀文化的辐射影响而非军事经济干预。

通过战争，黄帝不仅确立了个人的权威，扩大了所控制的地理范围，也加深了不同地区的文化认同。《史记·五帝本纪》记载，黄帝曾经"东至于海，登丸山，及岱宗。西至于空桐，登鸡头。南至于江，登熊、湘。北逐荤粥，合符釜山，而邑于涿鹿之阿"，逐渐获得了更多区域的文化认同。所以中华民族各区域关于黄帝的记忆，很大程度上是有真实历史背景的。

新石器时代，不论是中原特有的文化特质，还是邦国林立的战争，都扩大了早期中国的范围，增强了文化的认同，这个早期文化圈意义上的多元共同体，无论在地理还是文化意义上，都为夏商周乃至秦汉以后的中国奠定了基础。

（三）夏商周时期：王朝意义上的多元

夏商周时期，一方面，包括各个隶属于王的诸侯邦国在内的整个王朝国家，具有一体性，它们都以王为"天下共主"，也都愿意接受夏王、商王和周王支配，并形成华夏礼制的正统观念。另一方面，无论是中央王国还是诸侯邦国，都是世卿世禄，各个诸侯邦国都具有不完整的主权，有的与王的关系还处于时服时叛状态。

夏商时期的政治体制是一种以夏商王朝为中心的方国联盟。

1. 夏商时期的内外服方国联盟一体

在安阳梅园庄村墓地墓葬中出土有被称为"光"的家族徽铭。墓主人来自"侯光"的诸侯邦国。在甲骨文中，"光"也被称为"侯光"，属于侯伯之类的诸侯。商王要求"光"致送"羌刍"："甲辰卜，亘贞，今三月光呼来？王占曰：其呼来。迄至惟乙，旬又二日乙卯，允有来自光，氏（致）羌刍五十。"该卜辞卜问这个三月是不是把"光"呼叫来，商王看了占卜后说呼叫来。之后"光"果然来了，还致送来五十个羌刍。也有卜辞卜问"光"能否俘获羌人："贞，光获羌？""光不其获羌？""……光来羌。"卜辞中"光来羌"是说"光"给朝廷送来了俘获的羌人。"光"先是在朝为官，死后埋葬于殷都。

——摘编自王震中《商王朝的多元一体复合制结构特征》①

越在外服：侯、甸、男、卫、邦伯；越在内服：百僚庶尹、惟亚、惟服、宗工、越百姓、里居。

——《尚书·酒诰》

惟殷边侯田（甸）粵（与）殷正百辟，率肆于酒。

——《大盂鼎》铭文

设问：阅读以上材料来说明商朝是如何管理各邦国的？

《酒诰》是西周早期的一篇重要文献，它记载商王朝国家由内服和外服组成，其内服为：百僚、庶尹、亚服、宗工、百姓、里君等，属于百官系统；其外服为：侯、甸、男、卫、邦伯等，属于诸侯邦国系统。

《大盂鼎》是西周早期铭文，属于出土文献，所谓"殷边侯田"即外服的"侯、甸、男、卫、邦伯"；所谓"殷正百辟"即内服的

---

① 王震中：《商王朝的多元一体复合制结构特征》，《中国社会科学报》2019 年 11 月 26 日第 1 版。

"百僚、庶尹、惟亚、惟服、宗工，越百姓里居（君）"等百官系统。出土文献、甲骨文等史料与传世文献相互印证，证实了商朝通过内外服制度来维护它与各部族的关系。

内服指商王直接控制的王畿地区，内服成员主要是由王的同姓和异姓姻亲族邦组成，为王室统治的忠实支持者。外服是众多附属国、部族分布的地方，远离王畿。但是外服诸侯邦国之人也有到属于百官系统的内服担任官职的，如材料中所说的"光"，他既是连结内服和外服的纽带，也是商王对诸侯邦国的一种统治方式。"光"接受商王的封号，向王室定期朝贡，奉命出征，但每一部族都直接统治其所属百姓，有很大的独立性。正因为如此，周边方国对商王时服时叛。商王国的兴盛衰败，可以方国部族的向背为晴雨表，夏商时期的王朝一体，具有极大的不稳定性。

2. 西周时期的宗法分封一体

西周建立后，周人对于国家结构的设想，依然是传统的方国部落联盟。西周"试图走夏商时代方国部落联盟的老路，让过去依附于商王朝的诸族改为依附周王朝。周武王所追求的只是成为诸侯之长，并没有想到要成为诸侯之君的问题"①。但是，武王去世之后，其子成王年幼，武王弟周公旦执政，引起部分贵族不满，驻扎于商旧都附近的"三监"——武王弟管叔、蔡叔、霍叔与部分商遗民发动叛乱，史称"三监之乱"。为此，周公实行了新的对地方的管辖制度。我们来看北京市房山区琉璃河西周燕都遗址出土的一件青铜器克罍铭文，这段铭文的大意为：

> 周王对太保（周王室官职名，这里指任此职的召公奭）说，你用（宣誓效忠的）盟誓和清酒来供奉你的君王。我非常满意你的供享，命（你的儿子）克做燕地的君侯，管理和使用羌族、驭

---

① 晁福林：《夏商西周的社会变迁》，北京师范大学出版社1996年版，第264页。

族、微族等六族。克到达燕地，接收了土地和管理机构。为纪念此事铸造了这件宝贵的器物。

设问：周王管理地方的这种制度是什么？从中可以获得有关这种政治制度的哪些信息？

西周通过宗法分封制来管理地方，此段铭文的记载和文献记载相符。《史记·燕召公世家》记载："周武王之灭纣，封召公于北燕。"西周分封自己的亲戚为诸侯国，并对其授土授民，同时诸侯王要对周王宣誓效忠和贡献财物，为其镇守疆土。

西周推行的宗法分封制与夏商时期的内外服制度有什么不同呢？我们来看下面的分封示意图（图略）和《左传·定公四年》记载的周公分封鲁、卫、唐（即晋）三国的情况：

分鲁公（鲁国）以大路，大旂，夏后氏之璜，封父之繁弱，殷民六族：条氏、徐氏、萧氏、索氏、长勺氏、尾勺氏。使帅其宗氏，辑其分族，将其类丑，以法则周公，用即命于周。……分康叔（卫国）殷民七族陶氏、施氏、繁氏、铸氏、樊氏、饥氏、终葵氏……分唐叔（晋国）怀姓九宗，职官五正。

——《左传·定公四年》

设问：阅读上述图文信息，说明西周分封制和内外服制度相比的变化。

商的内服成员主要由商王同姓或异姓姻亲组成。而西周开始对王室及同姓子弟或功臣进行分封，使之到远离王畿的地方，从地理位置来看，同姓封国占据了要冲之地，在黄河中下游的农耕文明区，如屏障拱卫周天子。

西周将殷商亲族，分封给新封国作为臣民，分封给鲁国"殷民六族"，分封给卫国"殷民七族"，分封给晋国"怀姓九宗"，"帅其宗氏，辑其分族，将其类丑”，让他们率领本宗各氏族，集合其余的小宗族，归附周朝，服从周公的命令。

西周推行的分封制度产生了怎样的历史影响呢？我们结合下面两处出土文献来一起看：

2017 年，河南省淇县杨晋庄发掘西周卫国墓葬群，共发掘中小型墓 224 座，其中 10 余座墓葬配有腰坑（腰坑葬俗发源于新石器时代晚期，为商人流行的葬俗），坑内以狗为殉葬品。该墓地年代从西周早期延续至中期，以早期为主，流行毁兵葬（周人特有的葬俗），出土兵器以戈、盾为多。铜戈、铜戟遭到不同程度的人为破坏，有的被一分为二或三，器身完整的也都被折弯，陶鬲盘口矮足的，为商式；卷沿瘪裆的，为周式。

——温小娟《淇县发现西周卫国墓葬群》①

2019 年，在湖北随州枣树林发掘曾国墓葬群，其中第 169 号墓为春秋中期曾侯宝的夫人芈加之墓。下图为芈加墓出土的编钟及其铭文。

铭文大意为："伯括受命，遵循大禹的功业，被分封到南土，在曾地建邦。我是周文王的后裔，穆侯的长子，通过统治曾国，光大'夏'的功业。"②

设问：阅读材料，分析西周推行的分封制度的历史影响。

武王克商、周公东征，只是以武力强行镇压了殷人的反抗，但无法消除殷人与周人在价值观念、典章制度和文化习俗上巨大的差异。周公分封给卫国"殷民七族"，将周人与殷民七族、当地部族捆绑为一个国家共同体，这样做不仅分散了殷商遗民的力量，防止他们再像

① 温小娟：《淇县发现西周卫国墓葬群》，《河南日报》2017 年 7 月 16 日第 3 版。
② 郭长江、李晓杨、凡国栋、陈虎：《芈加编钟的铭文初步释读》，《江汉考古》2019 年第 3 期。

三监之乱一样叛乱，而且促进了商、周乃至当地部落多元文化的融合。

两种葬俗在杨晋庄墓葬中同时出现，商式陶鬲与周式陶鬲并存，但是商式陶鬲数量很少，说明各邦族逐渐融为一体。正如沈长云先生所说："共同的地域，频繁的人员交往，邦族内部同质因素上升，异质因素逐渐消除，宗教信仰与价值观念慢慢趋同，华夏民族正是在这种文化交融中逐渐形成的。"①

商朝的外服主要是一些慑于商王武力强大而服属于商王的时叛时服的异族邦，而西周由于分封了大批的同姓诸侯于边远地区，诸侯国虽然受封在外，但与周王的关系很密切，成为周王朝在边疆有力的"屏藩"。芈加墓编钟铭文以第一人称的口吻讲述了伯括作为"文王之孙、穆之元子"，到曾地就封，与楚为匹的历史。南宫括辅佐周文王、周武王翦灭殷商，后被分封到南土（也有学者认为南宫括并没有到曾国就任，派遣了其子来到曾国经营南土），创立曾国，不仅帮助西周开拓了疆土，而且有利于南土对西周的文化认同。

正因为如此，晁福林先生做过一个生动的比喻："如果把夏商时代的方国联盟比喻为一堆相互间没有太多联系的马铃薯的话，那么周代的封邦建国则是一只装满马铃薯的大口袋，它使松散的马铃薯有了较多的接触和联系。"②

总结：多元一体是中华文明起源的基本特征，它的形成经历了一个漫长的过程，从共同的文化圈到共同的王朝，再到后来共同的国家。当中国分裂时，人们盼望统一，统一时维护统一，既是现实愿望，也有历史渊源。

---

① 参见沈长云《论殷周之际的社会变革》，《上古史探研》，中华书局 2002 年版，第 83—110 页。

② 晁福林：《夏商西周的社会变迁》，北京师范大学出版社 1996 年版，第 263 页。

三　教学思考

通过"多元一体"这个概念，能够使碎片化教学向结构化转换，有利于学生形成一条基本的历史线索。同时，为教师在有限的课堂时间引领学生进行材料的深入解读，践行核心素养的培育提供了可能。

（一）明晰多元一体发展的阶段特征

本课围绕"多元一体"这个大概念，将教材内容整合为三个部分的内容，体现了多元一体的不同阶段的发展特点：旧石器时期主要是文化的多元性，新石器中期以来是多元一体的形成。但是，不同的历史阶段，又有不同的"体"。从新石器中期到夏朝的建立，"体"指的是共同的文化圈。夏商周时期，"体"指的是王朝的建立，有了一定的政治共同体。夏商周具体发展阶段，又有各自的特点，在夏商时期，"体"是通过内外服制度来体现的，西周时期却是通过分封宗法制来实现的，并且分封宗法制的推行，又进一步促进了"体"的稳定与发展。

（二）教学中创设新情境

学生知识结构的建立是在情境互动中习得的。在旧石器时期，教师利用人类起源地图和铲形门齿图片引导学生感知文明起源的特点。在新石器时期，通过典型的考古发现成果——庙底沟时代的遗存，感知早期文化圈的形成与表现，并一步探讨文明发展的多元性和一体性。在夏商时期，通过甲骨文卜辞、青铜铭文和历史文献，走进具体历史人物"光"的任职，理解夏商时期的内外服制度。西周时期，通过青铜器克罍及其铭文、出土墓葬及曾国考古材料，复原了分封制的顶层设计，创设了一个学生探究西周分封制度的情境，渗透华夏文明逐渐交融、中原正统地位确立的价值观。

（三）教学材料呈现的应该更多的是"史"

创设新情境离不开大量的新材料的应用。新教材由于篇幅有限，文字表述大多为结论性的话语，缺少历史史实性的描述。如果我们在教学中使用的材料向学生出示学者关于这个问题的论述，势必从论走向论，学生读完学者的论述仍然是一头雾水，对这个问题缺乏理解，更谈不上认识。所以材料的选择首先应该是便于学生理解教材结论的材料，不论是图片、地图、文献资料、文物资料及学者的论述，都应该更多地呈现"史"，学者的论著中有帮助学生理解的论也是可以的，但是这样的材料不应该成为课堂的主要部分。本课在教学中选择的材料，如庙底沟遗址、商朝官员"光"的史事、青铜器克罍及其铭文、曾国考古的发现及其西周墓葬群的发掘等材料，呈现的都是一种历史现象，再现的是一个历史过程，这样才能帮助学生真正理解"多元一体"在不同时期的具体内涵，并为学生接下来的探究学习活动奠定基础。

（四）围绕探究材料进行精心问题设计

选择了合适的材料情境，需要结合需要学生探究的材料设计有梯度、有思维力度的问题，因为"能力不能靠知识的灌输形成，只能在综合运用历史知识、探究历史的方法、解决历史问题的过程中得以发展"[①]。

本课的三个部分都有材料的问题设计，但是问题设计却有不同的指向。对于旧石器时代，设问简单，只是创设了一个课堂学习的情境，让学生建立与本课内容的关联。对于新石器时期文化圈的形成，要求学生通过阅读材料，能够提取有效历史信息，并进行一定的历史解释。夏商周的政治制度是重点，所以是探究学习活动的着力点。此环节设计了三个问题：（1）西周实行什么样的政治制度？（2）比较

---

① 郑林、赵璐、孙瑞：《基于学科能力的高考命题研究》，《中国考试》2019 年第 8 期。

西周分封制和商朝内外服制度的不同。（3）分析分封制的历史影响。三个问题指向不同的学科能力和素养，层级不断递增。第一个层级的问题指向信息的提取。第二个层级是引导学生在分析材料的基础上比较和商内外服制度的不同，其意图在于培养学生运用材料的有效信息准确阐释历史问题的能力。第三个层级让学生结合材料信息谈分封制的影响，培养学生尝试运用史料作为证据论证历史观点的能力。三个层次的问题依次递进，难度逐步上升。这三个问题有利于学生加深对夏商周时期王朝意义上的体的深入认识。如果将这三个问题合成一个大的历史探究问题，就可以让学生从多元一体的角度，解读西周的政治制度。这就是命题中对有关分封制度的综合性考查了。考试评价中历史探究性问题能力的考查、创新迁移能力的考查，其实都立足于日常教学中基本的学科能力和思想方法的涵养，只有在教学过程中引导学生一步一步走完学习的整个过程，增强了学生的学习体验，学生才能经历从给定思考角度，到开放思考角度的转变。

　　统编版高中历史教材学术内容深厚，涵盖内容广泛，在教学过程中找到一条明确的历史主线，围绕相关的历史大概念，将相关教学内容进行整合起来，可能既能完成教学任务，也能让学生身心素质都得到发展。教学内容的不同决定了教学方式的不同，希望能有更多更好的探索尝试。

后　记

历史教育必须依托历史学科，否则可能成为空中楼阁。然而把历史学科知识与方法不分青红皂白"倒"给学生，就生成了素养？必然不是的。其中教法问题，很值得深入研究。

《吕氏春秋·诬徒》从人的性情的高度，对教育工作总结道："人之情，恶异于己者，此师徒相与造怨尤也。人之情，不能亲其所怨，不能誉其所恶，学业之败也，道术之废也，从此生矣。善教者则不然。视徒如己，反己以教，则得教之情矣。所加于人，必可行于己，若此则师徒同体。人之情，爱同于己者，誉同于己者，助同于己者，学业之章明也，道术之大行也，从此生矣。"

两千多年后，我们阅读起来，这一段文字也是振聋发聩的。师徒要"同体"，在好恶的价值观方面追求一致，"视徒如己，反己以教"，"所加于人，必可行于己"。这是一个何等理想的教学境界！儒家是讲"己所不欲，勿施于人"（《论语·卫灵公》），讲"老吾老以及人之老，幼吾幼以及人之幼"（《孟子·梁惠王上》），讲"君之视臣如手足，则臣视君如腹心；君之视臣如犬马，则臣视君如国人；君之视臣如土芥，则臣视君如寇雠"（《孟子·离娄上》），都是一种换位思考。古代君臣之间、父子之间、师徒之间差别悬殊，但是换位思考的存在就意味着上位与下位之间不隔绝。古人考虑到彼此的需求和承受力，使得"张力"不至于超出双方的饱和度，保证了君臣大义、父子大分、师徒大伦的长久性。则《诬徒》就是在百家争鸣前提下，打破王官的权威，以道家思想穿针引线的作品，更具学理。《诬徒》要求"视徒如己，反己以教"，没有十足的权威，能尊重规律，更加从容地从师生双方面检讨教与学的问题，这样的思想直至今天还很有现实价值。"天地不仁，以万物为刍狗；圣人不仁，以百姓为刍狗""常有司杀者杀，夫代司杀者，是谓代大匠斫；夫代大匠斫，希有不伤其手矣"（《道德经》）。道家思想看来，除了冥冥中左右世界的第一动因"道"之外，没有什么别的主宰，"万物"和"百姓"只不过是祭祀之后随手扔掉的草扎的"刍狗"，而那些代替自然规律妄图操纵生死的"司杀者"，很少有不受到惩罚的。"昔予为禾，耕而卤莽之，则其实（果实）亦卤莽而报予；芸而灭裂（胡乱而为）之，其实亦灭裂而报予。"（《庄子·则阳》）只有顺应规律的做法，才能够一劳永逸。这些不正是值得我们好好学习的吗？历史学科知识与方法，须和历史教学实践充分结合，在具体实践层面多下功夫，才能有素养可言。

　　现代社会中教育界的"卷"来自社会压力。知识、能力、素养、情怀各种各样的理论扑面而来，愿望是好的，都想抓住一些关键问题，纲举目张，让学生成为可塑之才。但学生的经验、理解力、逻辑能力和精力都是有限的，思维的低幼化和精专化的反差过大能行吗？老师都不理解的内容，学生能接受吗？老师都不喜欢的活动，学生能参与吗？大量信息、结论和高大的框架真能形成学生的素养吗？学生的主体性和教师的主导性如何统一？如何遴选材料浸润正确的价值观？这些话题恐怕每个时代都存在，任何一种一刀切的模式都难以解决。"对人类创造的有益的理论观点和学术成果，我们应该吸收借鉴，但不能把一种理论观点和学术成果当成'唯一准则'，不能企图用一种模式来改造整个世界，否则就容易滑入机械论的泥坑。"基于此，笔者进行了一些有针对性的反思，有了这个小册子。感谢北京师范大学历史学院出版资助项目、北京社科基金项目"北京中学历史教育中中华优秀传统文化传承研究"（19JDLSB003）的大力支持，感谢晁福林、杨共乐、罗新慧、朱尔澄、郑林、马卫东、侯桂红、李志英、胡进驻、沈湘平、张海鹏、徐蓝、叶小兵、杨朝晖、张汉林、王继平、徐赐成、王雅贞、王湉湉、林永清等专家学者的指点，感谢李晓风、杨红丽、李静、张威、赵文龙、刘汝明、张英、刘玉群、冉峰、程艳丽、段明艳、曹卫东、石岩、吴波、陈立英、朱志英、曾晓玲、王绯、张付文、刘殿金、邢红杰、王晓燕、张健、郭金英、商强、邢秀清、刘佳玥、陈昂、姜燕、李淼、乔楠、王宁、孙向荣等教研员和一线教师对本项目的大力帮助，感谢郑林、李晓风先生拨冗作序，感谢中国社会科学出版社编辑们的辛苦劳动，请各位老师不吝赐教。